·侦查学系列教材·

职务犯罪案件调查

刘 品 ◆ 编著

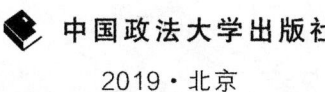

中国政法大学出版社

2019·北京

作者简介

刘品 2000年7月至今,一直从事侦查学教学、科研工作,讲授职务犯罪侦查学、有组织犯罪侦查、侦查学案例研讨等课程,出版《职务犯罪案件侦查》《职务犯罪侦查理论与实务研究》《有组织犯罪侦查理论与实务研究》等著作,发表论文多篇。

编写说明

中国政法大学作为"211工程"重点建设高校和国家"双一流"建设高校，经教育部2001年批准设立了侦查学本科专业，凭借本校的法学教育资源优势，为公安、安全、检察、海关、纪检监察、财政税务、金融保险、市场监督等部门培养了大量证据调查和侦查方面的专门人才。侦查学专业在教育部和学校的大力支持下建立了侦查学实验中心和网络犯罪侦查实验室，为侦查学专业的教学、科研工作提供了高水准的实验平台。多年来，侦查学专业紧紧依托本校法学专业的优势，以深厚的法学知识为基础，讲授侦查学基本原理，传授科学先进的侦查技能与方法，并以侦查学基本理论、侦查技术、侦查实践技能为核心构建了多学科相融通的课程体系。同时，结合侦查实践的急需，建立了以网络犯罪案件侦查为特色的侦查学理论教学和研究基地。为适应现代化侦查和满足经济全球化、社会信息化对证据调查和侦查人才培养的需要，根据国务院《国家教育事业发展"十三五"规划》和教育部《关于加快建设高水平本科教育全面提高人才培养能力的意见》，我们组织编写了侦查学专业本科系列教材。

侦查学专业自2009年以来陆续出版了《侦查学总论》《司法鉴定学》《现场勘查学》《刑事案件侦查》《职务犯罪案件侦查》《讯问学》等具有政法特色的教材。为适应培养具有创新精神和实践能力的新型高级专门人才的新形势需要，特别是适应国际法庭科学互证的需要，我们决定再次规划和修订《侦查学总论》《司法鉴定学总论》《中外侦查制度》《网络犯罪案件侦查》《刑事案件侦查》《经济犯罪案件侦查》《职务犯罪案件调查》《讯问学》《电子证据调查学》《司法摄影》《文件物证检验学》《痕迹检验学》《法医学》《司法精神病学》等14部教材，以展示我校教学、科研的最新成果。

本套规划和修订的教材，借鉴了国内外侦查学理论研究的新成果，吸纳了相关学科的前沿研究成果，反映了侦查实践中的新经验，注重介绍侦查学各门学科的基础知识，阐释基本理论，突出理论与实践的有机结合，力求达到科学性、系统性、新颖性、适应性的统一。

本套教材的编写和出版，得到了中国政法大学出版社领导、编辑的大力支持和热情帮助，对此我们表示诚挚的谢意！本套教材在编写过程中的疏漏、缺憾在所难免，恳请专家、学者及广大读者不吝指教！

中国政法大学刑事司法学院
2019 年 3 月

前 言

《中华人民共和国监察法》（以下简称《监察法》）于2018年3月20日由第十三届全国人民代表大会第一次会议正式通过，并于当日公布实施。《监察法》的实施，正式开启了我国监察体制改革新时代。

国家监察体制改革的目标是，整合反腐败资源力量，加强党对反腐败工作的集中统一领导，构建集中统一、权威高效的中国特色国家监察体制，实现对所有行使公权力的公职人员的监察全覆盖。这项改革的核心内容是将检察机关的职务犯罪侦查职能转隶至监察委员会，这种转隶并不是简单的转机构、转职能、转人员，而是一种完全的体制创新，体现为主体和程序的双重新设。

主体方面，监察委员会是行使国家监察职能的专责机关，同时也是反腐的政治机关。其职责是监督、调查、处置，与公安、检察机关等执法和司法机关性质不同。监察委员会调查权呈现行政调查和刑事调查一体化趋势。

程序方面，职务犯罪调查遵循监察程序，其融合了纪检监察机关违纪调查和检察机关职务犯罪侦查的部分内容，但又非单一的行政调查权和刑事侦查权所能覆盖。这种完全的程序新设，不可避免地会在程序流转中出现新情况、遇到新问题。如何实现监察委与检察院、法院的衔接，实现监察职能与法律监督职能、审判职能的衔接配合，如何在程序碰撞和融合中逐步完善，将成为一个新课题和新挑战。

本书就基于对上述因素的思考，结合我国目前监察体制改革背景，有针对性地进行了初步探讨。本书主要亮点包括：

第一，以《监察法》及相关法律、法规和司法解释为依据，运用法治思维和法治方式反腐的最新制度成果，结合近几年《联合国反腐败公约》、新修订的《刑事诉讼法》等法律的正式实施，引入新的制度考量和价值理念，对我国职务犯罪案件调查的基本理论、基本内容和基本操作方法作出更新，知识更全面，体系更新颖。

第二，在内容及体例设计上，注重基本概念、基本原理、基本制度，简明扼要、中心突出、条理清晰，具有较强的适用性。

第三，实务性研究采取个案分析法，对具有代表性的六类十二种职务犯罪行为的调查方法或策略进行了针对性剖析，使理论研究在现实中寻求到了坚实的基础。

第四，全面梳理和整合现行法律、法规、司法解释、规范性文件，做到见解确切、鲜明，立足实践，为查案提供切实的指导和参考。

由于笔者视野与学养有限，而且没有相关的教材作为参考，本书难免有缺陷和不足，敬请批评指正。

刘 品
2019 年 6 月

目 录

上篇 理论篇

第一章 绪 论 …………………………………………………………… 1
 第一节 职务犯罪调查概论 ………………………………………… 1
 第二节 监察工作的基本原则 ……………………………………… 7
 第三节 监察范围和管辖 …………………………………………… 12
 第四节 监察机关的组织与职责 …………………………………… 22
 第五节 我国古代监察制度的历史发展及现实意义 ……………… 27
 第六节 新加波法制反腐的经验及对我国的启示 ………………… 31
 第七节 反腐败制度建设的国际化趋势 …………………………… 37

第二章 监察程序 ……………………………………………………… 47
 第一节 线索处理 …………………………………………………… 47
 第二节 初步核实 …………………………………………………… 57
 第三节 监察立案 …………………………………………………… 62
 第四节 监察调查 …………………………………………………… 66
 第五节 调查终结 …………………………………………………… 70

第三章 监察措施 ……………………………………………………… 76
 第一节 谈话 ………………………………………………………… 77
 第二节 讯问 ………………………………………………………… 79
 第三节 询问 ………………………………………………………… 99
 第四节 留置 ………………………………………………………… 102
 第五节 查询、冻结 ………………………………………………… 105

第六节　搜查 107
第七节　勘验检查 110
第八节　鉴定 112
第九节　调取、查封、扣押 114
第十节　技术调查 116
第十一节　通缉 126
第十二节　限制出境 128

下篇　实务篇

第四章　贪污贿赂犯罪案件的调查 130
第一节　贪污案件的调查 130
第二节　挪用公款案件的调查 143
第三节　受贿案件的调查 149
第四节　巨额财产来源不明案件的调查 159
第五节　私分国有资产案件的调查 162

第五章　滥用职权犯罪案件的调查 167
第一节　滥用职权案件的调查 167
第二节　故意泄露国家秘密案件的调查 173
第三节　报复陷害案件的调查 177

第六章　玩忽职守犯罪案件的调查 182

第七章　徇私舞弊犯罪案件的调查 189

第八章　重大责任事故犯罪案件的调查 196

第九章　公职人员其他犯罪案件的调查 200

参考文献 206

上篇　理论篇

第一章　绪　论

第一节　职务犯罪调查概论

全国人大常委会于 2016 年 12 月、2017 年 11 月先后作出在北京市、山西省、浙江省以及全国各地开展国家监察体制改革试点工作的决定，暂时调整或者暂时停止适用刑事诉讼法关于检察机关对直接受理的案件进行侦查的有关规定。2018 年 3 月，第十三届全国人大第一次会议审议通过了《宪法修正案》和《监察法》。自此，国家监察体制改革得到了宪法、法律层面的肯认，而检察机关职务犯罪侦查权也正式完成转隶。但是，监察机关的调查权的性质是什么？与刑事诉讼中的侦查权有何异同？如何衔接？如何完善？为了厘清以上问题，首先要从侦查和调查的联系和区别方面进行剖析。

一、"侦查"定义的法律评析

何谓"侦查"？"侦查"是指公安机关、人民检察院在办理案件过程中，依照法律进行的专门调查工作和有关的强制性措施。这一概念的界定方式自 1979 年《刑事诉讼法》制定时即加以使用，在 1996 年、2012 年法律的两次修改过程中均保持不变。立法机关的工作机构在解读这一概念时指出，根据这一规定，"侦查"可以分为专门调查工作和有关强制性措施两类活动，"侦查"中的"专门调查工作"，是指侦查机关为收集证据、查明案件事实而采取的各种调查工作，如讯问犯罪嫌疑人、询问证人、勘验、检查、鉴定等活动。"强制性措施"是指侦查机关为收集证据、查明犯罪事实和查获犯罪人而采取的限制、剥夺人身自由或者对人身、财物进行强制的措施。[1] 在立法机关的工作机构看来，侦查包括采取措施调查收集证据、查明案件事实、查获犯罪嫌疑人的一系列活动。根据相关侦查措施是否具有强制性，分别表述为"专门调查工作"与"强制性措施"。[2] 随着反贪反渎案件的转隶，监察部门对于反贪反渎案件行使了调查的职能，刑事侦查就避开了调查这一字眼，调查成为监察委员会专用的词。因此立法机关对侦查概念进行了修改。2018年10月，第十三届全国人大常委会审议通过了《关于修改〈中华人民共和国刑事诉讼法〉的决定》。这是《刑事诉讼法》自1979年制定以来的第三次修改，本次《刑事诉讼法》修改了侦查定义，该法第108条规定："侦查是指公安机关、人民检察院对于刑事案件，依照法律进行的收集证据、查明案情的工作和有关的强制性措施。"该规定有两个变化：一是明确侦查的对象是"刑事案件"，并用其替代了"办案"二字，进一步突出强调侦查的案件是刑事案件；二是将原条文中的"专门调查工作"改为了"收集证据、查明案情"，二者的实际意义是相同的，修改目的显然是要回应《监察法》中将原属侦查的事项再定义为调查这一举措。

可见，侦查本质上就是一种调查，其源于调查而又高于调查、严于调查。究其原因，一是侦查专门针对刑事案件而言，以刑事案件为调查对象，通过侦查努力收集和固定证据，查明涉案犯罪嫌疑人和犯罪事实；二是侦查以国家强制力作后盾，由于侦查的对象是刑事犯罪，为保证侦查活动的顺利进行，侦查权的行使、侦查活动的开展，特别是强制性侦查行为的实施，以一定程度限制甚至剥夺公民依法享有的基本权利为代价。因此，为了规制侦查权的行使，保护公民个人合法权益，法律对侦查的主体、条件、行为、程序等均有明确的规定、严格的规范。

1. 侦查权只能由法定的机关行使。《刑事诉讼法》第108条将侦查主体限定为公安机关和人民检察院。根据《刑事诉讼法》第4条和第308条之规定，针对特定案件行使调查权的还有国家安全机关、军队保卫部门、中国海警局和监狱。

2. 侦查活动的开展有严格的条件。侦查始于立案，立案是我国《刑事诉讼

---

[1] 郎胜主编：《〈中华人民共和国刑事诉讼法〉修改与适用》，新华出版社2012年版，第219页。
[2] 郎胜主编：《〈中华人民共和国刑事诉讼法〉修改与适用》，新华出版社2012年版，第219页。

法》规定的法定程序，必须符合法定的条件，即审查后认为"有犯罪事实需要追究刑事责任"。规定立案程序的目的是规范国家权力的行使，因为侦查一旦启动，后果十分严重，不能轻易启动。

3. 每项侦查行为的开展都有法定的程序和要求。对于每一项侦查措施，《刑事诉讼法》都以专节加以规定，严格其适用条件和程序。

4. 为防止侦查权的滥用和异化，防止因侦查权不当行使给公民合法权益造成侵害，法律专门规定了人民检察院对侦查活动的法律监督，和遭受不法侦查活动侵害的被害人的权利救济。

由此可见，侦查权由刑事诉讼法规范、由国家专门机关行使、针对刑事案件进行且必须遵守法定程序，因此已成为具有特定含义、明显区别于一般调查的刑事司法行为。

二、监察调查与刑事侦查的异同

国家监察机关对职务违法和职务犯罪所进行的调查（以下简称监察调查）与刑事侦查相比较，具有以下异同：

1. 法源不同。国家监察机关对职务犯罪的调查权来自国家监察法的授权，是深化国家监察体制的重大制度创新，目的是构建集中统一、权威高效的中国特色监察体系，实现对公权力监察的全覆盖。而普通犯罪的侦查权适用依据主要是刑事诉讼法，突出体现侦查机关办案时保障人权与打击犯罪并重，公正与效率平衡。

2. 对象不同。新组建的国家监察机关的职责是监督、调查、处置。其中，调查的对象是涉嫌贪污贿赂、滥用职权、玩忽职守、权力寻租、利益输送、徇私舞弊以及浪费国家资财等职务违法和职务犯罪。也就是说，监察机关在监察法的指引下调查职务违法和职务犯罪，仅当案件移送检察院后方有适用刑事诉讼法的空间。而众所周知，侦查的对象是刑事犯罪，其侦查行为一概在刑事诉讼的规范下进行。所以，如果把监察调查改为监察侦查是不恰当的，二者不能简单地画等号。

3. 内容不同。《刑事诉讼法》规定的侦查行为有：讯问犯罪嫌疑人，询问证人、被害人，勘验、检查，搜查，查封、扣押物证、书证，鉴定，技术侦查和通缉。而监察调查所具有的权限，根据《监察法》规定，监察委员会可以根据需要，采取谈话、讯问、询问、查询、冻结、调取、查封、扣押、搜查、勘验检查、鉴定、留置等措施。仔细分析这些调查措施，它们实际上具有不同性质，应当区别对待。例如,查询、复制、冻结、扣留、封存等措施,是原来的《行政监察法》已有规定的,《监察法》只是沿袭现有做法。而且谈话、询问、查询、调取等调查措施,尽管单位和个人具有服从或配合的义务,但究其性质,尚不具有限制公民基本权利的强制力。但是,搜查、扣押、查封、冻结、留置则具有完全不同的性质。搜查、扣押、查封、冻结,这些措施涉及对公民和单位财产权利的限制。特别需指出的是,监察机关采取的留置调查措施,不能简单套用或视同于执法和司法机关的强制措施。《监察法》对留置的审批程序、留置场所、调查过程的安全和被留置人员的饮食、休息、医疗服务等都有极其严格的规定。而且监察委员会的调查手段并未涉及诸如取保候审、逮捕等强制措施。

4. 主体不同。监察调查的主体是各级国家监察机关;而侦查主体,依照1979年《刑事诉讼法》的规定,原先只限于公安机关和人民检察院。国家安全机关设立后,1996年《刑事诉讼法》修改,专门增加第4条国家安全机关的职权,规定:"国家安全机关依照法律规定,办理危害国家安全的刑事案件,行使与公安机关相同的职权。"除此之外,2018年《刑事诉讼法》第308条规定,军队保卫部门、中国海警局和监狱对部分案件行使侦查权。

通过以上分析,可以看出:由于国家监察调查的对象包括职务违法和职务犯罪,因此不能把监察调查完全等同于刑事调查;同时由于例如搜查、扣押、查封、冻结、留置、技术调查等调查措施所具有的强制性质,可能对公民个人合法权益造成很大限制或者侵害,也不能因为称其为调查便掩盖其侦查的实质。特别是像留置这样长时间限制或剥夺人身自由的措施,不容掩饰其实际具有的羁押性质。留置是与逮捕强制性、严厉性相当的措施,应当像逮捕那样,由法律明确其适用条件、批准权限、审查程序、执行程序,同样应当贯彻比例原则,进行必要性审查,以保证留置措施的正确适用,维护和保障人身自由。

总之,出于反腐败的需要,通过监察法设立新型国家监察机关并赋予其相应的调查权限是必要的。但应当区分对职务违法行为的调查和对职务犯罪行为的调查,区分不限制公民基本权利的调查措施和限制公民基本权利的调查措施。

三、监察委员会调查权的性质

我国原来实行党的纪律检查委员会与行政监察机构合署办公的制度。在监察体制改革完成之后,原来的行政监察机构不复存在,经过整合行政监察、职务犯罪侦查以及预防腐败等各方面的职能,组建了现在的国家监察机构。由此,我国开始实行党的纪律检查委员会与国家监察机构合署办公的制度。根据这种合署办公制度，党内的纪律检查机构与国家层面的监察委员会实行"两块牌子、一套人马"的编制，所行使的监督、调查和处置等职权具有同步性和同质性。通过这种调查，被调查人触犯党纪的，纪委可根据调查结果作出党纪处分；被调查人触犯相关法规的，监察委员会可以作出政务处分；监察委员会发现被调查人构成某一职务犯罪的，还可以将案件移送检察机关，后者可以直接展开审查起诉工作。由此，在监察体制改革完成之后，监察委员会的调查同时具有党纪调查、政纪调查和刑事调查的性质。[1]

1. 监察委员会的党纪调查。考虑到监察委员会的监察对象涵盖了所有行使公权力的公职人员，其中大多数公职人员都具有中共党员的身份，因此，监察委员会对这些党员公职人员的调查还带有党纪调查的属性。

2. 监察委员会的政纪调查。监察委员会为查明公职人员是否存在行政违法行为所展开的调查活动，所带来的直接后果通常是对被调查人作出与行政处分较为相似的政务处分，如谈话提醒、批评教育、责令检查，或者予以诫勉等轻微政务处分，还有警告、记过、记大过、降级、撤职、开除等正式政务处分等，因此，尽管监察委员会不具有行政机关的性质，仍然具有"行政调查"的属性。

3. 监察委员会的刑事调查。除了具有党纪调查和政纪调查的属性以外，监察委员会的调查还具有刑事调查的性质。这种刑事调查实质上就是一种特殊的侦查权。尽管监察体制改革的决策者再三强调监察委员会的调查权不属于侦查权，但从这种刑事调查的形式和后果来看，监察委员会的调查已经具备了侦查权的基本属性。[2]

（1）监察委员会对于公职人员涉嫌职务违法犯罪的，可以对其立案并启动调查程序。监察机关经过调查认为被调查人涉嫌职务犯罪的，应当制作起诉意见书，连同案卷材料和证据一并移送检察机关审查起诉。检察机关经过审查认为案件尚未达到起诉条件而需要补充调查核实证据的，应当退回监察委员会补充调查，也可以自行补充侦查。综上，显然表明，监察机关的立案、调查、补充调查已经具有刑事立案、刑事侦查、补充侦查的效力了，监察委员会的刑事调查就是对检察机关职务犯罪侦查的一种延续和替代。

（2）《监察法》第 33 条第 2 款和第 3 款规定，监察机关在收集、固定、审

---

[1] 陈瑞华："论监察委员会的调查权"，载《中国人民大学学报》2018 年第 4 期。
[2] 陈瑞华："论监察委员会的调查权"，载《中国人民大学学报》2018 年第 4 期。

查、运用证据时,应当达到刑事审判所提出的证据要求和标准。以非法方法收集的证据应当依法予以排除,不得作为案件处置的依据。尽管监察委员会的调查并不需要遵守刑事诉讼法的规定,但是,这种调查需要达到刑事诉讼法所提出的要求和标准,并适用刑事诉讼法所确立的非法证据排除规则。这显然表明,监察委员会的调查名为调查实为侦查,需要按照侦查的程序要求来收集、固定、审查和运用证据;监察委员会收集证据的活动一旦违反刑事诉讼法所确立的程序规则,所获取的证据就有可能被归为"非法证据",检察机关和法院就可能将其予以排除,而不得作为提起公诉或者判决的依据。

(3)《监察法》第33条第1款规定,监察机关依据监察法所收集的物证、书证、视听资料、电子数据、证人证言、被调查人供述和辩解等证据材料,都可以在刑事诉讼中使用。这就意味着,监察机关通过一场统一的调查活动所获取的所有证据材料,包括实物证据、言词证据以及笔录证据,都可以成为检察机关指控犯罪的根据,在刑事诉讼程序中都具有证据资格,可以成为检察机关指控犯罪的证据,那么,监察机关的调查就与公安机关的侦查不仅没有实质性的区别,反而具有相同的法律效力。

四、解决方案——监察委员会内部确立调查权的双轨制

在监察体制改革之前,我国实行党纪政纪调查与刑事侦查的双轨制,纪委和行政监察部门负责党纪政纪调查,检察机关的反贪污贿赂机构负责刑事侦查工作。在这种双轨制下,纪委监察部门最多只能作出党纪政纪处理,尽管存在"双规"等有争议的做法,但至少不存在干预检察机关的立案侦查活动的情况。

在监察体制改革之后,出于"整合反腐败力量"的考虑,原来的纪委监察机构将检察机关的职务犯罪侦查机构予以合并,组建了统一的"国家监察机构",使得党纪政纪调查与刑事调查合二为一,原来的党纪政纪调查与刑事侦查"双轨并存的体制"改为党纪政纪调查与刑事调查一体化的"单轨调查体制"。结果,监察委员会将党纪调查、政纪调查与刑事调查混为一谈,无法兼顾刑事调查的特殊性,从而大大降低刑事调查的法制化水平,使得调查权无法被纳入法治的轨道,存在着调查权滥用的危险。比如,监察机关单轨调查体制的确立带来留置场所的滥用问题,在调查人员与被调查人之间,没有中立的"第三方监控"机制,没有像看守所那样由一些不承担调查责任的监管人员来监控整个调查过程,容易产生各种非法讯问现象,影响执政党和监察机构的声誉和形象。

经验表明,要解决目前面临的问题,走出困境,一个可行的办法是在监察委员会内部确立"双轨制调查",也就是"党纪政纪调查与刑事调查双轨制"。具体说来,即在各级监察委员会内部设置两个部门:一是"党纪政纪调查部";二是"刑事调查部"。前者的调查是为了查明被调查人的违反党纪政纪的问题,一经查清,既可以作出党纪政纪处分,也可以移交刑事调查部进行立案调查。刑事调查部作出刑事立案决定后,案件就进入刑事调查程序,完全适用刑事诉讼法的规定。具体而言,未来的监察法只负责规范监察委员会的党纪政纪调查程序。而在案件进入刑事调查程序之后,刑事调查部的调查人员就属于侦查人员,原来的被调查人具有犯罪嫌疑人的身份,刑事调查部可以对其采取刑事拘留、逮捕等强制措施;调查也要遵循刑事诉讼法的要求,律师可以介入侦查程序,犯罪嫌疑人一律被羁押在看守所,非法证据排除规则适用于这一程序。

目前,我国公安机关内部就具有这种双轨制的调查机制。治安部门执行治安处罚法等行政法律,刑事侦查部门执行刑事诉讼法的规定。治安部门经过调查,作出行政处罚,发现构成犯罪的,移交刑事侦查部门立案侦查。如此前后衔接,既保证了治安行政活动受到行政法律的约束,又保证了刑事侦查活动受到刑事诉讼法的约束,大体兼顾了治安行政法和刑事诉讼法的要求。

监察体制改革是一项重大的政治改革,对于有效地展开反腐败斗争,确实意义重大。在监察委员会整合反腐败力量之后,在内部确立"双轨制调查",将党纪政纪调查部门与刑事调查部门予以分离,使得前者适用监察法,后者适用刑事诉讼法,这或许是一条既必要又可行的立法思路。

第二节 监察工作的基本原则

原则,通常是指"观察问题、处理问题的准绳"。监察工作的基本原则,是指贯穿于监察工作全过程、对监察工作有普遍指导意义、监察机关调查中必须遵循的基本行为准则。它是监察机关调查之内在规律的科学总结。

一、罪刑法定原则

《刑法》第 3 条明确规定:"法律明文规定为犯罪行为的,依照法律定罪处刑;法律没有明文规定为犯罪行为的,不得定罪处刑。"根据国家监察体制改革方案,应当实现对所有行使公权力的公职人员进行全覆盖、无死角的监督。监察的范围极其广泛,调查的对象也涉及方方面面,既包括职务违法,也包括职务犯罪。但其中某些概念却非法律概念，内涵不够清晰，实施起来难以界分。因此必须强调罪刑法定原则，是否构成犯罪、构成何种犯罪，只能以刑法为唯一依据。而且，由于监察机关有处置权，还要强调平等适用刑法原则。要明确罪与非罪的界限，区分职务违法和职务犯罪的调查与处置，既不能相互混淆，也不能相互替代。对涉嫌构成犯罪的，要将调查结果移送检察机关依法审查起诉，履行司法程序。不能以政务处分代替刑事处罚，防止放纵犯罪、惩治不力；也不能以刑事手段来处置违法行为，滥用刑法重器、侵害公民权益。

二、程序法治原则

程序法治是指通过建构和完善程序法律制度来实现国家法治目标的模式。程序法治的核心是程序正义，就是说通过正当的法律程序，保障诉讼结果的公正性，同时保障法律实施过程中的正当性、合理性，抑制权力的恣意行使，防止权力的异化滥用，加强诉讼中的人权保障，以人们看得见的方式实现公正。

也就是说，监察机关在对国家公职人员涉嫌违规、违法和职务犯罪行为进行监督、调查和处置时，必须严格执行和遵守监察法及其他相关法律，不能仅仅为了查明案件事实真相而"不择手段"。监察机关在查明案件事实真相的过程中采取的手段可能干涉被调查人的基本权利的，应当受程序法的严格规制。[1] 程序法治原则对于实现监察公正、维护监察秩序、增加监察效益具有重要意义。同时，在保障人权和抑制监察机关权力的滥用方面也有着不可忽视的重要作用。程序法治原则，要求监察机关在办理案件的过程中应当遵循下列几个基本要求：

1. 监察机关只能采用监察法及其他相关法律明文规定的监察手段或措施，没有规定的监察手段或措施应当禁止使用。

2. 监察机关对被调查人员采取监察手段或措施应当严格依照法律规定的条件、范围、方式、程序以及期限等予以适用。

3. 监察机关依法作出技术调查、限制出境、逮捕等强制措施的决定后，应当交由公安机关或由其他有关机关执行，监察机关无权执行上述监察措施。

三、人权保障原则

尊重和保障人权是民主政治的基本要求，是社会政治文明的重要标志。贯彻人权保障原则是所有法律法规、国家机构应尽的职责，监察法和监察委员会也不

---

〔1〕 童建明："遵循追究犯罪与保障人权相平衡原则 推进刑事诉讼制度的改革和完善——以检察机关的法律监督制度为视角"，载《人民检察》2011年第12期。

例外。国家《监察法》的制定和国家监察权的行使，同样必须落实《宪法》规定的人权保障原则。

我国著名法学家陈光中先生指出："由于监察权属于公权力之列，因而在民主法治国家应当首先遵循惩治腐败与保障人权相平衡的原则。"对于留置这一强制性严厉的调查措施，他认为"留置是对于人身自由的严格限制，其强度接近于监禁，《监察法》应设置适用留置的具体标准。比如，规定留置只适用于比较严重的职务犯罪案件，在有比较确实、充分的证据证明犯罪事实存在的情形下，才可采取留置；被留置后的 24 小时之内，通知被调查人的家属，后者有权通过监察人员向被调查人提供生活用品和药物；留置期间，应当为被调查人在居住、饮食等方面提供正常的生活条件；留置期间讯问被调查人，严禁刑讯逼供和采用威胁、引诱、欺骗以及其他非法调查方法，讯问时原则上应当全程录音录像"。并且主张"允许被调查人在被留置后聘请律师，以确保他具备必要的防御能力"。

四、证据裁判原则

证据裁判原则是证据法的首要原则，强调对于诉讼中争议事实的认定应当依据有关的证据作出；没有证据，不得认定事实。国家监察机关调查和处置职务犯罪案件，同样必须以事实为根据、以法律为准绳，贯彻证据裁判原则。

以事实为根据的"事实"是指经过正当法律程序认定的、有确凿证据证明的事实。这种"事实"具有客观性，因为它是通过确凿证据证明的事实；同时任何"确凿证据"都不可能完全重现已经成为"过去时"的事实，不同的案件对证据的"确凿"度有不同的要求。基于此，国家监察活动应当重视证据的作用，同时也要确保证据的"确凿"。所以，监察机关对于监察对象的违法行为，经过调查、收集、勘验、鉴定等方式而认定的事实，必须经过正当法律程序，对这些事实及其证据进行审查，包括与当事人"见面"，听取其陈述、申辩后，再加以认定和作为案件处理的"根据"。根据规定，监察机关在收集、固定、审查、运用证据时，应当与刑事审判关于证据的要求和标准相一致。以非法方法收集的证据应当依法予以排除，不得作为案件处置的依据。

以法律为准绳的"法律"，是指全国人民代表大会或全国人民代表大会常务委员会制定的法律。监察机关审理监察案件，不仅依据法律，而且依据行政法规、地方性法规、自治条例、单行条例、监察委员会制定的规章、国务院部委的规章、地方人民政府的规章。

五、保守秘密原则

职务犯罪案件调查中保守秘密是由职务犯罪调查工作的特性决定的。职务犯罪案件调查工作是一项高度保密的工作。没有秘密，就没有职务犯罪案件调查工作的胜利。职务犯罪案件侦查中保守秘密是由职务犯罪活动的基本特点决定的。有关职务犯罪调查的机密一旦泄露，或引起职务犯罪分子毁灭证据、与同伙订立攻守同盟，或引起犯罪分子携巨款潜逃，或引起职务犯罪分子对检举人、控告人的打击，为此职务犯罪调查人员必须高度警惕，增强保密观念，养成保密习惯。

职务犯罪案件调查中，需要保密的事项主要有两个方面：

1. 职务犯罪案件调查工作所获取的情况和线索。其范围较广，常见的有：①通过现场勘查获取的犯罪现场内部的情况，如犯罪痕迹及其遗留部位；②通过调查访问所获取的被害人或其他人员隐私；③职务犯罪调查中所涉及的党和国家的机密；④职务犯罪调查中通过询问获取了与案件有关的陈述和证言，而检举人、控告人及其证人等要求为其保密的；⑤出于职务犯罪侦查工作的需要要求保密的有关事项。

2. 职务犯罪调查工作的部署和实施情况。职务犯罪调查工作的部署和实施是职务犯罪调查工作的机密，在职务犯罪调查过程中以及职务犯罪调查工作结束后，都应在一定范围内保密，如调查措施的组织部署、秘密调查力量的布置等。有些秘密措施和手段所获取的情况和线索，在刑事诉讼中不能作为证据使用，需要采取适当的诉讼措施转化，因而在刑事诉讼中需要保密。即使案件已经调查终结，这些秘密措施和手段在有关的新闻报道中也不能随意曝光，更不能大肆渲染。

六、依法协助原则

这一原则规范的"有关机关和单位"除了公安机关等执法部门外，还包括企事业组织、社会团体、基层群众自治组织等。监察机关在行使职权、履行职责的过程中，凡是要取得其协助的机关和单位都属于这项原则规范的主体，都具有依法提供协助的法定义务。

这一原则规范的"有关机关和单位"应当不包括审判机关和检察机关。审判机关和检察机关属于"互相配合、互相制约原则"规范的主体。但公安机关等执法部门应同时属于"互相配合、互相制约原则"和"依法协助原则"的规范主体。除了公安机关等执法部门外，"有关机关和单位"还包括企事业组织、社会团体、基层群众自治组织等。监察机关在行使职权、履行职责的过程中，凡是要取得其协助的机关和单位都属于这项原则规范的主体，都具有依法提供协助的法定义务。"有关机关和单位"如果违反这项义务，《监察法》第 62 条规定了相应的法律责任："有关单位拒不执行监察机关作出的处理决定，或者无正当理由拒不采纳监察建议的，由其主管部门、上级机关责令改正，对单位给予通报批评；对负有责任的领导人员和直接责任人员依法给予处理"。

七、宽严相济原则

这一原则主要适用于对存在违纪违法行为的公职人员的惩戒（处置、处分、问责，也包括追究刑事责任）。根据现代法治原则，对违纪违法公职人员的惩戒，不能单纯为惩戒而惩戒，应与教育相结合。《监察法》规定各级监察委员会的职责中，第一项职责即是"对公职人员开展廉政教育，对其依法履职、秉公用权、廉洁从政从业以及道德操守情况进行监督检查"。在监督检查过程中，发现公职人员在依法履职、秉公用权、廉洁从政从业以及道德操守方面存在问题，有违纪违法行为，自然要对之进行惩戒，但同时也要对之进行教育，使之自觉纠正违纪违法行为，并且今后不再违反。此外，"惩戒与教育相结合"这一原则中的"教育"，不仅是指对违纪违法公职人员的特定教育，也指对其他公职人员的一般教育，即通过对违纪违法公职人员的惩戒，以其事例为"反面典型"，教育其他公职人员依法履职、秉公用权、廉洁从政从业和培养良好的道德操守。

这一原则中的"宽严相济"是指对公职人员的惩戒，要过罚相当，全面考虑违纪违法公职人员行为的性质、目的、动机、手段、对社会的危害等诸多情节，该严则严，该宽则宽，不能一味严惩。一味严惩既不符合现代法治的要求，也不利于教育违纪违法者，不能达到反腐败的治本之效。

八、综合治理原则

关于反腐败"标本兼治、综合治理"的原则，"不敢腐"主要解决治标的问题；"不能腐"和"不想腐"主要解决治本的问题。特别是要注重法治反腐和制度反腐，尤其是主张加强程序法制反腐。

本项原则的法律依据是《监察法》第 6 条："国家监察工作坚持标本兼治、综合治理，强化监督问责，严厉惩治腐败；深化改革、健全法治，有效制约和监督权力；加强法治教育和道德教育，弘扬中华优秀传统文化，构建不敢腐、不能腐、不想腐的长效机制。"这一原则主要包括三项内容：①加强监督问责，严厉惩治腐败，强化不敢腐的震慑；②深化改革、健全法治，有效制约和监督权力，扎牢不能腐的笼子；③加强法治教育和道德教育，弘扬中华优秀传统文化，增强

"不想腐"的自觉。

第三节 监察范围和管辖

一、监察范围的概念和意义

监察范围,是指监察委员会受理监察案件的监察对象范围。监察范围主要解决的是哪些主体能够纳入监察关系当中成为监察对象的权限问题。[1]

《监察法》第1条在规定立法目的时明确,制定监察法的目的,是"深化国家监察体制改革,加强对所有行使公权力的公职人员的监督,实现国家监察全面覆盖,深入开展反腐败工作,推进国家治理体系和治理能力现代化"。依照原来的《行政监察法》(现已失效)的规定,行政监察对象主要是行政机关及其工作人员,还没有做到对所有行使公权力的公职人员全覆盖,监察范围过窄,未能实现依规治党与依法治国、党内监督与国家监察的有机统一,这种情形亟待改变。正是基于此,《监察法》第15条扩大了监察对象的范围,明确了六类监察对象,从原来的"党组织、党员、行政监察对象"扩大到"中国共产党机关、人民代表大会及其常务委员会机关、人民政府、监察委员会、人民法院、人民检察院、中国人民政治协商会议各级委员会机关、民主党派机关和工商业联合会机关的公务员,以及参照《公务员法》管理的人员,法律、法规授权或者受国家机关依法委托管理公共事务的组织中从事公务的人员,国有企业管理人员,公办的教育、科研、文化、医疗卫生、体育等单位中从事管理的人员,基层群众性自治组织中从事管理的人员,其他依法履行公职的人员"等六类行使公权力的人员,既调查职务违法行为又调查职务犯罪行为,从而在实现党内监督对党组织和党员干部全覆盖的同时,实现国家监察对所有行使公权力的公职人员全覆盖,避免了国家监察工作领域的盲区,弥补了行政监察范围过窄以及违纪违法无人管的"两个缺陷",同时还解决了反腐败力量分散的问题。

二、监察范围的现行规定

我国《监察法》中对监察范围以列举的方式作了详细的规定。《监察法》第15条规定,监察机关对下列公职人员和有关人员进行监察:①中国共产党机关、

---

[1] 谢尚果、申君贵主编:《监察法教程》,法律出版社2019年版,第80页。

人民代表大会及其常务委员会机关、人民政府、监察委员会、人民法院、人民检察院、中国人民政治协商会议各级委员会机关、民主党派机关和工商业联合会机关的公务员，以及参照《公务员法》管理的人员；②法律、法规授权或者受国家机关依法委托管理公共事务的组织中从事公务的人员；③国有企业管理人员；④公办的教育、科研、文化、医疗卫生、体育等单位中从事管理的人员；⑤基层群众性自治组织中从事管理的人员；⑥其他依法履行公职的人员。从上述法律条文可知，监察的范围实现了对行使公权力的公职人员的全面覆盖。之前的《行政监察法》的监察范围仅限于对行政机关的监督，并没有覆盖国家立法机关、司法机关以及政协机关等。而《监察法》所全面覆盖的行使公权力的公职人员，不只有公务员，还扩大至履行公共职务、行使公权力的中国共产党党员及各民主党派的党务机关、国家立法机关、司法机关、行政机关、政协机关及国有企事业单位、人民团体中从事公务的人员等。以下分别针对上述列举的监察范围进行逐一解释：

（一）中国共产党机关、人民代表大会及其常务委员会机关、人民政府、监察委员会、人民法院、人民检察院、中国人民政治协商会议各级委员会机关、民主党派机关和工商业联合会机关的公务员，以及参照《公务员法》管理的人员

这类监察对象是整个监察的最主要监察对象，《公务员法》第2条第1款规定："本法所称公务员，是指依法履行公职、纳入国家行政编制、由国家财政负担工资福利的工作人员。"按照上述规定，属于公务员必须符合三个条件：①依法履行公职，也即依法从事公务活动。公务员不是为自己工作，也不是为某个私人的企业或者组织工作、服务，而是为了公共利益，承担公共任务。②纳入国家行政编制。③由国家财政负担工资福利，也就是由国家为其提供工资、退休和福利等保障。公务员属于国家财政供养的人员，但并不是财政供养的人员都是公务员。财政供养人员的很大一部分，如公立学校的老师、科研院所的科研人员等，虽然由国家负担其工资福利，但不属于公务员，因为他们不具备另外两个条件。

按照《公务员法》的标准，具体而言，我国公务员包括下列九类机关的工作人员（不适用行政编制的工勤人员等除外）：

1. 中国共产党机关的工作人员。包括中央和地方各级党委、纪委的领导成员；中央和地方各级党委工作部门、办事机构和派出机构的工作人员；中央和地方各级纪检机关和派出机构的工作人员；街道、乡、镇党委机关的工作人员。

2. 人民代表大会及其常务委员会机关的工作人员。包括全国人大常委会委

员长、专职副委员长、秘书长、副秘书长、专职常委；地方各级人大常委会主任，专职副主任、秘书长、副秘书长，乡镇人大专职主席、副主席；各级人大常委会工作人员；各级人大常委会专委会办事机构工作人员。各级监察机关虽然由各级相应人大产生，对人大负责和受人大监督，但在各级人大及其常委会机关工作的公务员同样是监察机关的监察对象。

3. 人民政府的工作人员。包括各级人民政府的组成人员；县级以上各级人民政府派出机关的工作人员；县级以上各级人民政府工作部门及其派出机构的工作人员；乡、镇人民政府机关的工作人员。人民政府及其工作部门的公务员是整个公务员队伍中数量最多的公务员群体，因此，他们是第一类监察对象中最主要的对象。

4. 监察委员会的工作人员。包括各级监察委员会的组成人员；各级监察委员会内设机构和派出监察机构的工作人员，派出的监察专员等。在各级监察委员会工作的监察人员都是公务员，因此，他们同样要接受各级相应监察委员会的监察。

5. 审判机关的工作人员。包括最高人民法院、地方各级人民法院和专门人民法院的法官、审判辅助人员和行政管理人员。我国法官均具有公务员身份，但在法院工作的具有公务员身份的工作人员并非都是法官，而二者均属于监察对象。

6. 检察机关的工作人员。包括最高人民检察院、地方各级人民检察院和专门人民检察院的检察官、检察辅助人员和行政管理人员。与法官一样，我国检察官均具有公务员身份，但在检察院工作的具有公务员身份的工作人员并非都是检察官，而二者亦均属于监察对象。

7. 政协机关的工作人员。包括政协各级委员会主席、专职副主席、秘书长；政协各级委员会工作机构的工作人员；政协专门委员会办事机构的工作人员。我国宪法规定，中国人民政治协商会议是有广泛代表性的统一战线组织。它虽然不是国家机关，但在我国政治生活和社会生活中具有重要作用，在各级政协中的工作人员一般都具有公务员身份，从而是相应各级监察委员会的监察对象。

8. 民主党派和工商联机关的工作人员。包括八个民主党派中央和地方各级委员会主席（主委）、专职（驻会）副主席（副主委）、秘书长；民主党派中央和地方各级委员会职能部门和办事机构的工作人员；中华全国工商业联合会和地方各级工商联机关的工作人员。我国的各民主党派[1]均为参政党,各民主党派机关和工商业联合会机关的工作人员绝大多数具有公务员身份,从而也是监察机关的监察对象。

上述八类机关中除工勤人员以外的工作人员,作为行使公共权力的公职人员,为了实现国家监察的全覆盖,理所当然需要将其纳入国家监察的对象范围。

9. 参照公务员管理的人员。《公务员法》第112条规定:"法律、法规授权的具有公共事务管理职能的事业单位中除工勤人员以外的工作人员,经批准参照本法进行管理。"这类人员虽然不具有公务员身份,但因为他们行使具有公共事务管理性质的职能,经过有关批准手续后被纳入公务员管理的范围,人事管理部门按《公务员法》的规定对他们进行管理,《监察法》亦将之确定为监察机关的监察对象。如中国证券监督管理委员会,就是参照《公务员法》管理的事业单位。

(二)法律、法规授权或者受国家机关依法委托管理公共事务的组织中从事公务的人员

这类人员既不同于第一大类人员中的前八种人员,因为其不具有公务员身份;也不同于第一大类人员中的第九种人员,其非参照《公务员法》进行管理,不适用公务员的职务、工资、福利制度。但他们虽然不是公务员和"参公管理人员",却依法律、法规授权或受国家机关依法委托"从事公务",故他们亦被确定为监察机关的监察对象。这里,"依法律、法规授权"与"受国家机关委托",对他们作为监察机关监察对象没有区别,但对他们"从事公务"行为的外部方式、效果有重要区别:他们"依法律、法规授权从事公务"是以其所在管理公共事务组织的名义进行,并由该组织对外承担法律责任;而他们如"受国家机关委托从事公务"则是以委托其行为的国家机关的名义进行,并由该国家机关对外承担法律责任。

(三)国有企业管理人员

目前法律、法规对"国有企业管理人员"这类人员的范围尚未明确界定。一般来说,这里的"国有企业"大致包括国有独资企业、国有控股企业(含国有独资金融企业和国有金融控股企业)及其分支机构。这里的"国有企业管理

---

[1] 我国共有八个民主党派,它们分别为:中国国民党革命委员会、中国民主同盟、中国民主建国会、中国民主促进会、中国农工民主党、中国致公党、九三学社、台湾民主自治同盟。

人员"主要指企业领导班子，包括设董事会的企业中由国有股权代表出任的董事长、副董事长、董事、总经理、副总经理、党委书记、副书记、工会主席等；未设董事会的企业中的总经理（总裁）、副总经理（副总裁）、党委书记、副书记、工会主席等。此外，对国有资产负有经营管理责任的国有企业中层和基层管理人员，包括部门经理、部门副经理、总监、副总监、车间负责人等；在管理、监督国有资产等重要岗位上的工作人员，如会计、出纳等；国有企业所属事业单位的领导人员，因有资本参股企业和金融机构中对国有资产负有经营管理责任的人员，也属于这里的"国有企业管理人员"的范畴。

根据最高人民法院2000年《关于对受委托管理、经营国有财产人员挪用国有资金行为如何定罪问题的批复》、2001年《关于在国有股份有限公司中从事管理工作的人员非法行为如何定罪问题的批复》，界定"国有企业管理人员"似乎以是否接受国家任命或委托为标准。但以"政府有关管理部门任命的，派遣到国有企业任职的人员"作为监察对象的"国有企业管理人员"的标准可能太窄，将国有企业董事长、总经理、董事、监事等高级管理层以下的一般管理人员（中层干部及享有干部身份的一般管理人员）完全排除在"国有企业管理人员"的范围是不符合监察"全覆盖"的原则精神的，但将所有国企基层"干部"（班组长、车间主任等）都纳入范围又太宽。笔者认为，国家监察委员会将很快制定规范对具体标准和范围加以确定。

（四）公办的教育、科研、文化、医疗卫生、体育等单位中从事管理的人员

此类人员与"国有企业管理人员"一样，其范围目前也不完全明确。如公立大学，国务院或教育部任命的校长、副校长、党委书记、副书记；国家有关机关任命的科研院所的院长、所长、党委书记、副书记；公立医院的院长、副院长、党委书记、副书记等，肯定属于作为监察对象的"管理人员"的范围，但大学自己任命或通过其他方式（如选举、聘任等）产生的各院系院长、系主任、各管理部门（如教务、人事、财务、科研、后勤等）的负责人是否属于作为监察对象的"管理人员"的范围，目前尚不明确。这需要国家监察委员会尽快制定规范加以明确，以保证《监察法》的正确和有效实施。

有观点认为，公办教育、科研、文化、医疗卫生、体育等单位及其分支机构的中层和基层管理人员，包括管理岗六级以上职员，从事与职权相联系的管理事务的其他职员；在管理、监督国有财产等重要岗位上工作的人员，包括会计、出纳人员、采购、基建部门人员涉嫌职务违法和职务犯罪，监察机关可以依法调

查。此外，临时从事与职权相联系的管理事务，包括依法组建的评标委员会、竞争性谈判采购中谈判小组、询价采购中询价小组的组成人员，在招标、政府采购等事项的评标或者采购活动中，利用职权实施职务违法和职务犯罪行为，监察机关也可以依法调查。[1]

（五）基层群众性自治组织中从事管理的人员

这类对象范围的确定涉及两个概念的界定：①什么是"基层群众性自治组织"；②什么是"从事管理的人员"。关于"基层群众性自治组织"，《宪法》第111条第1款规定，城市和农村按居民居住地区设立的居民委员会或者村民委员会是基层群众性自治组织。根据《宪法》的这一规定，居民委员会或者村民委员会肯定是"基层群众性自治组织"。但是能不能反过来推论"基层群众性自治组织"就只包括居民委员会或者村民委员会呢？恐怕不能。现在城市中大量存在的社区组织即社区委员会是否应列入"基层群众性自治组织"的范围，有待研究和确定。至于什么是基层群众性自治组织中"管理人员"的范围，同样也有待明确：居民委员会支书、主任或者村民委员会支书、主任自不待说，但副支书、副主任、会计、委员、居民委员会或者村民委员会所设人民调解、治安保卫、公共卫生等委员会的负责人是否应列入基层群众性自治组织中"管理人员"的范围、接受监察，则有待研究和确认。笔者认为，这些人员是否是"管理人员"，关键取决于其行使的职能是否与公共管理有关，[2] 只要其行使的职能与公共管理有关，就应列入监察对象的范围。

（六）其他依法履行公职的人员

这是《监察法》就监察对象的范围作出的兜底性规定，其目的在于保证该法第1条规定的"加强对所有行使公权力的公职人员的监督，实现国家监察全面覆盖"的立法目的的实现。尽管《监察法》第15条前五项对监察对象的范围已经作了相当全面的列举规定，但仍恐挂一漏万。如果在《监察法》实施过程中，发现有前五项列举中不能包括进去的"公职人员"，就可以启用此第6项兜底规

---

〔1〕 中共中央纪律检查委员会、中华人民共和国国家监察委员会法规室编写：《〈中华人民共和国监察法〉释义》，中国方正出版社2018年版，第113页。

〔2〕 关于基层群众性自治组织的公共管理职能，有人将之归纳为下述七项：①救灾、抢险、防汛、优抚、移民、救济款物的管理；②社会捐助公益事业款物的管理；③国有土地的经营和管理；④土地征用补偿费用的管理；⑤代征、代缴税款；⑥有关计划生育、户籍、征兵工作；⑦协助人民政府等国家机关在基层群众性自治组织中从事的其他管理工作。参见中共中央纪律检查委员会、中华人民共和国国家监察委员会法规室编写：《〈中华人民共和国监察法〉释义》，中国方正出版社2018年版，第113~114页。

定,将之作为"其他依法履行公职的人员"进行监察。

三、监察管辖

《监察法》的正式通过,标志着我国反腐进入了新阶段。从监察机关的性质来看,其并不属于司法机关,而应当归属于政治机关的范畴。监察机关的出现,随之而来的就是作为政治机关的监察机关与其他传统司法机关的协调和衔接问题。其中的首要问题就是管辖问题,需要明晰监察机关与传统司法机关彼此之间管辖案件的界限,以及各级监察机关之间分工的问题,例如下级监察机关是否可以管辖本辖区的上级公职人员,以及如何解决监察机关之间的管辖争议。在确定监察机关的管辖时,需要坚持原则性与灵活性相结合,既保证各监察机关各司其职、各尽其责,又保留一定的机动性,以应对复杂的反腐败形势的需要。

（一）职能管辖

2018年4月17日,中央纪委国家监委印发了《国家监察委员会管辖规定（试行）》,该规定详细列举了国家监委管辖的六大类88个职务犯罪案件罪名:

1. 贪污贿赂犯罪案件（17个）,包括:贪污罪;挪用公款罪;受贿罪;单位受贿罪;利用影响力受贿罪;行贿罪;为利用影响力行贿罪;对单位行贿罪;介绍贿赂罪;单位行贿罪;巨额财产来源不明罪;隐瞒境外存款罪;私分国有资产罪;私分罚没财物罪;非国家工作人员受贿罪;对非国家工作人员行贿罪;对外国公职人员、国际公共组织官员行贿罪。

2. 滥用职权犯罪案件（15个）,包括:滥用职权罪;国有公司、企业、事业单位人员滥用职权罪;滥用管理公司、证券职权罪;食品监管渎职罪;故意泄露国家秘密罪;报复陷害罪;阻碍解救被拐卖、绑架妇女、儿童罪;帮助犯罪分子逃避处罚罪;违法发放林木采伐许可证罪;办理偷越国（边）境人员出入境证件罪;放行偷越国（边）境人员罪;挪用特定款物罪;非法剥夺公民宗教信仰自由罪;侵犯少数民族风俗习惯罪;打击报复会计、统计人员罪。

3. 玩忽职守犯罪案件（11个）,包括:玩忽职守罪;国有公司、企业、事业单位人员失职罪;签订、履行合同失职被骗罪;国家机关工作人员签订、履行合同失职被骗罪;环境监管失职罪;传染病防治失职罪;商检失职罪;动植物检疫失职罪;不解救被拐卖、绑架妇女儿童罪;失职造成珍贵文物损毁、流失罪;过失泄露国家秘密罪。

4. 徇私舞弊犯罪案件（15个）,包括:徇私舞弊低价折股、出售国有资产罪;非法批准征收、征用、占用土地罪;非法低价出让国有土地使用权罪;非法经营同类营业罪；为亲友非法牟利罪；枉法仲裁罪；徇私舞弊发售发票、抵扣税款、出口退税罪；商检徇私舞弊罪；动植物检疫徇私舞弊罪；放纵走私罪；放纵制售伪劣商品犯罪行为罪；招收公务员、学生徇私舞弊罪；徇私舞弊不移交刑事案件罪；违法提供出口退税凭证罪；徇私舞弊不征、少征税款罪。

5. 公职人员在行使公权力过程中发生的重大责任事故犯罪案件（11个），包括：重大责任事故罪；教育设施重大安全事故罪；消防责任事故罪；重大劳动安全事故罪；强令违章冒险作业罪；不报、谎报安全事故罪；铁路运营安全事故罪；重大飞行事故罪；大型群众性活动重大安全事故罪；危险物品肇事罪；工程重大安全事故罪。

6. 公职人员在行使公权力过程发生的其他犯罪案件（19个），包括：破坏选举罪；背信损害上市公司利益罪；金融工作人员购买假币、以假币换取货币罪；利用未公开信息交易罪；诈骗投资者买卖证券、期货合约罪；背信运用受托财产罪；违法运用资金罪；违法发放贷款罪；吸收客户资金不入账罪；违规出具金融票证罪；对违法票据承兑、付款、保证罪；非法转让、倒卖土地使用权罪；私自开拆、隐匿、毁弃邮件、电报罪；职务侵占罪；挪用资金罪；故意延误投递邮件罪；泄露不应公开的案件信息罪；披露、报道不应公开的案件信息罪；接送不合格兵员罪。

从这88个罪名的划转来源看，14个是原反贪局查办的贪污贿赂类犯罪案件，30个是原反渎局查办渎职类犯罪案件，1个是检察机关管辖的国家机关工作人员利用职权实施的侵犯公民人身权利、民主权利类犯罪案件，13个是公安机关管辖的经济类或普通刑事犯罪案件。30个与公安机关共同管辖的犯罪案件中，29个是公安机关管辖的案件，1个是检察机关管辖的国家机关工作人员利用职权实施的侵犯公民人身权利、民主权利类犯罪案件中的破坏选举罪。

原检察机关管辖的渎职类犯罪案件和国家机关工作人员利用职权实施的侵犯公民人身权利、民主权利类犯罪案件，分别有30个和2个划转给国家监察委员会管辖后，分别还剩下徇私枉法罪、民事行政枉法裁判罪、执行判决裁定失职罪、执行判决裁定滥用职权罪、私放在押人员罪、失职致使在押人员脱逃罪、徇私舞弊减刑假释暂予监外执行罪（7个）和非法拘禁罪、非法搜查罪、刑讯逼供罪、暴力取证罪、虐待被监管人罪（5个），共计12个罪名的案件，留给检察机关管辖。这12个罪名的案件主要是由检察机关内设的民事行政监督部门、监所监督部门进行查办，体现了检察机关的法律监督职责。

关于管辖权交叉问题，此问题主要凸显在公安机关和检察机关交叉管辖的案件中。而此类案件多为混合案件，同时混合了职务犯罪和非职务犯罪。此类混合案件最普遍的推责伎俩是避重就轻，比如被调查人员通过供认漏税、赌博等轻罪，来掩饰其贪污贿赂等重罪。所以，对一些职务犯罪的调查也要求同时对其他相关的非职务犯罪的深入调查。2012年，我国发布了《关于实施刑事诉讼法若干问题的规定》，明确了对于处理关于职能管辖交叉的问题时，一般主要由管辖主罪的机关进行管辖，也即是以"主罪为主"的管辖原则。但根据《监察法》第34条第2款的规定，《监察法》确立的是一种"监察为主"的管辖原则，也就是说当其他机关和监察机关职能管辖交叉时，案件由监察机关进行管辖。实践中，如果被调查人在涉嫌一般职务犯罪的同时，涉嫌故意杀人罪、抢劫罪等重大刑事犯罪，若按照此原则由监察机关进行主要调查，则监察机关在处理此案件时将会把大量的时间花在调查职务犯罪以外的其他刑事犯罪上，这显然和此制度设计的初衷不符。对此，有学者提出了两个方案解决此问题。一个方案是参照《关于实施刑事诉讼法若干问题的规定》的相关规定，作出"主罪为主"的规定；另一个方案是《监察法》对关联案件管辖不作规定，在该法通过后的协调性、解释性文件中，作出具体规定。[1]

（二）监察级别管辖和地域管辖的一般规则

就级别管辖而言，各级监察机关可以管辖本辖区内所有监察事项，尽管国家、省、市、县各级监察委员会对"管理权限"有内部分工，但监察管辖不同于司法管辖。对于司法管辖，诉讼法明确规定哪些案件由基层人民法院管辖，哪些案件由中级人民法院管辖，哪些案件由高级人民法院管辖，等等。[2] 监察法没有这样明确的级别管辖划分。即使各级监察委员会对监察对象有内部管辖划分，但《监察法》第16条第2款规定，"上级监察机关可以办理下一级监察机关管辖范围内的监察事项，必要时也可以办理所辖各级监察机关管辖范围内的监察事项"。也就是说，国家监察委员会不仅可以办理省级监察委员会管辖范围内的

---

[1] 杨文群："职务犯罪调查管辖研究"，载《法制博览》2019年第2期。
[2] 例如，《行政诉讼法》第14~17条规定，基层人民法院管辖第一审行政案件。中级人民法院管辖下列第一审行政案件：①对国务院部门或者县级以上地方人民政府所作的行政行为提起诉讼的案件；②海关处理的案件；③本辖区内重大、复杂的案件；④其他法律规定由中级人民法院管辖的案件。高级人民法院管辖本辖区内重大、复杂的第一审行政案件。最高人民法院管辖全国范围内重大、复杂的第一审行政案件。

监察事项，必要时也可以办理市级乃至县级监察委员会管辖范围内的监察事项；省级监察委员会不仅可以办理市级监察委员会管辖范围内的监察事项，必要时也可以办理市辖区、县级监察委员会管辖范围内的监察事项，等等。

就地域管辖而言，各地监察机关按照管理权限管辖本辖区内监察对象所涉监察事项。应当说，监察地域管辖的范围比司法地域管辖的范围明确。因为监察针对的主要是人——公职人员，司法针对的主要是事——争议案件，公职人员所属管辖区域一般比较明确，很少会发生某公职人员是河北省管还是河南省管，是北京市海淀区管还是西城区管的争议；司法争议案件则不同，涉及争议发生地、当事人居住地、户籍地、不动产所在地等，确定管辖非常复杂。

当然，监察地域管辖也不是完全不会发生争议，如公职人员工作岗位调动、挂职锻炼、借调等，也可能出现管辖争议的问题。所以《监察法》第16条第3款也作了发生争议时解决途径的规定："监察机关之间对监察事项的管辖有争议的，由其共同的上级监察机关确定。"

（三）指定管辖

监察法中关于指定管辖包括三项规则：

1. 上级监察机关可以将其所管辖的监察事项指定下级监察机关管辖。上级监察机关之所以指定下级监察机关管辖其所管辖的监察事项，可能是出于办理某一特定案件方便的需要，也可能是上级监察机关案多而下级监察机关案件相对较少的缘故。监察机关上下级是领导指挥关系，上级监察机关有权指定下级监察机关办理自己管辖的监察事项，是其相互关系的性质使然。

2. 上级监察机关将下级监察机关有管辖权的监察事项指定给其他监察机关管辖。上级监察机关之所以做这种指定，可能是因为某下级监察机关负责人或主要监察人员与某一特定案件有某种利害关系，需要回避，也可能是上级监察机关某一时期调节各个下级监察机关工作量（有的下级监察机关可能某一时期案多人少，有的下级监察机关可能某一时期案少人多）的需要，还可能是出于某种办案方便的考虑。

3. 下级监察机关认为所管辖的监察事项重大、复杂，需要由上级监察机关管辖的，可以报请上级监察机关管辖。这与上级监察机关将其所管辖的监察事项指定下级监察机关管辖稍有不同。上级监察机关指定下级监察机关管辖其所管辖的监察事项，下级监察机关一般必须接受。即使有某种原因难于接受，也只能向上级监察机关解释说明，请求上级监察机关改变指定。上级监察机关认为下级监察机关解释说明的理由不充分，不改变指定的，下级监察机关必须服从。而下级监察机关将其所管辖的监察事项报请上级监察机关管辖，则必须先取得上级监察机关的同意，上级监察机关认为下级监察机关报请其管辖的监察事项并非重大、复杂而需要由其代下级监察机关管辖的，完全可以不接受下级监察机关的报请，而仍退回下级监察机关管辖。

第四节　监察机关的组织与职责

关于监察机关的组织与职责，监察法中规定了各级监察机关的产生、组成、上下级关系、派驻、派出监察机构（监察专员）与监察机关的监察职责（监督、调查、处置）等内容。

一、监察机关的组织

监察机关的组织包括中央和地方两大层级。中央层级的监察机关的名称为"中华人民共和国国家监察委员会"，简称"国家监察委员会"。地方监察机关包括三个级别：一是省、自治区、直辖市的监察委员会；二是设区的市、自治州的监察委员会；三是市（设区的市）辖区、县、自治县、县级市的监察委员会。在地方，乡镇一级不设监察委员会，其公职人员的监察由县级监察机关负责；必要时，县级监察机关可以向乡镇派出监察机构或监察专员对其公职人员进行监察。地方监察委员会的名称统一为"监察委员会"，各级别行政区域监察委员会的名称分别在"监察委员会"之前加上其行政区域名称即可，如"××省监察委员会""××市监察委员会""××县监察委员会""××自治区监察委员会""××自治州监察委员会"等。

二、国家监察委员会

《监察法》第8条对国家监察委员会组织的相关问题进行了较具体的规定，主要包括以下六项内容：

（一）国家监察委员会的产生

国家监察委员会与国务院、最高人民法院、最高人民检察院一样，由全国人民代表大会产生，是从属于全国人民代表大会的中央级国家机构。

（二）国家监察委员会的性质、地位和基本职责

国家监察委员会负责全国监察工作，是实现党和国家自我监督的政治机关，

不是行政机关、司法机关。[1] 国家监察委员会是负责全国监察工作的机关而非是只负责对中央机关、组织公职人员监察而不负责对地方公职人员监察的机关。

（三）国家监察委员会的组成

明确国家监察委员会由主任、副主任若干人、委员若干人组成。至于副主任若干人、委员若干人的"若干人"究竟是多少人，则需要通过今后进一步总结实践探索经验确定，因此法律只能留待以后制定"组织条例"或"三定办法"规定。

（四）国家监察委员会组成人员的产生方式

国家监察委员会组成人员有两种不同产生方式：国家监察委员会主任由全国人民代表大会选举产生；国家监察委员会副主任和委员由国家监察委员会主任提请全国人民代表大会常务委员会任免。这种方式与最高人民法院院长、副院长、最高人民检察院检察长、副检察长等人员的产生方式是一致的：最高人民法院院长、最高人民检察院检察长由全国人民代表大会选举产生；最高人民法院副院长、审判员、审判委员会委员、最高人民检察院副检察长、检察员、检察委员会委员分别由最高人民法院院长、最高人民检察院检察长提请全国人民代表大会常务委员会任免。

（五）国家监察委员会主任的任期

国家监察委员会主任的任期与宪法规定的国务院总理、副总理、国务委员、最高人民法院院长、最高人民检察院检察长的任期一致：每届任期同全国人民代表大会每届任期相同，连续任职不得超过两届。

（六）国家监察委员会与全国人大及其常委会的关系

国家监察委员会与全国人大及其常委会的关系是：国家监察委员会对全国人民代表大会及其常务委员会负责，并接受其监督。这是我国人民代表大会制度的体现和必然要求。

根据我国的政体，除全国人民代表大会和地方各级人民代表大会由民主选举产生，直接对人民负责和受人民监督外，我国所有国家机关都由人民代表大会产生，对人民代表大会及其常务委员会负责，受人民代表大会及其常务委监督。国家监察委员会自然也不可能例外，必然由全国人民代表大会产生，对全国人民

---

[1] 中共中央纪律检查委员会、中华人民共和国国家监察委员会法规室编写：《〈中华人民共和国监察法〉释义》，中国方正出版社2018年版，第62页。

代表大会及其常务委员会负责并接受其监督。

三、地方各级监察委员会

《监察法》第9条对地方各级监察委员会组织的相关问题进行了较具体的规定，包括以下六项内容：

（一）地方各级监察委员会产生

地方各级监察委员会由本级人民代表大会产生，属于从属于本级人民代表大会的地方级国家机构。

（二）地方各级监察委员会的性质、地位和基本职责

地方各级监察委员会负责本行政区域内的监察工作。地方各级级监察委员会的性质不是行政机关或司法机关，而是负责对本行政区域内公职人员进行监察的政治机关。[1]

（三）地方各级监察委员会的组成

地方各级监察委员会与国家监察委员会一样，亦由主任、副主任若干人、委员若干人组成。

（四）地方各级监察委员会组成人员的产生方式

地方各级监察委员会组成人员与国家监察委员会组成人员一样，同样有两种不同产生方式：监察委员会主任由本级人民代表大会选举产生；监察委员会副主任和委员由监察委员会主任提请本级人民代表大会常务委员会任免。

（五）地方各级监察委员会主任的任期

地方各级监察委员会主任的任期与本级人民代表大会任期相同，但《监察法》没有规定地方各级监察委员会主任连续任职届数的限制，此与对国家监察委员会主任连续任职届数的限制（限两届）不同。

（六）地方各级监察委员会与本级人大及其常委会的关系

地方各级监察委员会与本级人大及其常委会的关系是：监察委员会对本级人民代表大会及其常务委员会负责，并接受其监督。需注意的是，地方各级监察委员会还要对上一级监察委员会负责，并接受其监督。

四、监察系统的内部关系

监察系统的内部关系包括两个层面：第一个层面是国家监察委员会与地方各

---

[1] 参见中共中央纪律检查委员会、中华人民共和国国家监察委员会法规室编写：《〈中华人民共和国监察法〉释义》，中国方正出版社2018年版，第62页。

级监察委员会的关系；第二个层面是上下级监察委员会的关系。监察法确定的这两个层面的关系均是领导关系：国家监察委员会领导地方各级监察委员会的工作，上级监察委员会领导下级监察委员会的工作。这种关系不同于宪法规定的法院审判系统的内部关系：最高人民法院监督地方各级人民法院和专门人民法院的审判工作，上级人民法院监督下级人民法院的审判工作；而与宪法规定的检察系统的内部关系相同：最高人民检察院领导地方各级人民检察院和专门人民法院的工作，上级人民检察院领导下级人民检察院的工作。

领导关系不同于监督关系。在领导关系中，领导方可对被领导方发号施令，被领导方必须服从领导方的命令指挥。而在监督关系中，监督方不能对被监督方发号施令，而只能依法纠正被监督方的违法行为。

对此《宪法》第125条规定："中华人民共和国国家监察委员会是最高监察机关。国家监察委员会领导地方各级监察委员会的工作，上级监察委员会领导下级监察委员会的工作。"

关于监察系统的内部关系，监察法还规定了监察派驻、派出制度和监察官制度。监察派驻、派出制度主要有以下四项内容：①派驻、派出主体是各级监察委员会，而不限于国家监察委员会或省级监察委员会，县级监察委员会也可派出监察机构或监察专员。②派出对象包括六类：一是中国共产党机关（如党的组织、宣传、政法、统战等部门）；二是国家机关（如人大、政府、法院、检察院等机关）；三是法律法规授权管理公共事务的组织和单位；四是行政机关委托管理公共事务的组织和单位；五是监察委员会所管辖的相应行政区域（如县级监察委员会向所管辖的乡镇人民政府派出监察机构或监察专员）；六是国有企业。③监察委员会向派驻、派出单位既可派驻、派出监察机构，也可派驻、派出监察专员。向某一特定单位究竟是派驻、派出监察机构还是派驻、派出监察专员，视监察工作量大小决定。工作量大则派驻、派出监察机构，工作量小则派驻、派出监察专员。④监察委员会对派驻、派出的监察机构、监察专员进行领导、管理，派驻、派出的监察机构、监察专员对派驻、派出其的监察委员会负责。

派驻、派出监察机构、监察专员的职权不是由监察法直接授予的，而是由派驻、派出其的监察委员会授予的。其只能根据派驻、派出其的监察委员会的授权行事，而不能越权。派驻、派出的监察机构、监察专员的一般职责与法律赋予监察委员会的一般职责是基本相同的，即对所派驻、派出的单位、行政区域的公职人员进行监督，提出监察建议；依法对公职人员进行调查和处置。但《监察法》

第13条对之有一个限制："按照管理权限"。因为派驻、派出的监察机构、监察专员只能根据派驻、派出其的监察委员会授予的管理权限行使职权和履行职责，不能超越授权行事。

关于监察官制度，监察法只是创设和确立了该制度，但对制度的具体内容并没有规定，而是授权其他法律或法规确定监察官的等级设置、任免、考评和晋升等具体内容。《监察法》第14条使用了"依法"两字，这里"依法"的"法"，既可以是法律，也可能是法规，因此今后监察官制度立法既可能由全国人大或全国人大常委会如同制定《法官法》《检察官法》一样，依照《监察法》制定"监察官法"，也可能由国家监察委员会依照《监察法》制定相关规定。

五、监察机关的职责

监察委员会的法定职责包括下述三类：

（一）监督

监察委员会的第一类职责是对公职人员进行监督检查。监督检查的内容包括四项：①依法履职的情况，即监督检查公职人员是否存在不作为和乱作为（即违法作为）的情况；②秉公用权的情况，即监督检查公职人员是否存在以权谋私，利用职权为自己及其亲属或其他关系人、朋友等谋利的情况；③廉洁从政从业的情况，即监督检查公职人员是否存在贪污受贿、权钱交易、权色交易的情况；④道德操守的情况，即监督检查公职人员是否存在违反从政道德、职业道德和社会公德及私德（包括孝敬父母、夫妻忠诚方面的道德）的情况。

监察委员会的第一类职责还包括"对公职人员开展廉政教育"的内容，这可以认为是广义的监督、积极的监督。廉政教育可以是理想信念教育和宣传先进模范人物的正面教育，也可以是通过公布"老虎""苍蝇"的反面典型材料对公职人员进行警示和预防腐败的教育。

（二）调查

监察委员会的第二类职责是对涉嫌贪污贿赂、滥用职权、玩忽职守、权力寻租、利益输送、徇私舞弊以及浪费国家资财等职务违法和职务犯罪进行调查。调查又分为两种：一种是对职务违法行为的调查；一种是对职务犯罪行为的调查。职务违法和职务犯罪虽然具有性质的区别，但行为的内容可能是相同的。例如，行为的内容可能同样是贪污贿赂、滥用职权、玩忽职守，或者权力寻租、利益输送、徇私舞弊以及浪费国家资财等，情节轻微即为"职务违法"，情节严重则构成"职务犯罪"。在国家监察体制改革以前，对职务违法行为的调查属于行政监察机关的职责，对职务犯罪行为的调查则属于检察机关的职责。根据《监察法》第 11 条，今后调查职务违法和调查职务犯罪均属于监察委员会的职责。检察机关原负责调查职务犯罪的人员现转隶监察委员会，这为监察委员会履行该职责提供了非常有利的条件。

（三）处置

监察委员会的第三类职责是对违法的公职人员依法作出政务处分决定；对履行职责不力、失职失责的领导人员进行问责；对涉嫌职务犯罪的，将调查结果移送人民检察院依法审查、提起公诉；向监察对象所在单位提出监察建议。

"处置"主要包括五项内容：①对违法行为情节较轻的公职人员进行谈话提醒、批评教育、责令检查或予以诫勉。②对违法公职人员作出警告、记过、记大过、降级、撤职、开除等政务处分决定。③对不履行或不正确履行职责负有责任的领导人员作出问责决定，或者向有权作出问责决定的机关提出问责建议。④对涉嫌职务犯罪的，将调查结果移送人民检察院依法审查、提起公诉。⑤向监察对象所在单位提出监察建议。监察委员会在办案过程中，发现监察对象所在单位存在制度不完善，对公职人员管理存在缺陷、漏洞，或存在其他违法、违纪问题，需要其自我纠正、自我改进的，应该向其提出监察建议。

第五节　我国古代监察制度的历史发展及现实意义

国家监察体制改革是一项事关全局的重大政治体制改革。在健全和完善我国监察体制的过程中，除了要借鉴其他国家的成功经验外，还应该借鉴我国古代监察制度中的经验，将其运用于当前的监察体制改革，这将有助于我国监察体制向法制化、科学化方向发展。

一、我国古代监察制度的发展历程

我国古代监察制度的发展大致经历了萌芽、形成、巩固、成熟及强化五个阶段：

（一）萌芽

我国监察制度起源很早，在远古时代，人们法天设官，即有监察官吏之设。[1] 至夏、商、周后进入了奴隶社会,君王就把监察制度作为维护君主统治和调节各种社会关系平衡的工具。比如夏朝时期已经设有监察官"啬夫",即"吏啬夫任事,人啬夫为检束百姓之官"。而到了殷商时期,则已经有了专门治官的《官刑》。西周时期则有了"纠察令",并且还规定了具体的对官吏的监察内容和方式等,同时在这一时期出现的"御史"之职责亦包含有监察的意味,这都说明监察作为一种制度已处于萌发时期,是我国古代监察制度的萌芽阶段。

(二)形成

从史书记载来看,我国古代监察制度的形成阶段是在秦汉时期。秦统一六国后,随着中央集权的君主专制制度的确立,在中央实行"三公九卿"制,御史大夫作为"三公之一",从原先在君主左右掌管文书档案记录等事宜逐步发展为兼司纠察职责的监察官吏。此外,秦还在各郡设有监御史,作为朝廷派往地方的监察官吏,主要负责对所在郡的官吏进行纠察并参与治理刑狱。汉代在沿袭秦制的基础上建立了一套新的监察体系。在中央设御史府,长官为御史大夫,掌管全国的最高监察权,其地位仅次于丞相。在地方上,汉初废除了秦代常驻地方的监御史,由丞相府派遣丞相史监察郡、县。到了汉武帝时期,为了有效地控制地方,又对监察体制作了调整,废除丞相史,设立刺史制度,将全国划分为十三州部,每州设刺史一名,对地方官吏进行监察。此外,汉代还颁布了《御史巡察诸郡九条》《刺史察举六条》等法规,这些法规的颁布标志着我国古代监察制度的初步形成。

(三)巩固

我国古代监察制度的巩固阶段是在魏晋南北朝时期。长期的封建割据和不断的战争,导致政权频繁更迭和社会动荡不安。为了巩固政权,加强中央集权,统治者加强了对监察机关的实际控制权。御史台从少府中独立出来,成为由皇帝直接掌握的独立监察机关,其职能进一步加强,监察范围也得到进一步扩大。

(四)成熟

隋唐宋元时期的封建统治者在总结历代统治经验的基础上,对监察制度作了重大改革,我国古代监察制度日趋成熟。隋朝继续沿用了前朝的基本制度,御史台仍是中央监察机构。隋文帝重新设立御史大夫一职,执掌纠察。隋炀帝在御史

---

[1] 《天官书》说,"太微南四星为执法星。执法星者,谓执法以监众星也"。参见杨鸿年、欧阳鑫:《中国政制史》,安徽教育出版社1989年版,第119页。

台以外，新设司隶台、谒者台，三者合称"三台"。"三台"在御史大夫的领导下，各司其职，相互配合。

到了唐朝，御史台之下又设立台院、殿院、察院三院，其中台院负责弹劾、纠举百官；殿员负责纠举服制失仪行为；察院负责分察百官，巡案州县。"三院"职责明确，管辖范围分明，形成了一个比较完善的一台三院监察制度，这三院相互之间密切配合，形成了一个严密且脱离了国家行政机构的独立的监察系统。此外，唐朝还完善了谏官制度，实现了自上而下、以皇帝为监察对象的监察制度。这样就实现了以上察下、以下督上的双向监察制，形成了台谏并存的新格局。并且，这一时期的《唐律疏议》《唐六典》《监察六法》也为监察机构的设置和监察官的活动等提供了明确、规范、系统的指引。

宋朝为了加强对监察机构的控制，在中央实行台谏合一制度，即中央监察体制分为御史台和谏院两部分，在地方设置"监司"负责并监督地方政务，同时掌管地方行政权和监察权。元朝沿用唐宋时期的监察体制在中央设御史台，在地方设立两个行御史台作为中台的派出机构。

（五）强化

明清时期处于我国封建社会晚期，这一时期是极端君主专制时期，也是我国古代监察制度的强化时期。明朝初年，朱元璋废除了丞相，把御史台三院合并为都察院，负责监察和弹劾百官。在地方，设立了六科给事中，并赋予其独立的监察权，另外设立十三道监察御史和各省提刑按察司，实现对地方官员的监督。清朝的监察机关仍为都察院，并将六科给事中并入都察院，形成了比较完善的"台省合一""科道合一"的监察体系，在地方设右都御史、提刑按察司、十五道监察御史监察地方官员。此外，清代还颁布了我国古代最完整的监察法典——《钦定台规》，这部法典的颁布标志着我国古代监察制度进入了鼎盛时期。

二、对现今监察制度的启示和借鉴

宪法修正案增设监察委员会一节，确立了监察委员会作为新的国家机构的宪法地位。而《监察法》的颁布实施，更使得监察权有法可依。但由于我国新型的监察制度刚刚建立，尚有不完善之处。基于此，我们既要借鉴域外经验，亦不能忽视我国古代监察制度中的进步之处，两者都为逐步完善我国新型监察制度提供了有益的参考。通过上述对我国古代监察制度进步之处的分析，至少应该得到如下启示：

（一）保障监察机构的独立性

当前，我国统一独立的监察机关已经设立。首先，通过修改《宪法》，规定了监察权与司法权、行政权处于同一地位，在宪法层面确立了监察权的独立属性，并以法律的形式，明文规定了监察委员会由同级人大选举产生，在行使职权时不受行政机关及社会团体的干预；其次，将原先的行政监察、检察院职务犯罪的侦查权从原有机关剥离，重新整合进监察委员会，由其统一行使；最后，《监察法》规定监察权范围覆盖所有行使公权力、从事公共事务的个人和组织，超越了行政系统，填补其他公权力的监察空白。而统一、独立的监察机构无疑是国家反腐败的一把利剑，应当继续保持监察机关的独立性及权威性，保障监察人员的监督权力顺畅行使。

（二）严格贯彻法治原则

目前，我国《宪法》和《监察法》对于监察机构的地位、权限、运作已有总则性规定，重要的是必须在实践中探索制定并完善后续配套的法律法规。通过制定监察行为法、组织法、标准法以及监察官法，明文规定监察机构的权力及权力的行使程序，逐步形成以《宪法》为统领、以《监察法》为核心的监察法律体系，确保监察机关的一切活动都在法律规定的范围内进行，保证监察制度的稳定、监察效果的良好以及监察机制的正常运转，并防止监察机关自身腐败，这样才能充分发挥监察制度的作用，真正实现"把权力关进制度的笼子里"。

（三）建立多元化的监督体系

要想建立一个良好的监察体系，仅仅靠内部监督是远远不够的，还需要广大人民群众的外部监督。而我国现行的监督制度恰恰缺少这种社会监督，因此我国应该加强对监督权力自身的监督，建立多元化的监督体系。现阶段，可以借鉴人民监督员制度与信访制度，构建符合监察权运行规律的人民监督机制，也可以在监察委员会内部设立专门的投诉委员会，公开电话、微博等，接受人民的监察投诉。同时，"阳光是最好的防腐剂"，应当探索建立监察委员会信息公开制度。在自媒体时代，个人的影响力通过网络平台大大提高，公众应当充分利用网络、公众号等平台，对监察委员会的违法失职行为予以揭发、举报；同时，公权力也要注意充分保护举报者不受报复，积极推进监察委员会外部监督机制的构建。

（四）建立健全监察人员选任与考核制度

我国古代已对御史、谏官等监察人员的选任、任职、考核有着详细的制度设计，在每一个环节中保证监察人员的素质。古人对于监察官员的选任和管理的这些方法与理念，在今天来看同样适合。现阶段，我国监察人员主要是从其他机关调任，人员素质参差不齐，再加上我国新的监察制度建设尚属起步阶段，后续法律法规尚未出台，目前，应当积极构建监察官法，对监察官员的选任、任职、考核作出详细规定。在此，可以参考司法体制改革中形成的法官、检察官选任、任职等规定制定相应规则。如规定初任监察官必须通过国家统一的法律职业资格考试，提高其依法用权的水平和意识。也可以借鉴我国古代的监察官制度，限制监察官的年龄，要求监察官的高学历与任职经验，强调监察官任职回避，防止形成利益链条等。同时，对监察官的考核制定标准、划分等级，积极推进监察队伍的素质建设。

第六节　新加坡法制反腐的经验及对我国的启示

反腐是一项系统工程。新加坡运用法制思维和法制方式构建预防和控制腐败的规则体系和制度基础，已经取得了卓越成就。在著名的国际性反腐败非政府组织——"透明国际"发布的全球清廉指数排行榜中，新加坡始终位居世界前列。新加坡法制反腐的成功经验对我国的反腐倡廉建设具有良好的示范效应和借鉴意义。

一、新加坡腐败治理的探索历程

在1959年6月获得自治地位之前的近140年里，新加坡一直都是英国殖民地，当时的新加坡腐败现象十分严重，腐败行为无处不在。特别是1945年至1959年，这段时间既是新加坡社会经济的迟滞期，又是殖民官员最腐败的时期。腐败引发诸多社会问题，如犯罪活动猖獗，吸毒嫖娼成风，政局动荡不安，等等。

1959年，新加坡建立自治政府，人民行动党上台执政，开始采取严厉举措严惩贪腐。在1952年以前，新加坡所有的贪污案件是由一个小单位"反贪污部门"负责调查的。1952年，设立了独立运作的贪污调查局，调查所有的贪污案件。1960年，新加坡议会通过了一部强有力的反贪法律——《防止贪污法令》，从此新加坡逐步走出腐败高发期。之后该法律经6次修改补充，根据新情况不断加以完善。20世纪60年代、70年代和80年代，新加坡国内生产总值的实际平均增长率分别达8.7%、9.4%和7.2%，这样的高速增长与腐败现象得到有效治理密不可分。1988年，政府出台了《没收贪污所得利益法》；1989年，国会又通过了《贪污（收益没收）法令》；1999年，《贪污、贩毒和其他严重罪行（收益没收）法令》取代《贪污（收益没收）法令》。这几部法律与新加坡刑法、刑事诉讼法相得益彰，互为补充，构织起一张惩腐反贪的严密法网。经过多年卓有成效的反腐工作，新加坡在亚洲国家的清廉度稳居第一，被誉为"东亚现代文明的典范"。

二、新加坡法制反腐的实践经验

新加坡作为亚洲最清廉的国家，在反腐败斗争方面颇有自己的特色。新加坡能够实现和长期保持廉洁的一个很重要的因素就是依法治贪，国家把建立健全防止公务员贪污受贿的法律制度作为廉政建设的主要内容，使肃贪倡廉制度化、规范化、法律化。

（一）完整而周密的法律体系

立法完整而周密是新加坡反腐败法律体系的突出特征。新加坡把反腐肃贪的各项工作都纳入了法制范围，大至肃贪倡廉的结构安排和制度设计，小到公职人员的言行举止、衣食住行，都有明确的法律条文规定，堵塞了可能出现的腐败漏洞，有效地遏止了公务员钻法律空子的现象。其中，《防止贪污法令》是新加坡专门反腐法律法规的基础性法律。它于1960年通过，后经多次修改不断得以完善，至今已达到内容全面、严密、明确、具体的水平。《防止贪污法令》融刑法、刑事诉讼法和部门组织法于一体，既有对什么行为符合定罪的实体方面极其明细的规定，又有关于诉讼程序及证据规则等方面的相关具体规定。同时该法令还赋予贪污调查局更大、更全面的调查权力，包括逮捕权、调查权、特别调查权、搜查权和扣押权，并加重对贪污行为的惩罚。该法令既适用于政府公务员，也适用于私人企业人员。1988年政府出台了《没收贪污所得利益法》，这是一部专门惩治腐败犯罪的程序法。它与《防止贪污法令》相配套，对贪污所得利益的认定、没收贪污所得利益的程序以及对潜逃罪犯的贪污贿赂所得利益的没收等问题作了明确规定。

除此之外，新加坡还制定并颁布了《宪法》《刑法》《公务员法》《公务惩戒程序法》等。这些法律共同构成了新加坡反腐败严密而规范的法律体系，为惩治和预防腐败提供了有力的法治保障。

（二）独立而权威的反腐机构

新加坡的贪污调查局（CPIB）是独具特色的反腐专门执法机构，是治理腐败的核心力量，该局被国家法律赋予了广泛的职权。其独立性体现在由总理直接领导工作，独立于政府各部门，其他任何人和任何部门对它都没有指挥权和管辖权，法律详细规定了调查局官员的地位、身份、权力等，有效地保障了贪污调查局官员的利益。其权威性体现在《防止贪污法令》赋予了贪污调查局广泛的权力：案件调查权、逮捕权、对涉嫌腐败犯罪物品的搜查和扣押权、搜集腐败犯罪信息的权力等。除此之外，《防止贪污法令》还赋予贪污调查局许多特权：贪污调查局局长和特别调查员可以不用逮捕证逮捕任何涉嫌贪污受贿的人；局长和特别调查员可动用特别权力调查贪污受贿案；有权入屋搜查，没收被认为是赃物或其他罪证的任何银行存款、股票和银行保管箱的财物；有权进入各部门、机构，要求官员、雇员及其他任何人提供所需的任何内部资料；有权要求涉嫌贪污受贿者讲清其收入来源，有权将涉嫌贪污受贿者提交审判。[1] 贪污调查局所拥有的广泛权力使它不受外界的干扰，独立有效地行使职权，对潜在的贪赃枉法者形成巨大的威慑力。

（三）深入而广泛的廉政文化

新加坡位居世界"清廉国家"之列，离不开它在全社会营造的清正廉洁的文化氛围。新加坡的政治领导人以身作则，恪守法律面前人人平等的原则，率先垂范，不搞特权，坚持严格依法办事，他们不与任何金融和商业界联系，不毫无依据地非法使用纳税人的税金。他们通过个人带头遵法的示范作用，为本国公民创设了廉洁榜样，逐步营造出了清正廉洁的社会环境。除了严厉的反腐败法律外，新加坡政府同样针对公务员、部长和议员行为建立了各种规则、政策和准则，禁止他们及其家庭成员向公众收受任何好处、礼物以及娱乐服务。

另外，新加坡注重推行公民廉洁教育，采取了一系列的措施加强公民思想道德建设，提高公民的个人道德修养。在道德理论教育上，新加坡通过举行儒家伦理道德讲座，社区中心、居民委员会开展各种培训和宣传活动以及各种道德教育课程等方式，培养和提升公民的道德意识。特别是新加坡在中小学课堂普遍开设廉政和反贪污课程，让新加坡人从小就形成正确的道德观念、社会责任感和忠于国家的意识。

（四）预防和惩治的有效结合

新加坡法律规定的预防腐败的主要措施有制定合理的薪酬制度、实行财产申报制度和中央公积金制度。为了保证公务人员不用贪污受贿就能过上较为体面的

---

[1] 孙景峰：《新加坡人民行动党执政形态研究》，人民出版社2005年版，第266页。

生活，新加坡法律明文规定对公务员实行"高薪养廉"政策。在新加坡，公务员的薪酬与企业人员的薪酬对等、与承担的职责任务匹配、与社会的福利保障互补、与个人的行为表现挂钩。新加坡建立了全面的财产申报制度。一旦成为公务员，必须详细申报财产。申报范围包括：本人拥有的股票、房产、土地、汽车以及其他财产等；配偶或其他家庭成员在私人公司的投资收益。被正式录用者必须在任职前申报个人财产，否则不得进入公务员队伍。任职后如果财产有变动，应主动填写财产申报清单并说明变动原因。公务员在每年1月份直接向上司申报财产，由反腐调查局审查核实情况；不申报或作虚假申报都是犯罪。如果公务员对申报财产说不清来源，则被推定为贪污所得。新加坡还建立了中央公积金制度，特别是为公务员提供了甚为丰厚的退休金。若公务员任职期间奉公守法、廉洁从政，退休时就可以领到这笔保障晚年生活的公积金和退休金，反之则一无所有。没收公积金和退休金成为震慑腐败的有力武器，使官员既不想贪，也不敢贪。

新加坡的反腐败法律体系特别注重严厉惩治贪腐行为，对贪污腐化行为采用"零容忍"政策，铁拳整治腐败。具体表现为：新加坡对腐败的定义非常宽泛，几乎囊括了所有的财产性利益和非财产性利益，没有不正之风、违法、犯罪之分，或是罪与非罪界限之说，也没有贪污金额起刑点。新加坡对贪污贿赂行为实行"有罪推定"，即被指控者必须说清楚与其收入不相符的那部分财产的来源，如果与已知的收入来源不相符合，又不能作出合理解释，或提出相反证据，则其收受或取得的一切财产都被认定为贿赂所得。一旦受贿事实成立，即构成犯罪，司法机关无须查证受贿人是否向行贿人提供了服务和方便。另外，在新加坡，贿赂行为的判定不以谋取不正当利益为前提。只要行为人索取和收受了不当好处，且其行为与其职务相关，就构成贿赂犯罪，并不特别规定为他人谋取利益。同时，只要向公职人员实施了行贿行为使其作为或不作为，不论行贿人谋取的利益正当还是不正当，行贿罪都成立。

新加坡这种有罪必惩、轻罪重惩的严厉惩治方式，不仅极大地震慑了潜在的腐败分子，还大大提高了公民对政府的信任度，增强了公民坚决打击腐败行为的决心。

三、对我国现今反腐制度的启示

任何制度的设置都必须依据国情。我国将监察委员会设置为独立的反腐败机构，一改曾经"一府两院"的顶层设计格局，将监察权放在国家权力的突出位置，这正体现了国家对反腐败治理的高度重视。通过分析、比较新加坡贪污调查局，希望能给予我国监察制度以启示、借鉴。

（一）设立独立的反腐败机构

监察委员会的设立决定本身就是我国党和政府对坚决与腐败作斗争的庄严承诺，表明了我国党和政府在打击腐败上的决心与力度。《联合国反腐败公约》中也同样强调了机构的独立性对行政监督和防止腐败的重要性，可见反腐监察机构的独立性对于反腐执法的重要性。监察委员会作为一个独立的机构，改变了原先反腐败权力分散、繁杂、难以形成合力的状况，确保人事、经费、执法等不受其他部门的干预，从制度设计上消除反腐监察职能在一定程度上的交叉性和重叠性，这是监察体制改革的一项重大突破，是我国反腐制度体制与国际接轨的重大创新。

另外，在反腐机构内部应设置明确的分工，以确保反腐工作有条有序地进行。例如，新加坡贪污调查局划分调查处、信息处、行政处，分别负责调查、情报与后勤业务。新加坡贪污调查局只负责贪污案件的调查，不负责检控、审理和判处，从机构设置到职责权限，都具有鲜明的特色。新加坡的司法系统由初级法院、高等法院和上诉法院组成，宪法明文规定高等法院及其下属法庭独立行使司法权，高等法院有权监管和修正初级法院作出的裁决。法官依法独立行使裁判权，只服从法律，不服从任何其他权威。新加坡宪法和法律制定了保护法官的具体措施，如任职期限、薪酬福利等，以此来确保司法独立。正因为如此，新加坡的法官极为清廉，几乎从未发生过法官贪腐现象。在我国，监察系统内部可以划分不同的职能部门，以便更好地实现分工负责，权责分明。

（二）加强民众廉洁文化教育

新加坡反腐得以成功的重要原因之一就是在全社会营造了一种清正廉洁的氛围。1991年1月，新加坡政府颁布了"共同价值观"，其主要内容是："国家至上，社会为先；家庭为根，社会为本；关怀扶持，同舟共济；求同存异，协商共识；种族和谐，宗教宽容。"这是新加坡政府根据新加坡各民族文化的基本精神，吸收儒家文化和西方文化的内容而形成的，目的是使人民获得更高的同质性和认同感，形成统一的国家意识，进而形成反对贪污腐败的整体社会氛围。

结合我国，应该加强以社会主义核心价值观为重点的廉政教育，扩大宣传，提高公民政治素养和参与廉政建设的积极性，推进精神文明建设。让民众在实际生活的改善中切身感受到腐败治理取得的成效，增强民众战胜腐败的信心和力量，让民众看到党治理腐败、建设廉洁政府的勇气和决心，激发民众推进中国特色社会主义反腐倡廉道路认同的内生动力,在全社会形成崇尚廉政和痛斥贪腐的社会氛围。特别是公职人员,在入职前、入职后都要进行廉政道德教育,不可放松或流于形式,要根据形势的变化不断创新教育内容,与时俱进。

(三) 建立健全内外部监督机制

监察委员会是一个新的国家机关,其行使的监察权必须接受监督和制约。在内部监督上体现纵向监督和横向监督的作用,如上下级监察机关的审批、受托事项及时报告、登记报备、不同部门相互监督制约等;在外部监督上,体现党的领导和监督,人大及政协的监督,人民法院、检察院的监督,被调查人员与律师的权利制约,及其他社会舆论监督和民主监督。

此外,要更加注重事前监督和过程监督的有效性,而不仅仅是事后监督。同时,要建立健全新闻媒体及社会公众参与监督制度,提高民主监督员的素质和能力等。比如,充分发挥互联网时代新媒体的特点,开通互联网举报、投诉等平台,将社会监督、民众监督和舆论监督作为监督监察委员会工作的有效方式。

(四) 提升反腐败机构的专业性

当前,职务犯罪多样化、复杂化和高智能化更加剧了职务犯罪调查的难度,只有专业化的队伍才能适应当前查办职务犯罪工作的需要。因此,调查人员的专业技术水平就显得尤为重要。比如瑞典,成立了经济犯罪调查局,要求其中的调查员拥有很强的税务、商业运作和账目簿记方面的专业技能。每个调查处都配备经济犯罪检察官、经济警察、经济专家等,利用他们的专业技能,合作处理经济犯罪案件。同时还注重对各类人员的培训,使之成为调查腐败案件的优秀专家。

在我国的监察体制改革中,基于专业性考量,监察委员会人员应有严格的准入制度且具有较强的稳定性,所有支持专业技术的制度必须到位,可以定向招录一些财会、互联网、金融等专业人才,培养自身的专家团队。同时,对监察人员进行严格的业务培训,定期开展各种专业技能训练,加强与其他地区和机构之间的交流合作,增强监察人员的监察能力和拓宽其视野。

(五) 加强反腐败国际合作

腐败不是中国独有的问题,而是一个国际问题。随着世界各国政治经济合作的日益深化,反腐败也需要充分的国际合作。为了妥善应对腐败的影响,中国于2005年加入了《联合国反腐败公约》,该公约首次就预防、侦查和返还腐败分子转移的财产等方面规定了一系列基本的原则,并为各国就追缴非法财产问题加强合作提供了法律框架。因此反腐败是世界各国的共同任务,没有哪个国家可以置身其外，必须加强国际合作，形成共识。

第七节 反腐败制度建设的国际化趋势

随着经济全球化的发展，职务犯罪的发展已打破区域界限，越来越呈现出跨国的特点，成为国际社会共同关注的一种国际现象。

职务犯罪国际化的严峻态势，使得各国仅依靠自己的力量已经难以有效地防范和遏制这类犯罪的发生和蔓延。为了保护人类共享的国际共同利益，需要我们从全球视野建构职务犯罪侦查国际化机制，寻求并依靠国际性的刑事司法协助，强化打击和控制这类犯罪的措施和力度，联手对付包括职务犯罪在内的跨国犯罪。

一、职务犯罪调查国际化的途径

从国际法的角度讲，由于国际法原则包括国家主权原则、互不干涉原则、司法管辖权独立原则等要求，一国的法律只能在本国领域内实施，一国的司法机关也只能在本国领域内行使司法权，任何一个主权国家都不允许其他国家在本国领域内进行司法活动。因而，打击涉外或者国际化的职务犯罪活动，只能求助于刑事司法协助，刑事司法协助是国家司法权域外延伸、打击国际性犯罪的一种有效途径和手段，既是各国维护国家主权和司法权独立的需要，也是共同应对职务犯罪国际化、维护国际社会正常交往秩序等国际共同利益的需要。

一般地说，请求和提供司法协助，应当按照一国缔结或参加的国际条约所规定的途径进行。没有条约规定的，可以通过外交途径进行。当前，我国在职务犯罪侦查中开展国际司法协助的联系途径，主要有以下几种：

（一）缔结国际公约

我国目前参加了许多国际公约，其中有关刑事司法协助的条款规定了开展司法协助的内容。联合国等国际组织还制定了许多有关刑事司法协助的示范条约等文件。这些文件虽然没有法律效力，只是给各国提供参考，但对促进国际司法协助有着不可忽视的作用。如1990年12月14日联合国制定了《引渡示范条约》《刑事事件转移诉讼示范条约》《关于移交外籍囚犯的模式协定》《有条件判刑或有条件释放罪犯转移监督示范条约》《刑事事件互助示范条约》等一系列加强国际合作的示范文件；2000年11月联合国第55届大会审议通过了《联合国打击跨国有组织犯罪公约》《联合国反腐败公约》等。所有这些文件都鼓励各国在打击和控制犯罪包括职务犯罪方面进行最广泛的合作。

(二) 缔结区域性公约

一些地理相邻、经济文化发展水平相似的同一地区或国家之间缔结的区域性的协定或公约,是促进我国开展国际刑事司法协助的重要依据和途径。如 1984 年联合国制定的《禁止酷刑公约》规定,"如果有充分理由相信任何人在另一国有遭受酷刑的危险,任何缔约国不得将该人驱逐、遣返或引渡至该国"。1988 年联合国制定的《禁止非法贩运麻醉药品和精神药物公约》,以及我国于 1987 年 6 月制定的《关于对中华人民共和国缔结或者参加的国际条约所规定的罪行行使刑事管辖权的决定》等,都是我国开展司法协助的法律依据。

(三) 缔结双边条约

从目前看,我国已经先后与加拿大、保加利亚、波兰、蒙古、土耳其、古巴、俄罗斯、埃及、白俄罗斯、哈萨克斯坦、吉尔吉斯斯坦、希腊以及美国等 30 多个国家缔结了刑事司法协助条约或包括刑事司法协助内容的条约,主要涉及司法协助的意愿、原则、程序、权利和义务等内容,是我国开展司法协助的重要法律根据。

(四) 参照国际惯例

当前,我国司法机关在查办职务犯罪等案件的过程中,与各国在相互提供司法协助方面,一般都在平等互惠的基础上,参照国际惯例中通行的做法来进行。如主权原则、双重犯罪原则、平等原则、政治犯不引渡原则等国际公认的原则和惯例,都是各国进行司法协助的重要依据。

(五) 建立我国警方与国际刑警组织的合作关系

1984 年我国正式加入国际刑警组织,成为其成员国,1986 年在广东设立了国际刑警组织中国国家中心局联络处。近些年来,我国增强了与国际刑警组织的其他成员国之间的良好合作与互动,在查缉犯罪方面得到了有关国家实质性的协助,不仅及时地将逃往外国的职务犯罪分子引渡回国,而且在相互提供信息、情报、搜集犯罪证据、协查赃款和逃犯等方面进行了卓有成效的合作。

(六) 依据我国国内法的有关规定进行联系

我国与有关国家的司法协助是一项具有国内法与国际法双重性质的活动,就查办贪污贿赂等职务犯罪案件而言,这类案件的管辖、起诉、审判和刑罚执行等一系列活动,既要以打击跨国贪污贿赂等职务犯罪有关的国际条约或公约为依据,又要以国内法的有关规定为依据。由于我国尚未进行刑事司法协助方面的专门立法,缔结和参加的有关刑事司法协助的条约或公约也很有限,因此尽快地制定和完善相应的国内法就成为当前的一项迫切任务。

二、国际公约关于腐败案件侦办的规定

2000 年《联合国打击跨国有组织犯罪公约》对腐败犯罪进行了概括式的规定,2003 年为了更有针对性地应对腐败行为对政府及社会造成的负面影响,在联合国的努力下,又通过了《联合国反腐败公约》,该公约为第一项全球性反腐败法律文书,它首次在国际社会建立了反腐败五大法律机制,即预防机制、刑事定罪与执法机制、国际司法合作与执法合作机制、资产追回与返还机制、履约监督机制,奠定了反腐败国际合作的法律基础,是国际社会打击腐败、建设法治文明的里程碑。在公约基础上建立的全球打击跨国腐败的法律制度,特别是关于国际司法合作、资产追回与返还等方面创新性的规定,标志着相关领域新的国际法律规则的出现和形成,填补了国际法在相关领域的空白。本书仅仅从腐败案件侦查的角度,结合我国《刑事诉讼法》对两部公约进行简单解读。

(一)腐败案件的侦办方法问题

1. 秘密侦查方法。《联合国打击跨国有组织犯罪公约》第 20 条第 1 款规定:"各缔约国均应在其本国法律基本原则许可的情况下,视可能并根据本国法律所规定的条件采取必要措施,允许其主管当局在其境内适当使用控制下交付并在其认为适当的情况下使用其他特殊侦查手段,如电子或其他形式的监视和特工行动,以有效地打击有组织犯罪。"《联合国反腐败公约》第 50 条第 1 款肯定了上述第 20 条的规定,并进一步规定秘密侦查的基本方式:①控制下交付。《联合国反腐败公约》第 2 条第 9 款规定:"'控制下交付'系指在主管机关知情并由其监控的情况下允许非法或可疑货物运出、通过或者运入一国或多国领域的做法,其目的在于侦查某项犯罪并查明参与该项犯罪的人员。"②特工行动。指运用秘密的侦查力量,收集证据、抓获犯罪嫌疑人的特殊侦查方法,也就是司法实践中的卧底侦查。③电子或其他监视形式。电子监视主要指利用现代电子技术监控或听取他人的办公、住所等场所的谈话,或者对特定的人或物进行监视或秘密拍照、录像等秘密侦查方法。其他监视形式指利用电子技术以外的现代科技方法收取或截获犯罪信息，如卫星监控、红外线探测等。[1] 其中，一般认为，电子监视属于技术侦查的范畴。我国《刑事诉讼法》在第二编第二章"技术侦查措施"一节中对上述秘密侦查方法进行了规定，细化了秘密侦查的适用程序、适用案件范围和执行等。

2. 联合侦查问题。《联合国反腐败公约》第49条对联合侦查作出了规定："缔约国应当考虑缔结双边或多边协定或者安排，以便有关主管机关可以据以就涉及一国或多国侦查、起诉或者审判程序事由的事宜建立联合侦查机构。如无这类协定或者安排，可以在个案基础上商定进行这类联合侦查。有关缔约国应当确保拟在其领域内开展这种侦查的缔约国的主权受到充分尊重。"联合侦查的设置是要通过建立统一的联合调查机构，以促进信息交流和执法合作，达到最终提高打击犯罪效率的目的。同时，也将有助于各缔约国在打击跨国犯罪上进行信息沟通以及协同作战，从而有利于诉讼资料的收集和利用。

3. 扣押、冻结。《联合国反腐败公约》第54条第2款规定："为就依照本条约第55条第2款提出的请求提供司法协助，各缔约国均应当根据本国法律：①采取必要的措施，在收到请求缔约国的法院或者主管机关发出的冻结令或者扣押令时，使本国主管机关能够根据该冻结令或者扣押令对该财产实行冻结或者扣押，但条件是该冻结令或者扣押令须提供合理的根据，使被请求缔约国相信有充足理由采取这种行动，而且有关财产将依照本条第1款第1项按没收令处理……"扣押与冻结的国际协助规定有利于我国在调查过程中扣押、冻结涉嫌腐败的犯罪嫌疑人的域外财产，将犯罪带来的经济损失降低到最低程度。

（二）腐败案件侦查中的保障措施问题

1. 证人、鉴定人、被害人的保护问题。《联合国打击跨国有组织犯罪公约》第24、25条涉及了对证人、被害人的保护问题。《联合国反腐败公约》对其进行了细化，该公约第32条规定了关于证人、鉴定人和被害人的保护问题，该条第1款规定："各缔约国均应当根据本国法律制度并在其力所能及的范围内采取适当的措施，为就根据本公约确立的犯罪作证的证人和鉴定人并酌情为其亲属及其他与其关系密切者提供有效的保护，使其免遭可能的报复或者恐吓。"第4款规定："本条各项规定还应当适用于作为证人的被害人。"同时，第32条第2款对如何

---

[1] 周顺忠："试论国际法视域下的我国刑事侦查制度之改革与建构——国际公约对我国《刑事诉讼法》再修改之启迪"，载《上海公安高等专科学校学报》2006年第6期。

进行权利保障进行了措施规定："①制定为这种人提供人身保护的程序，例如，在必要和可行的情况下将其转移，并在适当情况下允许不披露或者限制披露有关其身份和下落的资料。②规定允许以确保证人和鉴定人安全的方式作证的取证规则，例如允许借助于诸如视听技术之类的通信技术或者其他适当手段提供证言。"第 3 款规定："缔约国应当考虑与其他国家订立有关本条第一款所述人员的移管的协定或者安排。"但值得注意的是，公约对证人等的保护是以"在不影响被告人权利包括正当程序权的情况下"进行的，可见，公约对腐败案件中证人等的保护措施设置，是以与被告人权利平衡为前提的。我国《刑事诉讼法》也贯彻了权利平衡理论，在立法中强化了对诉讼程序中证人的保护措施，如《刑事诉讼法》第 64 条对特殊案件证人、鉴定人和被害人安全保障问题进行了规定，但该法是通过列举的方式规定了证人等保护制度适用的案件范围，即"危害国家安全犯罪、恐怖活动犯罪、黑社会性质的组织犯罪，毒品犯罪案等案件"。腐败犯罪案件并没有明确列于其中，但从立法上看，这几类犯罪均为典型的有组织犯罪，在侦办过程中有一定的难度，证人作证也有一定的风险，而腐败案件侦查活动也具有类似特点，因此，对该法条可以作扩大性理解，即腐败犯罪案件涵盖在"等案件"之中，也就是说有组织犯罪案件均可适用关于对证人等的保护制度。

2. 与执法机关合作问题。为了规避法律制裁，腐败犯罪分子内部形成了较为顽固的攻守同盟，侦破案件具有一定的难度。对此，《联合国反腐败公约》第 37 条规定了"与执法机关的合作"问题，该条第 1 款规定："各缔约国均应当采取适当措施，鼓励参与或者曾经参与实施根据本公约确立的犯罪的人提供有助于主管机关侦查和取证的信息，并为主管机关提供可能有助于剥夺罪犯的犯罪所得并追回这种所得的实际具体帮助。"同时，第 2 款也规定："对于在根据本公约确立的任何犯罪的侦查或者起诉中提供实质性配合的被告人，各缔约国均应当考虑就适当情况下减轻处罚的可能性作出规定。"这就是在西方主要国家刑事诉讼制度中存在的污点证人制度。污点证人制度在本书下述内容中有集中介绍，在此不做赘述。我国《刑事诉讼法》中并没有污点证人制度的规定，但在司法实践中，同案被告人进行指认并获得从轻处罚的并不少见，如 2013 年 8 月 22～26 日公开开庭审理的薄熙来受贿、贪污、滥用职权案中同案被告人王立军出庭对被告人进行指控。

3. 国际司法协助问题。针对腐败官员外逃等情况，《联合国反腐败公约》专门规定了资产追回和国际司法协助制度。公约第 54 条规定了"通过没收事宜的国际合作追回资产的机制",根据该机制,"为依照本公约第 55 条就通过或者涉及实施根据本公约确立的犯罪所获得的财产提供司法协助,各缔约国均应当根据其本国法律:①采取必要的措施,使其主管机关能够执行另一缔约国法院发出的没收令;②采取必要的措施,使拥有管辖权的主管机关能够通过对洗钱犯罪或者对可能发生在其管辖范围内的其他犯罪作出判决,或者通过本国法律授权的其他程序,下令没收这类外国来源的财产;③考虑采取必要的措施,以便在因为犯罪人死亡、潜逃或者缺席而无法对其起诉的情形或者其他有关情形下,能够不经过刑事定罪而没收这类财产"。为了严厉打击腐败犯罪案件,我国《刑事诉讼法》在"特别程序编"增加了"犯罪嫌疑人、被告人逃匿、死亡案件违法所得的没收程序"。同时,立法还规定了没收案件的提起程序、审理程序和救济程序等。显然,《刑事诉讼法》的规定与《联合国反腐败公约》的要求与精神是一致的。

三、腐败案件的侦查保障机制之完善

各国的实践证明,腐败与有组织犯罪的滋生、蔓延呈正比关系,腐败越严重,有组织犯罪就越猖獗;如果没有由于腐败而提供的政治保护,犯罪组织是不可能一天天成长壮大起来的。因此,预防和控制有组织犯罪,惩治腐败是很关键的一环。而要从根本上打击腐败,还需要在制度上有所革新,需要社会各层面的共同努力,反腐倡廉之路任重道远。

(一)政务活动公开,强化社会公众在反腐工作中的作用

政务活动公开,是指党政机关及其工作人员在政务活动中,凡是法律规定的党务、政务以及司法活动等国家事务活动,大到重大决策,小到个人行为,都必须以一定的形式向群众或利害关系人公开说明背景、条件和理由,听取群众或利害关系人的意见和建议,并作出答复,将有关情况资料和处理结果向社会公开。由于政务活动始终置于群众视线范围之内,其实施的每个环节及实施的理由、根据等无不受到社会的监督,因此杜绝了"暗箱"操作的可能性,可以有效防止以权谋私、滥用职权等腐败行为的发生,保证公众的知情权。

人民群众是反腐败工作的坚强后盾,通过介绍腐败对经济发展、社会进步的严重不良影响,可以使群众认识到反腐败的必要性和紧迫性。应当建立相应的制度,保障社会公众能够有效地参加到反腐工作中来。如果保护举报群众、证人的工作做得不到位,立法存在空白,会使有心帮助调查机关破获案件的群众得不到法律的保障,从而望而却步。结合我国实践,建立反腐举报和证人保护制度,一是要有受理公众举报腐败行为的专门机构、专职人员。二是要对公众举报的各类

案件迅速作出反应,树立公众反腐举报的信心。三是立法上有必要出台举报群众保护法、证人保护法等,以解决他们的后顾之忧,从而调动举报群众及证人的积极性,为腐败犯罪的调查扫清道路。四是实行奖励举报腐败制度,激励社会公众对政府官员的监督。只有加强公众在反腐工作的作用,才能真正实现综合性的治理理念,提高对腐败的治理效率。

(二) 严密刑事法网

我国《刑法》中所规定的腐败犯罪,主要集中在第八章贪污贿赂罪、第九章渎职罪,此外,第三章破坏社会主义市场经济秩序罪中也有一些罪名属于《联合国反腐败公约》所包含的内容。总的看来,除个别罪名外,《联合国反腐败公约》中的绝大部分犯罪,在我国《刑法》中都能找到相应的规定。但是存在的主要问题在于《联合国反腐败公约》就腐败犯罪规定的一些构成要件、处罚范围与我国《刑法》并不完全一致;为实现与《联合国反腐败公约》的衔接,应当对《刑法》中这些犯罪的构成要件适当加以修改。就贿赂罪而言,存在的最主要问题是:

首先,贿赂的范围,《联合国反腐败公约》规定的是"不正当好处",而我国1997年《刑法》将受贿罪的犯罪标的规定为"财物","不正当好处"的范围明显大于"财物"。随着市场经济的发展,犯罪手段不断推陈出新,犯罪分子为了规避法律、逃避制裁,往往不再直接收受财物,而是利用间接途径达到双方利益的满足,比如低价购买汽车房屋、干股分红等。根据2007年最高人民法院、最高人民检察院联合发布的《关于办理受贿刑事案件适用法律若干问题的意见》的规定,增加了十种新类型的受贿方式,使得原始的贿赂犯罪由以"财物"为犯罪对象扩大到财产性利益。目前,在实践中,色情贿赂比例突出,如在全国有重大影响的陈希同案、王宝森案、胡长清案等无不掺杂着色情腐败问题。这类非财产性利益在法律的规定上仍是空白,成为法律制裁的死角。鉴于如今社会发展、人们需求不断提升,物质好处往往不能满足犯罪人的心理需求,因而贿赂犯罪的犯罪对象范围应该扩大,与财物等值的服务也应当纳入定罪范围。其次,就贿赂的对象而言,《联合国反腐败公约》规定了贿赂外国公职人员或国际公共组织官员罪,而我国刑法则缺乏相应明确的规定。此外,我国的受贿罪除索贿外,收受贿赂、斡旋受贿分别需要出于"为他人谋取利益"和"不正当利益"的目的,行贿罪则必须出于"谋取不正当利益"的目的,而这些主观限制条件在《联合国反腐败公约》中并不存在。在针对与腐败相关的犯罪行为、私营经济部门中的腐败行为等一些犯罪中，我国《刑法》的规定也不乏与《联合国反腐败公约》不相协调之处，并且没有将法人作为相应的行贿的主体。因此，出于严密刑事法网的需要，有必要借鉴《联合国反腐败公约》较为宽泛的入罪规定，立法上做到"轻刑必罚"，以适应当前打击腐败犯罪的需要。

（三）反腐制度之完善

1. 建立财产申报制度。发现腐败犯罪难，一部分源于其财产相关信息隐秘、不公开，从而不容易被察觉。所以，为了能及时发现犯罪线索，抓住老鼠尾巴，可以建立财产申报制度，要求国家工作人员定期到有关部门申报财产。国家工作人员财产申报制度可以起到两方面的作用，一是事先警告和预报，据此可以看出一个公务员的消费水平和生活方式是否与其收入相一致，如不一致，可以要求其作出解释，或对其进行监督、观察；二是在明知公务员有腐败行为并带来非法收入，但查不到证据的情况下，仍可以依法就其来源不明的财产进行起诉。目前，英、美、法、德、日等国家和我国香港、台湾地区都确立了此项制度，通过初任申报、日常申报、离职申报等环节，对国家公职人员的财产状况严密监控，起到遏制腐败的作用。由于实践中犯罪主体的扩大，我国《刑法修正案（七）》及《关于执行〈中华人民共和国刑法〉确定罪名的补充规定（四）》将利用影响力受贿罪纳入法律惩处范围，相应的国家工作人员的近亲属或者其他与该国家工作人员关系密切的人也应受到这一制度的规范，从而在财产管理上加大监督力度，对贿赂犯罪防微杜渐和及时发现制止起到一定作用。

2. 建立、健全政府内部的监督机制。首先，要从人员素质开始，保证国家公务员尤其是司法人员的政治素质和业务素质，建立一支精明强干的司法、执法队伍。其次，加强岗位培训，提高国家公务员的政治、思想及业务能力，以保证他们时刻保持着对腐败行为的高度警惕。最后，制定严格的内部工作制度，在权钱交易的多发部位合理分解权力。一项重大决策或者重要岗位人事的调配等分解由两个部门共同审核，相互制约、相互监督，同时纪检监察部门也要加强监控；在外部要强化人大的监督，采取定期检查、民意调查、测评、投票等方式，及早发现和查处腐败行为。

3. 建立专门的反腐机构。20世纪70年代以来，世界许多国家和地区加强了反腐败的机构建设，其基本趋势之一就是专门机关的独立性越来越强。不论是在东方国家还是在西方国家，在反腐败斗争中取得成功的机构都有一个共同特点：

国家权力核心在哪里，反腐败机构就直接从属哪里。[1]《联合国反腐败公约》要求各国设立专职的反腐败机构。在我国，监察体制建立之前，反腐败机构主要是检察院（具体是检察院内部的反贪局）、行政监察机关及党的纪律检查委员会，某些情况下公安机关的经济犯罪侦查局、税务机关、海关等也在反腐败犯罪中发挥一定的作用。这些机构，分别行使的是不同性质的权力，针对的是不同领域、不同对象的腐败行为，对腐败犯罪的监控总体而言是比较全面的。但是由于反腐机构众多，也存在权力过于分散、监督制约难以落实到位等弊端。因此，为实现与《联合国反腐败公约》的接轨，应当建立专职的、独立的反腐败机构。正是基于此，我国通过整合行政监察、预防腐败和检察机关查处贪污贿赂、失职渎职及预防职务犯罪等工作力量，组建国家、省、市、县监察委员会，同党的纪律检查机关合署办公，有效解决了监察覆盖面过窄、反腐败力量分散、纪法衔接不畅等问题，有利于健全党领导反腐败工作的体制机制。对于专职的反腐败机构还应该赋予其特别待遇，正如学者罗伯特·克利特加德所说："因为腐败是最难对付的犯罪，所以赋予这一新机构的权力即使不是十分严厉的，也必须是广泛的。"[2] 一方面，要赋予这些反腐机构一些特别的调查权或侦查权，保证其独立运行。如以色列的国家审计长办公室对政府机关包括军事机关等涉及公共利益的一切领域，拥有广泛的调查权（如秘密监视）和查处贪污行为的手段。另一方面，要给予这些机构充分的物质保障，在人力、设备、资金等方面都优厚对待。在这方面，可以借鉴我国香港地区廉政公署的建制和工作经验。

4. 建立完善涉外资产追回机制。资产追回机制是《联合国反腐败公约》的核心部分，但同时，也是我国反腐败刑事司法中较为薄弱的环节。而其中，最为棘手的问题又表现为：在犯罪人已潜逃国外的情况下，无法对其及时定罪，尽快地追回腐败资金。根据《联合国反腐败公约》的相关规定，缔约国执行另一国的没收令，不以生效判决为前提；但是，要实现腐败资金的返还，则必须存在请求缔约国的生效判决。因此，对于腐败犯罪等案件，设置专属的缺席审判制度有其特殊需要，在当前对于加大反腐败追逃追赃工作力度、完善反腐败追逃追赃工作手段是尤为迫切的。[3]

---

[1] 谢鹏程："国际反腐败经验揭秘"，载《人民论坛》2006 年第 17 期。

[2] ［南非］罗伯特·克利特加德：《控制腐败》，杨光斌等译，中央编译出版社 1998 年版，第 34 页。

[3] 樊崇义："腐败犯罪缺席审判程序的立法观察"，载《人民法治》2018 年第 13 期。

2018年10月，第十三届全国人大常委会审议通过了《关于修改〈中华人民共和国刑事诉讼法〉的决定》，该决定按照党和国家严厉打击贪污受贿腐败犯罪的精神，首次规定了缺席审判程序。缺席审判程序的确立，对我国刑事诉讼程序与制度具有非常积极的作用，是我国反腐制度构建的一大亮点。

修改决定在《刑事诉讼法》第五编增加一章，作为第三章，即"缺席审判程序"，包括第291~297条共7个全新条文。其中，刑事缺席审判制度的基本适用范围限定于"对于贪污贿赂犯罪案件，以及需要及时进行审判，经最高人民检察院核准的严重的危害国家安全犯罪、恐怖活动犯罪案件，犯罪嫌疑人、被告人在境外，监察机关、公安机关移送起诉，人民检察院认为犯罪事实已经查清，证据确实、充分，依法应当追究刑事责任的"。此外，"因被告人患有严重疾病无法出庭，中止审理超过6个月，被告人仍无法出庭，被告人及其法定代理人、近亲属申请或者同意恢复审理的"，以及"被告人死亡的，人民法院应当裁定终止审理；但有证据证明被告人无罪"和"人民法院按照审判监督程序重新审判的案件，被告人死亡的"也可以缺席审判。同时，修改决定一方面规定了犯罪嫌疑人、被告人在境外的缺席审判的具体程序，包括管辖、送达、判决、涉案财产处理、交付执行刑罚等；另一方面，为充分保障被告人的诉讼权利，对委托辩护和提供法律援助作出规定，并赋予被告人近亲属上诉权以及罪犯异议权。[1]

另外，近年来，国际实践形成了一种普遍做法，即由请求国和被请求国签署赃款分割协议，加速引渡和有关司法协助行动的进程，这样可以极大地调动被请求国工作的积极性。被请求国对腐败资金实施查封、扣押、没收，确实要耗费一定的人力、物力和财力，对其进行相应的补偿也是合理的。我们应坚持平等互利的原则，加强国际合作，利用国际追赃机制对腐败财产进行预防和监测，综合运用冻结、扣押和没收措施，直接或间接追回财产，避免和减少资产流失。

---

〔1〕卞建林："刑事诉讼法再修改面面观"，载《法治研究》2019年第1期。

第二章 监察程序

监察程序是监察机关在依法履行监督、调查、处置职责过程中应当遵循的方式及步骤。监察程序的规范化水平不仅关系到监察措施实施的合法性、正当性，还直接影响到监察体制改革的成效。[1] 为促进监察机关正确、依法履行职责，防止监察权力滥用，《监察法》专门设置"监察程序"一章，对监督、调查、处置工作程序作出严格规定，该章共计15条，主要围绕规范监察机关履行职责的程序展开，从线索处理、初步核实、监察立案、监察调查、调查终结等方面对各个关键环节的程序作出了明确规定，为监察工作的合法、有序开展提供了清晰的制度指引。

第一节 线索处理

线索是监察机关发现职务违法犯罪案件的头绪、脉络及途径。对线索进行处理是监察机关开展工作的源头和基础，直接关系到腐败治理的成效以及监察工作的深度与广度，这就要求调查人员善于发现并有效获取线索，并通过线索经营来提高职务犯罪线索的可查性。有价值的职务犯罪线索，是推动反腐败查办大要案件工作不断取得阶段性成果并向纵深拓展的重要保障。

一、线索的来源

在办案实践中，监察机关的调查部门的案件线索来源有：

（一）群众举报

群众举报，主要指群众直接进行检举揭发、主动提供线索的行为。举报是我国宪法和法律赋予公民对国家机关和国家机关工作人员进行监督的一项民主权

---

[1] 马怀德主编：《〈中华人民共和国监察法〉理解与适用》，中国法制出版社2018年版，第137页。

利。长期以来，群众举报是案件初步核实线索的重要来源，群众举报的线索主要分为三类：①确实掌握了实质性的违纪、违法犯罪事实的线索；②并没有掌握实质的违纪、违法犯罪事实，想象、怀疑、猜测占主要成分的线索；③虚假捏造、报复陷害的线索。基于怕打击报复或怕被人知道等原因，群众举报的线索实名举报较少，多数为匿名举报，举报人较难寻找，此类线索的数量虽然最多，但线索质量良莠不齐，需要调查人员善于甄别线索、经营线索，提高线索的可查性。

（二）单位控告

单位控告的案件线索的来源，主要是本单位、组织或者本部门，在自己的职能工作范围内，发现本单位的工作人员或者本单位与外单位的工作人员有侵吞本单位财产的情况或者有损害本单位的经济犯罪行为，要求监察机关查处。这类控告的特点是，该单位已经掌握了一部分案件的线索材料，初步核实这类案件的线索比较清晰，成功率比较大。同时，因为是本单位的举报，有该单位的支持，阻力小，取证比较方便。

（三）审查案件中发现

监察机关在办案过程中，查了此案连带发现了彼案。在很多时候办案部门不仅发现了案中案，而且还能够通过办一案发现多案甚至窝案和串案。案中案的发现过程实际上也是初步核实的过程。调查人员在初步核实过程中努力发现、寻找案中案，不仅能够有效地开拓案源，而且还能够有效地减少初步核实的环节，提高成案率。

（四）监察机关自行发现

多年来由于举报的案源比较少，使得办案部门案件线索匮乏。为了改变这种状况，监察机关可以改"等米下锅"为"找米下锅"，主动出击，深入有关单位寻找案源。如审计部门负责对有关单位、有关项目的审计，他们在审计过程中就能够发现案源，在审计报告中就可能有案件的线索，办案部门可以与审计部门协商提取相关的案件信息，这也减少了办案部门为了获取案源无目标地"大海捞针"所消耗的人力和物力。在很多时候，调查人员也能根据违反常规的社会现象或者案件的易发单位所反映出来的热点问题，获得案件的线索和信息，经过深入细致的外部调查，获得案源材料。

（五）有关机关移送

这里主要的表现是司法、行政执法部门，在执法过程中，发现职务违法犯罪的线索，并且将这些线索移送监察机关查处的行为。

（六）上级机关交办

由于案件性质的某些原因，上级机关将案件的初步核实线索移送或者交办的情况。这类案件一般比较复杂、社会影响大，初步核实具有难度，因此初步核实工作必须慎重对待，在进行初步核实之前必须进行周密的计划、制订初步核实方案，尽可能把将会出现的问题想得全面，做到胸中有数。在初步核实过程中发现问题和难题时应当及时请示报告。

（八）受理主动投案自首

对被调查对象主动投案自首的案件，应当立即组织人员对自首涉及的有关情况进行初步核实，提取相关证据，防止因为其他的种种原因导致证据灭失。同时，这类案件还有可能涉及其他的犯罪人，当他们发现自己的同伙或者知情人已经投案自首，就可能采取一些反调查措施，或者逃跑、串供、隐匿证据来阻碍案件的调查。因此，调查人员在接受被调查对象投案自首以后，应当迅速弄清楚是否还有同案犯，是否有其他的案件牵连情况，及时掌握、及时处理，防止出现其他的不利情况。

（九）在巡视中发现

此类线索虽然量大面广，但两极分化：级别较高的纪检机关，比如中央纪委、省纪委在巡视中发现的线索，其价值较高，成案率也高；而级别较低的纪检机关巡察中发现的线索，价值则相对较低，线索的成案率也不高。

各级纪检机关对辖区内单位和部门开展巡视，一般通过以下途径发现线索：

1. 通过访谈座谈中改进谈话技巧，提高谈话的针对性和有效性。尽量赢得谈话对象的信任，使之讲真心话，反映真情况，了解更多的真实情况和信息。

2. 通过办理信访举报发现问题和案件线索。信访举报包括来信、来电、来访和网络举报，对这些举报要认真分析甄别，高度重视，以免遗漏信息。

3. 通过查阅被巡视地区、单位的各类会议记录、会议纪要、干部个人档案和审计报告发现问题和案件线索。

4. 通过列席有关会议和明察暗访发现问题和案件线索。巡视工作中，巡视组可以列席有关会议，了解会议程序和上会议题，通过观察与会者发言情况，了解该地区或单位各种权威决策会议的民主氛围，与个别谈话了解的情况相互印证。另外可以根据谈话反映的问题和案件线索，进行明察暗访。可直接深入矿山、林地、拆迁现场、田间地头甚至到农民家中，向人民群众了解真的情况以及他们的真实想法。

二、线索的特点

（一）广泛性

所谓广泛性，一是指线索来源渠道的广泛性。这些来源和渠道包括：群众举报、单位控告、监察办案部门自行发现、有关机关移送、上级机关交办、巡视巡查中发现等。二是指线索所反映的内容的广泛性。包括：所涉及的人和行业的广泛性，所反映的事件性质的广泛性（不道德的事件、违纪、违法、犯罪事件）等。线索的广泛性，要求调查人员在办案实践中充分运用发散性思维全面了解线索所反映出的方方面面的情况，而不能拘泥于表面现象或者孤立、单一地理解所得到的线索，要从线索的广泛性中实现量的积累，为达到质的飞跃做好扎实的基础性工作。

（二）关联性

所谓关联性，一是线索反映的内容与待查案件事实有关联。客观上，线索与案件事实之间存在一定的联系，尤其是可查性犯罪线索直接或间接指向案件事实的某个点或一个面，为调查人员查明案件事实提供了头绪或门径，这又称为线索的指向性。二是线索与其他事物具有关联。辩证唯物主义认为，世界上的万事万物存在着不以人们意志为转移的普遍联系。线索也不例外。线索与其他事物的关联性，要求调查人员必须具备开阔的视野和广博的知识，善于从复杂的联系中捕捉到直接的、本质的和必然的联系，从各种联系中找到案件的突破口。

（三）时效性

所谓时效性，是指某一线索只在特定的时间范围内才具有价值，一旦错失有利时机其价值和效果就会大打折扣的特性。通常情况下，线索的产生或出现与线索被监察机关所获取的时间差的变化，影响线索的价值。这个时间差越短，线索就越具突发性，价值越高；反之，线索不具备突发性，价值也就随之降低。线索的时效性，要求调查人员要有时间观念并切实做好保密工作，防止由于时间的拖延而使知情面扩大最终导致线索价值的流失。

（四）不确定性

所谓不确定性，是指线索反映的内容、指向的事实具有的真假不确定性，又称线索的两面性。这种不确定性往往表现为线索的内容可能全真全假、半真半假、真真假假、虚虚实实。无论是单位或个人提供的线索还是调查人员自行发现的线索，都是提供者和发现者对特定事实认识的产物，带有一定的主观印记，这种主观性就决定了线索所具有的不确定性。同时，线索的不确定性在很大程度上与线索提供者的动机相关。线索的不确定性，要求调查人员必须对线索进行甄别、筛选，辨明举报者的动机，去粗取精、去伪存真、由此及彼、由表及里，不断对线索进行充实完善和丰富发展。

三、线索的收集

职务犯罪线索贯穿于整个职务犯罪调查的全过程，是启动初核、立案乃至后续调查的基础和依据。职务犯罪越来越智能化、隐蔽化、多样化、复杂化，使得职务犯罪案件发现案源十分困难，所以如何解决线索发现难的问题，是职务犯罪调查的重要课题。

（一）加大宣传力度，扩大线索来源渠道

加大宣传力度的途径有：①通过电视、电台、报纸、网络等新闻媒介进行广泛宣传；②通过举办举报宣传周、法律咨询、印制宣传资料、上街服务等形式，开展专门的举报宣传活动；③通过上课、讲座等形式针对特定人群进行宣传等。宣传的内容可以包括：反腐败形势，法律基础知识，举报的方法途径，职务犯罪的构成，职务犯罪大案要案的查处等。通过这些宣传，加强广大群众对查处职务犯罪工作的认识和了解，及时把有关案件线索举报给监察机关。为此，应建立举报奖励制度，对举报有功人员根据情况给予公开或不公开奖励。我们在开展举报宣传活动的同时，要加大对举报人享有权利的保护，特别是人身安全等权利的保护，兑现举报奖励，充分扩大宣传影响，广泛发动群众，力争获取最大的社会效益。

（二）建立案件移送制度，加强与相关部门的配合

《监察法》第35条规定："监察机关对于报案或者举报，应当接受并按照有关规定处理。对于不属于本机关管辖的，应当移送主管机关处理。"该条规定表明，只要发现有职务违法犯罪事实或者线索，有关单位和个人可以向任何层级的监察机关报案和举报。监察机关对于有关单位和个人就职务违法犯罪的报案和举报，不论是否属于自己管辖，都应当先行接受下来。对于属于自己管辖的报案和举报，监察机关应当按照有关规定进行处理。对于不属于自己管辖的报案和举报，如果属于监察事项，监察机关应当移送有管辖权的监察机关处理；如果不属于监察事项，应当移送相应的主管机关处理。这里的移送规定，需要各个相关部门和机关的配合。

（三）转变观念，提高自主发现线索的能力

转变观念，变传统的消极地等待线索为主动出击、主动进攻地收集、获取情

报信息，是职务犯罪调查工作的当务之急。对于调查人员主动发现线索的能力，应当从以下几个方面着力培养：

1. 从新闻媒介、新媒体中发现线索。职务犯罪调查人员要有敏锐的目光，不仅要能够从新闻媒介中发现一些明确的职务犯罪线索，而且能从新闻报道的事件中审查出可能存在的职务犯罪案件线索。

2. 关注热点高危行业，从中筛选线索。经济发展的热点部门和职务犯罪易发多发的高危行业，一直是职务犯罪调查的主战场，加强对这些部门行业的调查研究，有利于调查部门发现线索。

3. 结合本地经济发展的实际，发现线索。有些地方经济高速发展，比如房地产业蒸蒸日上、交通运输蓬勃发展或新兴产业迅速形成。有些地方则处于阶段性治理，比如对水利建设大量投入、土地平整大面积进行、房屋拆迁大力推进或环境治理力度空前等。调查部门应当紧扣当地经济发展的趋势和阶段性发展的规律等客观实际情况，从中发现线索，查处一批职务犯罪大要案，为当地经济社会发展提供法治保障。

4. 留心群众议论，发现蛛丝马迹。群众生活在社会的各个层面，他们对于看到、听到、感受到的事情，无论是赞赏还是不满，都会在茶前饭后闲聊的过程中加以发泄或议论。作为一名优秀的调查人员，应当融入群众中，做个"有心人"，注意留心周围群众的议论，哪怕通过只言片语，都可能发现隐藏在背后的涉案信息。

（四）分析各类职务犯罪的特点，从中发现线索

从办案经验出发，分析研判各类职务犯罪的不同特点，以及在实际生活中发现的反常情况，从中发现职务犯罪线索。下面试从贪污贿赂、滥用职权等案件存在的一些特点入手，分析收集和获取相关线索的途径：

1. 从"权钱交易"的特点入手，发现贿赂类职务犯罪线索。贿赂类职务犯罪的线索总的特征就是"权钱交易"。在实际情况中，"权钱交易"都是以隐蔽的形式存在，但即使再隐蔽，也会有表象反映。比如从财产明显不符合国家工作人员合法收入的现象入手；从国家工作人员"生活腐化"，包养"二奶"、情人关系众多等现象入手；从行业"明规则""潜规则"角度入手；从不正当竞争方面入手；等等。

2. 从"贪财手法"特征入手，发现贪污类线索。贪污案件线索应当从"贪财"角度出发，着重关注以下现象：是否存在"小金库"现象，"小金库"预示

着国有资产的相对失控，往往是滋生贪污行为的温床；财务账册管理是否混乱；财务制度监督是否缺失等。

3. 从犯罪后果入手，发现滥用职权、玩忽职守类线索。滥用职权、玩忽职守均是结果犯罪。调查人员应当保持高度警惕，善于从捕捉到的造成严重后果的这类情报信息中去发现和获取渎职类职务犯罪线索。

（五）监察机关应建立收集案件线索的奖励机制

对于调查人员发现大案、要案线索的，可以立功、受奖，并以此引导调查人员不仅要重视职务犯罪案件的调查，也要重视职务犯罪案件线索的发现和收集。

四、线索的管理

管理是一门通用学科，管理的根本目标就是使资源的收益达到最大化。具体而言，统一的犯罪线索管理机构包含以下几个方面：

（一）建立统一的案件线索管理机构

由监察机关建立统一的犯罪线索管理机构，统一负责监察对象的问题线索的处置、分类、定期汇总、通报、定期检查、抽查等全部流程的管理。

1. 监察机关发现监察对象问题线索后，首先由监察机关的线索管理部门按照有关规定提出处置意见。

2. 线索管理部门将处置意见提交监察机关主管领导履行审批手续。

3. 根据线索内容，对相应线索进行分类，确定所反映的问题属于违纪嫌疑、一般违法嫌疑还是犯罪嫌疑。根据初步确定的问题性质，交监察机关内设的相应部门处理。

4. 线索管理部门对线索处置情况应定期汇总、向各相关部门通报。

5. 线索管理部门对线索处置部门的处理情况应定期检查、抽查。发现问题应及时处理或报告监察机关处理。

由于监察机关是与党的纪检机关合署办公的，因此，纪检机关关于纪检案件线索处理的规则一般也适用于监察机关。二者对有关线索通常会共同确定处理分工和程序。

（二）建立统一的犯罪线索信息库

构建信息情报系统的关键在于建立一个全方位、多角度的信息情报资料库，以保持信息情报管理科学、流程通畅、运用高效，以整合信息情报资源，开展对情报的开发、经营和利用。该信息库除包括案件线索资料库这一核心信息库之外，还应当包括社会公共信息资料库、社会资源情报信息库、行业情报信息库、领导干部廉情情报信息库、已办案件情报信息库等。

2011年6月，最高人民检察院印发了《关于检察机关职务犯罪侦查信息化建设的意见》及实施方案。根据方案，职务犯罪调查信息化建设的长远目标是，到2015年建成案件线索管理系统、公共信息快速查询系统、网上办案和侦查指挥系统、职务犯罪侦查基础信息数据库系统及职务犯罪情报信息系统。这里所称的系统，就是信息化网络平台。科学合理的信息网络平台的特点在于：标准统一、功能强大、智能化程度较高。根据这一要求，初查情报信息化网络平台的创建同样应当符合这个方案，目前深圳市检察院的"职务犯罪情报信息综合处理系统"、武汉市检察院的"职务犯罪线索情报信息网络管理系统"、重庆沙坪坝区检察院的"职务犯罪案件情报信息库"等为信息平台的建设提供了宝贵的经验。监察机关也应当适应当前反腐需要，建立并完善类似的犯罪线索信息库，专职负责信息情报的收集、整理、存储、更新、检索、研究和分析。

（三）建立犯罪线索集体评估、分类管理机制

在对犯罪线索的处理上，可以专门设立一个由监察机关领导人员在内的犯罪线索评估小组，由其负责对各类犯罪线索的审查和评估。评估小组根据犯罪线索中的事实和证据、犯罪线索提供人的身份、目的和动机、犯罪线索提供人与被举报人之间的关系、犯罪线索提供的时机等情报信息的内在含量，将情报信息分为有价值信息、待完善信息和无价值信息，并根据实际需要按照线索待查、线索补充、存档管理进行分类处置。对可转化为线索的情报信息，则进一步细化为长期跟踪、近期排查、成熟三个等级，并根据三级保密级别，分别进行管理。对重大、疑难的犯罪案件线索或争议较大、难以作出处理的，由评估小组讨论后提交监察机关领导人员决定。

（四）大力加强线索管理的科技化发展

加强线索管理，就是要大力推进科技强侦，提高发现和收集线索的能力。如江苏省某基层检察院自行开发的"反贪线索评估系统"，对线索涉及的某些反贪热点行业、重要职位、关键岗位等，提供大量关联信息，通过比对分析，提示职务犯罪的要点。进入"反贪线索评估系统"首页后，界面上部有"添加线索""线索评估""拜访查询""案情搜索""用户管理""系统设置"等子目录。在相关空档里输入关键字，屏幕上就能显示出这类犯罪的全部相关信息。该检察院运用"反贪线索评估系统"对市勤工俭学与装备管理办公室有关工作人员涉嫌受贿、窝串案件进行评估时，借助系统对以往成功查处同类案件的核心提示，具

体分析了涉案对象利用职权在学校教辅图书、教学设备采购中收受贿赂的可能，从其办公室往来业务情况入手，经过细致调查，成功查处了该办公室主任、副主任等受贿、窝串案5件5人。自2008年3月开始评估系统运行一年后，成功查处了17起职务犯罪案件，初查成案率高达100%。[1] 监察机关也可以在实践中不断摸索并推进线索管理的科技化发展。

（五）加强对长期跟踪线索的管理

长期跟踪的线索，是指需要通过较长时期的经营运作而具备可查性的线索。

1. 长期跟踪线索的管理方法。

（1）建立线索积累机制的静态经营法。实行微机化管理，建立长期跟踪线索库。定期清理线索，通过对不同线索的对比、分析、归纳、推理，为动态经营线索提供目标，指明方向。

（2）建立线索跟踪机制的动态经营法。一是跟踪人。被跟踪的人包括举报人、被举报人、知情人、相关人等。二是跟踪事。被跟踪的事可能是举报事件或者是与被举报人有关但与举报事件无关的事。通过跟踪调查，弥补在静态经营中发现的线索的不足，使线索完善、充实、丰满，彰显可查性，达到经营的最终目的。

2. 经营长期跟踪的线索时应注意的问题。

（1）确定和运用长期跟踪的线索，在观念和行动上绝不是瞒案不报、压案不查。将线索列为长期跟踪，并不意味着监察机关放弃职责，而是等待时机和条件成熟以后再查，这是坚持实事求是原则和讲究斗争策略在职务犯罪调查工作中的具体体现。

（2）长期跟踪线索，就是要始终在经营上做文章，不断开展工作，了解情况，充实线索内容，扩大扩展线索。否则，被纳入长期跟踪的线索就可能因时过境迁而被人遗忘，失去其应有的价值，真正变成了压案不查。同时，要加强与有关部门的经常性联系和衔接，随时沟通，互通信息。如有的长期跟踪的线索，当纪委在调查而审计部门也在审查时，若信息不通，则不能有效争取和利用其支持与配合，错失良机；同样，由于信息不通，纪委已经查清确无犯罪事实的线索，监察机关仍去长期经营运作，不仅徒劳无功，还浪费司法资源。

（3）长期跟踪的线索特别要注重保密，一旦泄露，则前功尽弃，长期跟踪

---

[1] 尹立栋、张峰、李树真：《职务犯罪侦查实务》，中国人民大学出版社2015年版，第30页。

的线索也就成了永难取得进展的"死线索"。

六、线索的分析

对职务犯罪线索的分析是一项综合性工作,要在充分考虑犯罪线索的真实性、可查性的基础上,综合运用法律、思维、经验,对线索进行科学的分析和判断。

(一)分析线索的真实性

线索往往有真有假,真真假假,半真半假,真伪难辨,要确定其真实性,即要对犯罪线索涉及的当事人、时间、地点、方法、手段等方面加以综合分析判断。具体分为两个方面:

1. 对犯罪线索涉及的相关人员的基本情况进行分析,包括分析人员的年龄、性别、职务、工作单位等,注意其职务与贿赂犯罪之间是否有联系。

2. 审查犯罪线索涉及的基本问题是否清楚和合乎情理,推断出事实存在的可能性。

(二)分析线索的可查性

判断线索的可查性,主要依赖于调查人员根据实践经验对线索的正确分析和科学判断的能力。

一般而言,如果监察机关所获得的线索至少具备以下所列六种形式要件之一,就表明该线索具有一定的可查性:

1. 署真实姓名的举报。这类举报线索有利于调查人员与举报者取得联系,易于进一步了解情况,丰富举报内容,辨明事实真相。

2. 重要岗位者的举报。举报者处于管钱、管物等重要岗位,对单位或部门的重大资金、财物的流向有准确的了解和把握,为办案人员提供了调查的切入点。

3. 知情人举报。包括行贿人、被索贿者、同伙、中间人等在内的案件知情人多半是当事人或者共同参与人,了解事件部分或全部真相,通过深入扎实的工作,取得其支持和配合,能够获取重要的证据、完善线索,直至突破全案。

4. 单位举报。发案单位的举报,因其有追赃挽损积极性和对本单位职工进行调查的便利条件,能够为调查提供有价值的证据和必要的帮助,比如能提供有关的账册、能查找到相关的证人,为调查工作的顺利开展及确保调查工作效率提供支持。

5. 反映情况比较翔实、指向性强的举报。这类举报往往点明涉嫌犯罪的人、对涉嫌犯罪的事项、犯罪金额及牵涉的相关人员有所反映,监察机关只要根据线索的指向认真开展工作,就能迅速查明线索、鉴别事实的真伪。

6.阻力小的举报线索。这类线索通常表现为:一是被举报者背景不复杂,线索本身牵涉面也不很宽,因而查处阻力不大;二是案件引起了各级党委、人大、政府高度重视或是有关领导已经作出了批示,为监察机关查办案件营造了良好的外部环境。

线索是否具有可查性,调查人员除了从上述举报线索所表现出的形式要件去分析、判断外,更为重要的是要掌握线索可查性的实质特征,即举报线索中所包含的信息与法律规定的犯罪构成要件的联系的强弱程度和调查人员获取证明犯罪事实存在的关键证据的可能性的大小。

第二节 初步核实

调查前的"初步核实"是全部调查讯问活动的开端和起步,而新规则条件下的《监察法》对调查讯问活动的"初步核实"提出了更高的要求,因为调查讯问工作重心的前移,"初步核实"活动就成了调查讯问活动的重要依赖条件。初步核实有利于避开调查对象的注意,减少初步核实过程中人为的阻力,保证初步核实活动的顺利进行;有利于澄清事实、防止冤假错案、保护公民的合法权益;能够尽快地消化处理案件线索,减少问题的积压,及时地解决问题、处理问题,化解不必要的社会矛盾。

一、初步核实的概念

初步核实,是监察机关在立案前对线索材料进行调查的监察活动。它不同于纯粹的书面审查和立案后的正式核实,是一种特定的办案环节和办案方法;初步核实的目的并不仅仅局限于案件的初步调查,它更重要的任务是通过初步核实来确定是否有案件存在,以及案件的性质和种类,确定是否需要立案后的调查,以及由什么部门查。初步核实,也称立案前的调查,是立案调查的基础,只有经过初步核实,才能有立案后的调查。

调查与初步核实既有联系,又有区别。其共同之处是,两者都是监察机关依据法律进行案件情况调查的监察活动,都是为了确定是否有犯罪事实的存在、澄清事实、区分罪与非罪的界限。初步核实是调查的准备和基础,调查是初步核实的继续和深入。不同之处是，首先初步核实与调查的任务不同：初步核实的主要任务是确定是否有犯罪事实存在和是否需要追究刑事责任，为是否决定立案提供材料依据；调查的主要任务是依照法律规定的程序，发现、收集和审查各种证据材料，准确地查清犯罪事实。其次二者手段不同：初步核实阶段不能对被调查对象采取人身和财产方面的留置、强制措施，调查方式也具有较大的局限性；调查则可采取法律规定的留置、强制措施，调查方法灵活多样，具有较强的法律威慑力。最后二者结果不同：初步核实结束后，根据调查的情况，作出"立案"或"不予立案"的结论；调查终结后，根据法律的规定，作出"移送审查起诉"或"撤销案件"的处理。

二、初步核实的原则

（一）合法原则

合法原则就是依法进行初步核实，初步核实的一切活动必须符合法律的规定。初步核实是监察机关的监察活动，监察机关采取初步核实方式处置问题线索的，应当依法履行审批程序，成立核查组。由于初步核实阶段尚未进入犯罪调查程序，所以不能采取留置、强制措施，不准对被查对象限制人身自由，也不准查封、扣押、冻结被查对象的财产。初步核实中可以采取询问有关证人、查询银行存款、向有关单位调取证据等不限制被查对象人身和财产权利的法律措施。

（二）保密原则

在初步核实工作中，要注意保守秘密，由于职务犯罪的主体都具有职务身份，实践中大量的初步核实活动都是在外围进行的，一般不直接接触被查对象。一旦惊动被查对象，就不利于初步核实的顺利进行：一方面可能使有问题的对象串供、销毁证据、转移财产、订立攻守同盟、逃跑自杀等，为核查工作制造障碍；另一方面会对情节轻微或者反映问题失实的对象造成不良影响。秘密初步核实还有利于排除外界干扰，有利于初步核实人员适时采取法律措施。秘密初步核实包括内外两个方面的保密：在内部应严格控制知情范围，防止跑风漏气；对外应隐蔽初步核实意图，以迷惑被查对象。

（三）重点原则

初步核实一方面是确定是否有犯罪存在，确定是否要立案；另一方面是为立案做准备，是立案前的准备材料阶段，因此初步核实的工作要选择重点问题、关键性问题进行，而不能铺得太大。实践中，调查人员要善于从表面现象中抓住主要问题和矛盾的主要方面，这是保证初步核实成功的重要因素。在初步核实中，对证实犯罪事实起关键作用的人和事就是主要问题，也是初步核实的重点。而足以影响立案定罪的证据，就是矛盾的主要方面。抓住了主要矛盾和矛盾的主要方面，就解决了初步核实的主攻方向，就能够实现初步核实的意图和目的。

（四）迅速原则

一方面，初步核实是一项对时间要求很强的工作，必须准确地把握时机，迅速及时，以快取胜，不给涉案人员以串通、逃逸的机会。初核工作一旦确定，就要集中力量，抓住主要的问题线索迅速调查取证，尽可能用最短的时间查明事实真相。如果行动不迅速，稍一放松，就可能贻误战机，走漏风声，给工作带来困难。另一方面，初步核实的结果应当及时处理。对不属于监察机关查办、需要转交其他单位处理的，应当及时移交；经过初步核实没有发现犯罪的，或者不构成犯罪，不需要以犯罪处理的，应当通知举报人；经过初步核实有犯罪事实存在需要追究刑事责任的，应当及时移交核查部门立案调查。

三、初步核实的技巧

常规的初步核实技巧有：先易后难、先小后大、先外后内、先支后主、先下后上、先密后明。

（一）先易后难

这里的"易"，指的是事实较为清楚的、容易提取的、容易灭失的案件证据，应当迅速提取，防止证据灭失影响案件的成立。比如，查阅银行的存款记录、现金往来、汇款的时间地点、工程项目的审批等，这些证据都比较容易取得，就先把它们先提取回来，作为提取其他较"难"证据的条件。而对于那些难取的证据，也不要急于求成，能够提取的，及时提取；不能提取的，待立案以后再根据情况重点解决。

（二）先小后大

这里的"小"，指的是涉嫌范围小、知情面小、涉及的利益面小。这样选择一方面可以保证初核行为的秘密性，不至于打草惊蛇，保证初核工作后续的顺利进行；另一方面降低了初核的难度，避免工作陷入被动。

（三）先外后内

这里的"外"，指的是外围的较易查清的违法违纪事实和较易获取的违法违纪行为证据，"内"指的是内部核心的隐蔽程度高的证据。初核时，应当从外围的初核点切入，从外到内迂回开展工作。

（四）先支后主

这里的"支"，指的是枝节问题，"主"指的是主干问题。先从枝节开始进行初步核实，然后再进入主干问题的调查。这样不易过早地暴露初核目标，可以减少不必要的客观阻力，同时有利于在枝节问题上扩大战果。例如，枝节问题是违反规定贷款，主干问题是利用贷款的职务之便收受贿赂。初步核实部门在收到举报进行初步核实的时候，首先从违反规定的贷款问题进行深入，这样就能够比较容易接触受贿违纪违法行为的实质性问题。如果反过来先进入主干问题进行调查，一方面成功率比较低，另一方面容易打草惊蛇，为被查对象的串供、销毁证据赢得了时间。

（五）先下后上

这里的"下"，指的是被查对象违法违纪的行为的"助手"或共犯，如秘书、驾驶员和单位的财务人员等关键岗位的人员；而"上"，指的是单位的"一把手"或主要领导。两者进行比较，突破"助手"或共犯比直接突破被查对象容易。

（六）先密后明

这里的"密"，指的是不暴露初步核实的对象、不暴露初步核实的内容。这样可以隐蔽意图，防止被查对象串供，便于提取证据。待初步核实的任务完成以后，再转入明查。

四、初步核实的实施

（一）初核意见的通报

一般先向被反映人所在单位党组织或行政机关负责人通报，如果认为通报不利于工作，也可选择适当时机再通报。

（二）开展初步核实工作

基本方式主要有以下几种：①向检举揭发违纪问题的单位或者个人了解情况；②向被反映者所在单位或反映违纪问题有关单位及个人了解情况；③调阅反映违纪问题的书面材料；④进行现场勘查。

在初步核实过程中，要深入细致地做好知情人的思想工作，使知情人讲真话、道实情，要注意保护证人和举报人，防止其受到打击报复。与知情人谈话应个别进行，不能搞当面对质和采取座谈会的形式。要注意深入被反映人的单位走访，听取反映，了解情况，从群众的反映中来发现和反映的主要问题有关的内容，掌握更多的证据。初步核实要查清所反映主要问题发生的时间、地点、情节、发展过程、造成的后果和现状以及涉及的相关人和事，查清事实真相。

五、撰写初步核实情况报告

初步核实结束后，要撰写初步核实报告，向有关组织或领导作出书面报告，对初步核实的问题要作出结论和处理建议。

初步核实情况报告的结构分为标题、导语、初核对象的基本情况、初步核实的事实、处理建议、署名等六个部分。

标题由被反映人单位、职务、姓名、反映的问题等内容构成，如关于反映××镇××村委会支部书记杨××贪污公款等问题的初步核实情况报告。

导语部分要写明违纪线索的来源、批准初核的机关和领导、初核人员的组成、初核的方式方法及起止时间等。

被初核对象的基本情况方面，要写明被初核对象的姓名、性别、籍贯、年龄、民族、文化程度、入党时间、参加工作时间、历任主要职务及现在工作单位职务、是否受过重大奖励或惩处等。

初步核实的事实是主要内容。根据调查工作的有关规定的要求，实事求是地对所核实的问题进行客观叙述。要注意抓住主要问题，对主要问题的具体情节经过和各种证据应全面反映，对是否存在问题作出肯定或否定的答复，对不能作出肯定或否定回答的问题要如实反映；对次要问题可以简略地叙述。在结论部分一般用属实、基本属实、部分属实、失实等几种表述方式。

处理建议就是要根据初步核实结果，实事求是地提出建议。对需要立案调查的，应写明认定违纪性质的依据；对政策界限不清，性质一时难以认定的，可采用写实的办法；对不需要立案调查，但需要作出批评、写出调查等处理的，要明确提出意见；对是否需要在一定范围内予以澄清的问题也要提出建议。

署名就是报告应写明承办人的姓名、单位、职务及制作初步核实情况报告的时间。

六、对初步核实结果的处理

初步核实结果的处理总的来说有两种情况：一种是初核了结，其中包括反映问题不实和情节轻微不必追责刑罚；另一种是转立案。

1. 反映问题不实的。这种情况纪检监察机关除向被反映人所在单位党组织或行政机关说明情况外，还应注意按照《中国共产党纪律检查机关案件检查工作条例实施细则》第10条的规定做好有关工作。《中国共产党纪律检查机关案件检查工作条例实施细则》第10条规定，对经初步核实，反映问题不实的，纪检监察机关除应向被反映人所在单位党组织说明情况外，还应注意做好以下工作：①在初核过程中如向被反映人作过了解或纪检监察机关认为必要的，应向本人说明情况；②因反映问题不实而对被反映人造成不良影响的，应采取适当方式在一定范围内予以澄清；③发现被反映人在工作中做出显著成绩的，应向有关党组织反映；④对检举人因了解情况不全面而错告的，应帮助其总结经验教训；⑤对蓄意诬告、陷害的，应调查处理或建议有关组织严肃追究。

2. 虽有违纪事实，但情节轻微，不需追究党纪、政纪责任的。这种情况纪检监察机关应建议有关党组织或行政机关按照《中国共产党纪律检查机关案件检查工作条例实施细则》第 11 条的规定作出处理：①党组织负责人同被反映人谈话，进行批评教育；②责成被反映人作出口头或书面检查；③召开民主生活会，对被反映人进行批评帮助；④纠正被反映人的违纪行为或责令其停止正在实施的违纪行为；⑤对被反映人的工作或职务进行调整；⑥在一定范围内进行通报批评；⑦责成被反映人退出违纪所得。

3. 对经初核，确有违纪事实，需要追究纪律责任的，应予以立案。依法应当由其他部门处理的，纪检监察机关应将材料移送给其他行政执法部门进行处理。

第三节　监察立案

监察立案，是指监察机关对报案、举报等监察线索经过初步核实后，认为监察对象涉嫌职务违法犯罪，需要追究法律责任，决定对监察对象予以监察调查的活动。

监察立案是监察程序正式开始的标志，是监察案件必经的法定过程。只有经过监察立案，监察调查和处理才有法律依据。

一、监察立案的特征

（一）监察立案是监察程序的开始

前述初步核实活动并不是监察程序的开始，它是为监察立案做准备和打基础的过程。监察立案是监察程序的正式开始，经过初步核实才能决定是否进行监察立案。只有初步核实后，符合监察立案条件的才能进行监察立案，否则就应当不予立案。

（二）监察立案是监察程序中的独立阶段

监察立案不仅仅是监察程序的开始，而且是监察活动过程中的一个独立阶段。监察立案不隶属于其他任何监察阶段而独立存在。监察立案是监察程序的必经程序和必经阶段；未经监察立案，监察案件不能进入下一个阶段。只有监察立案后，监察程序的后续阶段才能依次进行。

二、监察立案的条件

监察立案的条件是指进入监察程序、确定监察案件成立必须具备的法定要件，也就是进行监察立案的理由和根据。《监察法》第 39 条第 1 款规定："经过初步核实，对监察对象涉嫌职务违法犯罪，需要追究法律责任的，监察机关应当按照规定的权限和程序办理立案手续。"该规定明确了监察立案的条件。根据该规定，监察立案的条件如下：

（一）监察对象涉嫌职务违法犯罪，具有职务违法犯罪的事实

监察机关经过初步核实，发现监察对象涉嫌职务违法犯罪，而且职务违法犯罪事实确实存在。但这里的职务违法犯罪事实，并不是指全部的职务违法犯罪事实，而是指经初步核实程序查明的部分职务违法犯罪事实。只要具有部分职务违法犯罪事实，就可以先行立案。至于全部职务违法犯罪事实，则必须经过监察调查之后才能查清。

（二）监察对象涉嫌的职务违法犯罪，依法需要追究法律责任

监察对象具有职务违法犯罪事实，只是监察立案的必要条件之一，并不是所有的职务违法犯罪都需要立案查处。是否应当进行监察立案，还必须具备需要追究法律责任的条件。如果情节显著轻微，不需要追究法律责任，则不应当进行监察立案。是否需要追究法律责任，要根据有关法律法规的规定来加以确认。

（三）严格按照规定的权限和程序办理

对监察对象是否应当进行监察立案，除了具备以上两个条件之外，还必须严格按照法律规定的监察权限和程序办理。一方面，进行监察立案的监察机关必须具备对监察对象进行监察立案的权限，否则不得对监察对象进行监察立案；另一方面，有权对监察对象进行立案的监察机关，必须严格按照法定的程序办理监察手续。

三、监察立案的程序

监察立案的程序，是指监察机关对监察对象进行监察立案必须遵循的法定手续和方式、方法。《监察法》第 39 条第 2 款规定："监察机关主要负责人依法批

准立案后，应当主持召开专题会议，研究确定调查方案，决定需要采取的调查措施。"第 3 款规定："立案调查决定应当向被调查人宣布，并通报相关组织。涉嫌严重职务违法或者职务犯罪的，应当通知被调查人家属，并向社会公开发布。"这两款的规定明确了监察立案的具体程序：

（一）监察立案，必须经监察机关主要负责人依法批准

监察机关的主要负责人可以是监察机关的正职负责人，也可以是主管监察立案工作的副职负责人。监察机关主要负责人依法批准是监察立案的必经程序，没有监察机关主要负责人的批准就不能进行监察立案。

（二）监察机关主要负责人依法批准后，应当主持召开专题会议，研究确立调查方案，决定需要采取的调查措施

专题会议是指在监察机关主要负责人的主持下，就监察对象存在的职务违法犯罪进行监察立案后，专门就监察对象的问题召开会议。会议的主要内容就是研究调查方案，决定需要采取的调查措施。调查方案就是针对如何对监察对象展开监察调查的问题，设计应当查明的职务违法犯罪问题、调查的步骤和方法。在确定调查方案后，还要决定对监察对象实施《监察法》规定的哪些调查措施。我国《监察法》明确规定了监察调查措施的种类，对监察对象决定采取的调查措施不能超出《监察法》规定的范围。

（三）向监察对象宣布立案调查决定并及时通知有关单位和个人

监察机关作出立案调查决定后，应当向被调查人宣布，让被调查人知悉自己已被监察机关立案调查，以保证被调查人的知情权。同时，还应当通报相关组织。相关组织应该包括被调查人所在单位和其他相关组织。对于涉嫌严重职务违法或者职务犯罪的案件，还应当通知被调查人的家属，以保证被调查人家属的知情权。此外，对于涉嫌严重职务违法或者职务犯罪的案件还应向社会公开发布。这既是监察机关接受社会监督的一种方式，也是加强反腐败斗争宣传、形成持续震慑的一种手段。

四、撰写《立案报告》

（一）撰写《立案报告》或填报《立案审批表》

这是审批机关及其负责人审查批准立案的主要依据，纪检监察机关对反映的问题进行核实后，认为需要立案的，撰写《立案报告》或填报《立案审批表》按规定进行报批。实际工作中可采用《立案审批表》来报批，《立案审批表》后附初步核实报告，被批准立案的《立案审批表》上必须有批准机关主要领导的

签字。

立案报告一般由以下内容构成：

1. 标题。呈报纪委常委会或监察机关负责人批准的，只写"立案报告"；呈报本级政府或上级监察机关的还要在"立案报告"前加上呈报机关的名称，并应标示该《立案审批表》的行文编号。如"中共××纪律调查委员会关于对××同志（或××组织）××问题的立案报告"。

2. 批准立案单位（主送单位）。

3. 正文。包括案件来源、被调查对象的自然情况、经初步核实认定的主要违纪问题、呈报单位意见四个部分。

案件来源主要要交代清楚案件线索的来源，初步核实后由哪一级机关批准立案。

被调查对象的自然情况要交代清楚被调查对象的姓名、性别、年龄、民族、文化程度、入党时间、参加工作时间、现在工作单位、职务、是否受过重大奖励或惩处等。

经初步核实认定的主要违纪问题应写明经反映并初步核实被调查人的主要错误事实，应概括说明问题是否存在、重要情节、重要证据及造成的危害和影响。

呈报单位意见要写明呈报立案的党纪政纪依据。主要依据就是《中国共产党纪律处分条例》《公务员法》《行政机关公务员处分条例》《监察法》《中国共产党纪律检查机关案件检查工作条例》等法规。

4. 落款。呈报以单位署名和盖章，写清呈报日期。单位名称要写全称，呈报日期包括年、月、日。

（二）审查批准立案

立案审批时限不得超过1个月。如纪检监察机关与本级党委、政府对是否立案的意见不一致时，应当请示上一级纪检监察机关作出是否立案的决定。立案必须通过集体研究决定，有会议讨论记录的，由有关负责人在立案呈批报告上写出审批意见并签名。

（三）制作《立案决定书》和《立案通知书》

批准立案后，要制作《立案决定书》和《立案通知书》。《立案决定书》是批准立案的机关对违纪党员、党组织决定立案的正式文件，也是对立案报告的正式批复，要发给提出立案报告的机关。《立案通知书》是批准立案的机关对违纪党员、党组织决定立案后，向被调查人和所在单位党组织进行通报的文件，要发给被调查人和其所在单位党组织。送达《立案决定书》和《立案通知书》要有回证。如乡镇党委对纪委或者某党支部提交关于某人经济问题立案的批复，就要发给纪委或某党支部《立案决定书》，同时向立案对象和其所在单位党组织发出《立案通知书》。

《立案决定书》和《立案通知书》的主要内容包括：

1. 标题：一般写法是"中共××纪律调查委员立案决定书（通知书）"。
2. 发文字号：一般写成"×纪立〔××〕×号"。
3. 发往单位：写明发往党组织的名称。
4. 通知的正文：包括立案依据、批准的组织和机关、被调查人的单位、姓名、职务、立案调查的问题等内容。
5. 落款：写出批准机关组织的名称。
6. 报送和抄送单位。

第四节　监察调查

一、监察调查的内涵及性质

没有调查就没有发言权。监察机关将某人列为监察对象之后，要确认其实施了职务违法犯罪行为，必须先进行调查，然后才能得出结论。《监察法》第40条第1款规定："监察机关对职务违法和职务犯罪案件，应当进行调查，收集被调查人有无违法犯罪以及情节轻重的证据，查明违法犯罪事实，形成相互印证、完整稳定的证据链。"该款规定是监察机关行使监察调查权的法律依据。那么，什么是监察调查呢？其性质如何？与刑事调查有什么联系与区别？这些都是我们应该搞明白的问题。

所谓监察调查，是指监察机关在初步核实监察对象涉嫌职务违法犯罪后，依法收集证据，以证明监察对象有无违法犯罪行为以及情节轻重，从而查明违法犯罪事实的活动。

（一）监察调查主体的法定性

国家监察机关在性质上既不是行政机关，也不是司法机关，而是代表党和国家行使监察权的专门机关。监察调查属于行使监察权的表现；只有国家监察机关才有权行使监察调查权。监察调查权是监察机关专属的权力，其他任何机关、单位和个人都无权行使。因此，监察调查的主体具有明显的法定性。

（二）监察调查内容的特定性

监察调查是对涉嫌职务违法犯罪的监察对象展开调查，这种调查是以初步核实监察对象存在职务违法犯罪嫌疑为基础的，在此基础上通过依法收集证据，来证明监察对象是否具有职务违法犯罪行为以及违法犯罪情节轻重等问题。监察调查的内容，要围绕这个中心来进行。

（三）监察调查性质的独特性

在法律性质上，监察调查并非刑事调查。它在本质上就是监察机关依法行使监察调查权，是一种独立的调查权。监察机关行使的调查权不同于刑事调查权，监察机关调查职务违法和职务犯罪适用监察法，案件移送检察机关后适用刑事诉讼法。[1] 监察机关对职务犯罪行为的调查表面上类似于刑事调查，但它与刑事调查是不同的：

1. 法源不同。国家监察机关对职务犯罪的调查权来自国家监察法的授权，而刑事调查机关对刑事案件的调查权则来自刑事诉讼法的授权，必须严格依照刑事诉讼法的规定展开刑事调查。

2. 对象不同。监察调查的对象是涉嫌职务违法犯罪的人，调查的对象既有职务违法，也有职务犯罪。而刑事调查的对象则限于刑事犯罪。

3. 主体不同。监察调查的主体只能是监察机关，而刑事调查的主体则比较广泛，有公安机关、国家安全机关、人民检察院、军队的保卫部门和监狱等。

监察调查基于监察委员会依法享有的监察调查权。监察调查的性质取决于监察调查权的性质。关于监察调查权的性质，有学者认为，监察委员会除了主要通过留置措施限制人身自由外，监察委员会的调查权与刑事调查权具有相似的形式和后果。再加上原检察机关的职务犯罪调查人员几乎都实现了向监察委员会调查人员的"转隶"，原属于检察机关的职务犯罪调查权也转变成监察委员会的调查权，因此，一般人有正当理由相信监察委员会的调查权具有调查权的性质和效力。[2] 有学者认为，在监察体制改革完成之后，监察委员会的调查同时具有党

---

[1] 卞建林："监察机关办案程序初探"，载《法律科学》2017年第6期。

[2] 秦前红、石泽华："监察委员会调查活动性质研究——以山西省第一案为研究对象"，载《学术界》2017年第6期。

纪调查、政纪调查和刑事调查的性质。[1] 陈瑞华教授对此持赞成态度，并对党纪调查、政纪调查和刑事调查作了充分论证。[2] 我们认为，这种定性是符合监察调查权的实际的，因此，监察调查权是一种综合的独立的调查权，监察调查也是一项综合的独立的调查活动。

二、监察调查的基本要求

监察机关对涉嫌职务违法犯罪的监察对象展开监察调查，必须严格按照监察法的规定进行。《监察法》对监察调查提出了基本的要求，监察机关进行监察调查必须按照这些基本要求进行。《监察法》第40条规定："监察机关对职务违法和职务犯罪案件，应当进行调查，收集被调查人有无违法犯罪以及情节轻重的证据，查明违法犯罪事实，形成相互印证、完整稳定的证据链。严禁以威胁、引诱、欺骗及其他非法方式收集证据，严禁侮辱、打骂、虐待、体罚或者变相体罚被调查人和涉案人员。"《监察法》第42条规定："调查人员应当严格执行调查方案，不得随意扩大调查范围、变更调查对象和事项。对调查过程中的重要事项，应当集体研究后按程序请示报告。"这些规定就是对监察机关进行监察调查的最基本的要求。

（一）必须依法全面收集证据

依法全面收集证据，是指监察机关在进行监察调查时，必须严格按照法定程序，既收集不利于被调查人的证据，也收集有利于被调查人的证据。也就是要求监察机关全面收集被调查人有无违法犯罪以及情节轻重的各种证据。通过收集证据，查明违法犯罪事实，形成相互印证、完整稳定的证据链。全面收集证据是对监察调查的基本要求，监察机关不能只收集不利于被调查人的证据，而忽视对被调查人有利的证据。

（二）严禁以非法方式收集证据

监察机关收集监察对象涉嫌职务违法犯罪的证据，必须严格遵守法律规定，不能采取非法的方式收集证据。所以《监察法》第40条第2款明确规定"严禁以威胁、引诱、欺骗及其他非法方式收集证据，严禁侮辱、打骂、虐待、体罚或者变相体罚被调查人和涉案人员"。该款规定有两个方面的要求：

---

[1] 左卫民、安琪："监察委员会调查权：性质、行使与规制的审思"，载《武汉大学学报（哲学社会科学版）》2018年第1期。

[2] 陈瑞华："论监察委员会的调查权"，载《中国人民大学学报》2018年第4期。

1. 严禁以威胁、引诱、欺骗及其他非法方式收集证据。监察机关在进行监察调查时，不能采取威胁、引诱、欺骗的方法收集证据，威胁、引诱和欺骗，都属于非法方法，都是被严禁使用的。此外，也不得采用其他非法方法收集证据，所谓其他方法，就是类似于威胁、引诱、欺骗的方法，或者违法性更严重的方法，比如刑讯逼供。

2. 严禁侮辱、打骂、虐待、体罚或者变相体罚被调查人和涉案人员。尊重和保障人权是我国宪法规定的一项原则，它是民主政治的基本要求，是社会法治文明的重要标志。在监察调查中，被调查人和涉案人员都依法享有宪法规定的基本人权。监察机关在监察调查中，不得侵犯被调查人和涉案人员的人权。如果监察机关在监察调查中对被调查人和涉案人员进行侮辱、打骂、虐待、体罚或者变相体罚，都是对其人权的粗暴侵犯，是被监察法严厉禁止的。这就要求监察机关文明调查，文明对待被调查人和涉案人员。

（三）严格执行调查方案

监察机关进行监察调查，事先必须制定好调查方案。调查方案是由监察机关主要负责人主持召开专题会议研究确定的，是对监察调查工作的总设计、总安排，是进行监察调查的具体计划和部署。监察调查人员必须严格执行调查方案，不得随意扩大调查范围、变更调查对象和事项。监察调查的范围、对象及相关事项，都由调查方案加以确定，监察调查人员不得违反调查方案进行监察调查活动。对于调查中的重要事项，还应当集体研究后按程序请示报告。

三、监察调查的程序

监察机关进行监察调查，依法可以采取监察法规定的各种调查措施，包括讯问、询问、留置、搜查、调取、查封、扣押、勘验检查等。但采取这些措施必须严格按照法定程序进行。《监察法》第41条规定："调查人员采取讯问、询问、留置、搜查、调取、查封、扣押、勘验检查等调查措施，均应当依照规定出示证件，出具书面通知，由二人以上进行，形成笔录、报告等书面材料，并由相关人员签名、盖章。调查人员进行讯问以及搜查、查封、扣押等重要取证工作，应当对全过程进行录音录像，留存备查。"该规定明确了监察机关采取法定的调查措施时必须遵守的程序性规定：

（一）不管采取何种监察调查措施，都必须依照规定出示证件

出示证件的目的在于证明监察调查人员的真实身份，以便有关单位和个人积极配合调查工作，有利于监察调查工作的顺利进行。

（二）出具书面通知

书面通知是监察机关采取监察调查措施的重要法律文书，是指盖有监察机关的公章、明确了监察调查措施种类的通知性法律文书。书面通知应当向有关单位和个人出具，以证明监察调查人员采取的调查措施已经监察机关合法授权。没有出具书面通知的，有关单位和个人有权拒绝配合。

（三）监察调查措施的采取，必须由二人以上进行

监察机关采取有关监察调查措施，监察调查人员不得少于二人。之所以这样规定，主要是有利于集思广益收集各种证据，并且加强监察调查人员之间的互相配合、互相监督，防止个别监察调查人员徇私舞弊或者发生非法收集证据的行为。此外，还有利于防止被调查人诬告监察调查人员对其采取刑讯逼供和人身侮辱等非法行为。

（四）形成笔录、报告等书面材料，并由相关人员签名、盖章

笔录、报告等书面材料的制作十分重要，它是固定证据的一种重要方法。监察机关采取监察调查措施后，必须对采取措施的过程进行全面记录，形成笔录或者报告。这些笔录和报告，将成为重要的证据。由相关人员在笔录和报告上签名盖章，是对笔录、报告等书面材料的真实性和合法性的认可，是其可以作为证据使用的前提。如果笔录或者报告没有相关人员签名盖章，该笔录和报告就不具有证据效力，不能用来证明案件事实。

（五）全程录音录像

《监察法》第41条第2款规定："调查人员进行讯问以及搜查、查封、扣押等重要取证工作，应当对全过程进行录音录像，留存备查。"全程录音录像就是要对调查人员进行讯问以及搜查、查封、扣押等重要取证工作的整个过程录音并录像。全程录音录像的目的在于留存备查，这是对重要取证工作的规范，有利于促使调查人员严格依法采取调查措施，防止违法取证行为的发生。

第五节　调查终结

一、监察调查终结的概念和条件

监察调查终结，是指监察机关对于已经立案的监察案件，经过一系列的监察调查活动，认为被调查人是否存在职务违法犯罪的案件事实已经查清，相关证据

已经确实充分，从而决定结束监察调查，并依法对被调查人提出处理意见，作出处理决定的一种监察活动。监察调查终结是监察调查活动的结束，监察机关根据监察调查的事实和证据，依法停止对被调查人的继续调查，并根据监察法的规定对其作出相应的处理决定。

监察调查终结应当符合一定的条件，在条件具备时才能终结监察调查。

（一）事实已经查清

监察调查的目的就是要查明被调查人是否存在职务违法犯罪行为。只有通过法定程序进行调查，被调查人是否存在职务违法犯罪的事实才能查清。如果相关事实没有查清，监察调查活动就不能结束。所谓是否存在职务违法犯罪的事实已经查清，包括三层含义：①被调查人不存在职务违法犯罪行为的事实已经查清。有些被调查人经过监察机关依法监察调查后，没有事实和证据证明其存在职务违法犯罪行为，这时就应该终结监察调查。②被调查人存在职务违法行为的事实已经查清。有些被调查人经过监察机关的依法监察调查后，查明了其确实存在职务违法行为，但还不构成犯罪，这时也可以终结监察调查，依法对其职务违法行为进行处置。③被调查人职务犯罪行为的事实已经查清。有些被调查人经过监察机关的依法监察调查后，发现其职务违法行为相当严重，达到了职务犯罪的程度，而且有确实充分的证据加以证明，这时也应当终结监察调查，按照法定程序将案件移送人民检察院审查起诉。

（二）证据确实充分

监察机关认定被调查人存在职务违法犯罪的行为，依法需要追究法律责任的，必须由相应的证据来加以证明。监察调查的主要目的就是收集查证这一方面的证据，只有这些证据达到了确实充分的程度才能终结监察调查活动。所谓证据确实充分，是指监察机关收集的证据客观真实，足以证明被调查人存在职务违法犯罪的事实，它是对证据的质和量的综合要求。证据确实需要达到三个条件：①认定被调查人存在职务违法或者职务犯罪的事实，都有相应的证据加以证明。②据以认定被调查人存在职务违法或者职务犯罪行为的证据均经法定程序查证属实。这就要求监察机关收集的证据必须真实可靠，具有客观性。只有经过查证属实的证据才能作为定案的根据，也才能作为终结监察调查的依据。③综合全案证据，监察机关所认定的被调查人职务违法或者职务犯罪的事实已经排除合理怀疑。所谓已经排除合理怀疑，是指监察机关所认定的被调查人职务违法或者职务犯罪的事实客观真实，不存在合理的怀疑。

（三）法律手续完备

监察机关终结监察调查，应当办理相应的法律手续，而且法律手续要符合法律法规的要求，达到完备的程度。对于不存在职务违法或者职务犯罪的被调查人，应当出具相关文件和手续以还被调查人清白；对于已经构成职务违法或者职务犯罪的被调查人，应当按照法律规定作出相应的处置，并完备相关法律文件和手续。

二、监察调查终结后的处置方式

监察调查终结后的处置方式，是指监察机关经过依法监督、调查后，应当对被调查人依法作出何种处置的问题。监察调查的结果不同，处置方式也就不同。《监察法》第45条规定了依据不同情况作出不同处置的方式。该法第45条规定："监察机关根据监督、调查结果，依法作出如下处置：①对有职务违法行为但情节较轻的公职人员，按照管理权限，直接或者委托有关机关、人员，进行谈话提醒、批评教育、责令检查，或者予以诫勉；②对违法的公职人员依照法定程序作出警告、记过、记大过、降级、撤职、开除等政务处分决定；③对不履行或者不正确履行职责负有责任的领导人员，按照管理权限对其直接作出问责决定，或者向有权作出问责决定的机关提出问责建议；④对涉嫌职务犯罪的，监察机关经调查认为犯罪事实清楚，证据确实、充分的，制作起诉意见书，连同案卷材料、证据一并移送人民检察院依法审查、提起公诉；⑤对监察对象所在单位廉政建设和履行职责存在的问题等提出监察建议。监察机关经调查，对没有证据证明被调查人存在违法犯罪行为的，应当撤销案件，并通知被调查人所在单位。"根据这一规定，监察机关监察调查终结后，对被调查人的处置方式主要有如下种类：

（一）撤销案件

撤销案件，是指监察机关经过监察调查，没有证据证明被调查人存在职务违法或者职务犯罪行为，而依法将案件予以撤销的一种处置决定。对被调查人的监察调查，都是经过了立案程序予以立案的，但经过监察调查，发现原来的立案依据失实，而且调查后发现被调查人根本不存在职务违法或者职务犯罪行为的，监察机关就应当作出撤销案件的决定。决定撤销案件的，应当将撤销案件的原因和决定通知被调查人及其所在单位，并在一定范围内澄清事实，还被调查人以清白。如果被调查人被采取了留置措施，在决定撤销案件时，应当立即报告原批准采取留置措施的上级监察机关，及时解除对被调查人的留置，并依法做好善后工作。

（二）按"四种形态"从轻处理

按"四种形态"从轻处理，是指对有职务违法行为但情节较轻的公职人员，依法进行谈话提醒、批评教育、责令检查或者予以诫勉的处置方式。监察机关经过监察调查，发现被调查人存在职务违法行为，但其情节较轻，就可以根据具体案情，对被调查人作出上述"四种形态"中的一种处置。我们认为，这四种形态的处置方式也有轻重，是依次由轻到重的处置方式。谈话提醒最轻，批评教育重之，责令检查又重于批评教育，予以诫勉再重于责令检查。对于谈话提醒、批评教育、责令检查或者予以诫勉四种处置方式，监察机关应当根据被调查人的一贯表现、职务违法行为的性质和情节的轻重，经综合判断后依法决定采取哪一种形态的处置措施。

（三）给予政务处分

政务处分是指监察机关对违法的公职人员依照法定程序作出的警告、记过、记大过、降级、撤职、开除等处分决定的一种处置方式。2018年4月16日，中央纪委、国家监察委员会联合发布了《公职人员政务处分暂行规定》（以下简称《处分规定》），《处分规定》共23条，自发布之日起执行。《处分规定》制定的目的在于规范监察机关的政务处分工作，促进所有行使公权力的公职人员（以下简称公职人员）依法履职、秉公用权、廉洁从政从业、坚持道德操守。监察机关实施政务处分的依据，主要包括《监察法》《公务员法》《法官法》《检察官法》《企业国有资产法》《行政机关公务员处分条例》《事业单位人事管理条例》《事业单位工作人员处分暂行规定》《国有企业领导人员廉洁从业若干规定》《农村基层干部廉洁履行职责若干规定（试行）》等。给予公职人员政务处分，应当坚持法律面前一律平等，实事求是、公平公正，做到事实清楚、证据确凿、定性准确、处理恰当、程序合法、手续完备；坚持民主集中制，集体讨论决定；坚持惩前毖后、治病救人方针，与违法行为的性质、情节、危害程度相适应。监察机关对违法的公职人员可以依法作出警告、记过、记大过、降级、撤职、开除等政务处分决定。

对公职人员给予政务处分，由监察机关按照管理权限依法作出决定。有下列情形的，应当履行有关手续：

1. 对经各级人民代表大会及其常务委员会选举或者决定任命的公职人员给予撤职、开除处分的，应当先由人民代表大会及其常务委员会依法罢免、撤销或者免去其职务，再由监察机关依法作出处分决定。

2. 对经中国人民政治协商会议各级委员会全体会议及其常务委员会选举或者决定任命的公职人员给予撤职、开除处分的，应当先由政协全体会议及其常务委员会免去其职务后，再由监察机关依法作出处分决定。

3. 对各级人大代表、政协委员给予政务处分，应当向其所在的人大常委会或者政协常委会通报。

4. 对基层群众性自治组织中从事管理的人员给予责令辞职等处理的，由县级监察机关向其所在的基层群众性自治组织及上级管理单位（机构）提出建议。

（四）问责

问责，是指监察机关对不履行或者不正确履行职责负有责任的领导人员，按照管理权限对其直接作出问责决定，或者向有权作出问责决定的机关提出问责建议的一种处置方式。中共中央政治局审议通过了《中国共产党问责条例》，该条例是对党员干部进行问责的重要依据。问责这种处置方式分为直接作出问责决定和提出问责建议两种方式。对于不履行或者不正确履行职责负有责任的领导人员，监察机关有权直接作出问责决定的，则按照管理权限直接作出问责决定；如果监察机关无权直接问责的，则向有权作出问责的机关提出问责建议，由接到建议的机关作出问责决定。

（五）移送人民检察院审查起诉

移送人民检察院审查起诉，是指监察机关对监察调查终结的案件，认为被调查人涉嫌职务犯罪，且犯罪事实清楚，证据确实、充分的，依法定程序将其移送人民检察院审查起诉的一种处置方式。移送人民检察院审查起诉必须具备以下条件：

1. 被调查人涉嫌职务犯罪。根据监察调查的结果，发现被调查人的行为已经涉嫌职务犯罪，需要追究刑事责任。这是其罪责条件。如果被调查人的行为还没有达到犯罪的程度，就不能移送人民检察院审查起诉。

2. 被调查人涉嫌职务犯罪的犯罪事实清楚，证据确实、充分。这是其证据条件。如果没有达到犯罪事实清楚，证据确实、充分的条件，就不能移送人民检察院审查起诉。

3. 制作起诉意见书，连同案卷材料、证据一并移送。这是其程序条件。监察机关对于涉嫌职务犯罪的被调查人，认为其行为涉嫌职务犯罪，且犯罪事实清楚，证据确实、充分，依法应当追究刑事责任的，就应当制作起诉意见书，连同案卷材料、证据一并移送人民检察院审查起诉，由人民检察院决定是否提起公诉。

（六）提出监察建议

监察建议，是指监察机关根据监督、调查的结果，针对监察对象所在单位廉政建设和履行职责存在的问题等，向相关单位和人员就其职责范围内的事项提出的具有一定法律效力的建议的一种处置方式。监察建议是一种具有一定法律效力的建议，被建议单位和人员必须履行监察建议要求其履行的义务，否则要承担相应的法律责任。

第三章 监察措施

为了保证监察机关有效履行职责,《监察法》第四章对监察权限进行了明确规定。根据监察法规定,监察机关具有监督、调查、处置三大职权,并且有权采取下列十二项手段和措施:谈话、讯问、询问、查询、冻结、调取、查封、扣押、搜查、勘验检查、鉴定、留置。另外,在必要的时候并履行相关手续后,监察机关还有权采取技术调查、限制出境、通缉等措施,按照规定交有关机关执行。这些措施的行使,不仅保障了监察机关可以有效地履行国家监察职能,同时也充分保障了被调查对象依法享有的基本权利。

为了保证反腐斗争的深入、持续、健康发展,对监察措施的使用要注意以下三项原则和三个要求:

必要性原则,调查行为以确实必要为前提,其对被调查人的权益损害应以仅达监察目的的实现为适度,应当选择对被调查人权益损害最小的手段和措施,从而把对被调查人的权益损害控制在最低限度。

相当性原则,指调查措施应当与涉嫌职务违法或者职务犯罪的被调查人的性质和社会危害性的大小相适应,如谈话,适用于可能发生职务违法的监察对象;讯问,适用对象为涉嫌贪污贿赂、失职渎职等职务犯罪的被调查人;通缉,适用对象为依法应当留置的被调查人等。

均衡性原则,指监察机关行使监察权限必须先进行利益权衡。只有通过利益权衡,确认采取该手段或措施不仅对于实现相应监察目的是必要的和相当的,而且其可能获得的利益大于可能损失的利益时才可以实施。

整体性要求,指每一种调查措施各有其特殊的功能,又与其他调查措施相互依存、相互作用,只有各种措施结合起来,才能优势互补,发挥其综合效能。同时,各种措施在运行中又必须及时通报,密切配合,形成整体合力。

针对性要求,指要在正确判断分析的基础上,因案、因人、因事、因时制宜地使用调查措施，切忌机械地套用。同时，要求实现调查措施与调查人员的最佳组合，即根据调查人员的个性特长，因人适用调查措施，充分发挥人在使用调查措施中的主观能动作用。

有效性要求，这是采取调查措施的落脚点和归宿，是调查措施运用是否得当的标准，也是强调整体性、针对性的目的所在。为了实现有效性，调查措施的采取必须准确管用，切实可行，使所采取的调查措施能够取得预期的效果。

第一节　谈话

谈话，是指监察机关直接或者依法委托有关主体，对有问题线索反映、可能发生职务违法的监察对象，以面对面谈话的方式了解情况或者予以提醒。[1]

"谈话"属于具有监察体制改革特色的调查措施，该措施源于纪委的谈话制度。纪委谈话的目的一方面在于了解情况，另一方面在于"咬耳扯袖、红脸出汗"，使有苗头性、倾向性问题的党员干部得到提醒和警示，及时收敛收手，不至于突破底线而受到纪律处分甚至走向严重违法犯罪。按照规定，监察机关只有在掌握了监察对象部分违纪或者涉嫌职务违法、职务犯罪事实和证据的条件下，才可以立案调查，这就要求监察机关在立案之前做好扎实的初核工作。而谈话作为一项最基本的调查措施，在监察机关案件初核过程中被大量运用，对于获取证据、突破案件、教育挽救党员干部起到了关键作用。

监察机关采取谈话措施的要求，主要有以下六个方面：

1. 谈话措施的适用对象是监察机关管辖范围内的监察对象。监察机关谈话或者要求说明情况，必须按照管理权限进行。这里的"管理权限"是指干部管理权限，监察机关谈话的对象，要符合《监察法》第15条规定的监察对象范围和第16条、第17条规定的管辖原则，不得擅自越权谈话。

2. 谈话措施的适用要件是监察对象是"可能发生职务违法的"，表明谈话对象存在一般的违纪行为，同时存在发生"职务违法"的可能性，这里和《监察法》第20条"涉嫌职务违法的""涉嫌贪污贿赂、失职渎职等职务犯罪的"形成对照，显然谈话对象所涉行为属于程度最轻微的一般性违纪、违法的行为。法

---

[1] 本书编写组编写：《监察机关15项调查措施学习指南》，中国方正出版社2018年版，第1页。

律赋予监察机关采取谈话措施的权利是为了避免使可能发生职务违法的被监察对象滑向职务违法或职务犯罪的深渊。

3. 要严格遵循审批和执行程序，严防"灯下黑"。监察法中的谈话不是一般的交谈、对话、谈心，它具有严肃的法律效力，以山西监委的实践为例，和谁谈、何时谈、怎么谈，都由案件承办室主要负责人与审查组共同研究提出谈话方案，经分管该案的委领导批准以后，由审查组负责实施。谈话方案必须严格执行，不得随意缩小或者扩大范围、变更调查方向和事项。为了防止跑风漏气等情况的发生，谈话人员不能私下与被谈话人接触，也不能直接与被谈话人联络。谈话必须在指定地点或专门场所进行，谈话场所的各项措施必须符合安全防范的要求。谈话开始前，要填写《谈话对象交接单》，由谈话人员、陪同人员、被谈话人签名；谈话结束后，谈话人员、陪同人员、被谈话人员还要在交接单上签名，办理好交接手续。此外，谈话期间还要充分保障被谈话人的合法权利，严禁使用违反党章和国家法律的手段，严禁侮辱、打骂。[1]

4. 谈话应当讲究策略。首先，谈话人和被谈话人无论是人格或者社会、政治地位都是平等的。谈话中要尊重被谈话人的陈述，给被谈话人一种公正无私、认真负责的形象。谈话态度应诚恳，谈话用词应婉转、准确、简练，既有严肃的批评教育，又合情合理地启发疏导，争取使他们积极主动配合。其次，谈话要"软硬兼施"。"硬"指的是用法律事实和外围调查取得的铁证攻破被谈话人的侥幸心理和对抗态度；"软"则是通过安排被谈话人学习党章党规和法律法规，用理想信念教育感化，向被谈话人亮明党的政策，使被谈话人在思想上发生积极转变，让他们相信组织、依靠组织，主动交代问题，真诚悔错改错。山西省纪委监委第二执纪审查（调查）室主任周跃武表示："谈话的目的，不光是要查清问题，更是做思想政治工作，通过教育、感化来挽救他们。"这位曾任山西省人民检察院反渎职侵权局局长的"老检察"在转隶进入监委以后，参与了多起案件的办理，他深刻感觉到，纪委监委的工作不光是反腐败，更是要教育和挽救更多的党员干部，在谈话中体现政策的感召力和思想的感染力，体现我们党惩前毖后、治病救人的一贯方针。

5. 谈话工作应当在谈话结束后的规定时间内，由承办部门写出情况报告和

---

[1] "从试点看监委12项调查措施"专栏："谈话：充满艺术的'正面较量'"，载中央纪委监察部网站，http://www.ccdi.gov.cn/special/sexdccs/201712/t20171229_159755.html.

处置意见后报批，根据不同情况作出相应处置：①反映不实，或者没有证据证明可能发生职务违法行为的，予以了结澄清；②有证据证明可能发生职务违法行为但情节较轻的，按照管理权限，由监察机关直接或者委托有关机关、人员进行批评教育、责令检查或者予以诫勉；③反映问题比较具体，但被反映人予以否认，或者其说明存在明显问题的，应当再次谈话或者进行初步核实。

6. "谈话"作为监察机关法定的调查措施之一，在被调查人涉嫌职务违法犯罪时，对被调查人谈话所形成的笔录在证据分类上不能简单归为被调查人员供述和辩解，而只能作为一种证据材料，应当包含在《监察法》第 33 条"等证据材料"范围内，经过转化和审查之后，在符合一定条件下可以在刑事诉讼中作为证据使用。在被调查人涉嫌职务犯罪移送人民检察院时，谈话笔录应当作为证据材料一并移送人民检察院，由检察机关审查取舍。被调查人对于谈话笔录中没有异议并明确表示认同的事实部分没有必要重新收集，可以转化为被调查人的供述和辩解；而存在异议和明确反对的部分内容，应当予以排除，重新收集或补充调查。[1]

第二节　讯问

讯问，是指通过监察机关工作人员提问、被调查人回答的方式，取得印证被调查人以及涉嫌行贿犯罪或者共同职务犯罪的涉案人员有关贪污贿赂、失职渎职等职务犯罪事实的口供及其他证据的过程。[2] 监察体制改革赋予监察机关对涉嫌贪污贿赂、失职渎职等职务犯罪进行调查的职责，为了履行好这一职责，有效惩治腐败，《监察法》借鉴了《刑事诉讼法》中讯问措施的相关规定，将讯问措施明确规定为法定的调查措施，成为调查活动中的重要权限之一。

通过讯问，有利于调查人员获取口供，核实证据，查清包括被调查人和其他同案人在内的全案的犯罪事实和情节，从而发现新的犯罪线索；通过讯问，可以为被调查人员充分行使辩护权提供机会，保证无罪的人和其他依法不应追究刑事

---

〔1〕 马怀德主编：《〈中华人民共和国监察法〉理解与适用》，中国法制出版社 2018 年版，第 78 页。
〔2〕 中共中央纪律监察委员会、中华人民共和国国家监察委员会法规室编写：《〈中华人民共和国监察法〉释义》，中国方正出版社 2018 年版，第 129 页。

责任的人不受刑事追诉；通过讯问，有利于对被调查人员进行政策、法律和前途教育，从而为认罪伏法、改恶从善奠定思想基础；通过讯问，可以发现发案单位制度上、管理上的漏洞，为总结职务犯罪的特点、规律，打击和预防犯罪创造有利条件。

一、讯问被调查人员的原则

作为法定的调查措施之一，监察机关在查办职务犯罪案件而适用讯问时，除应遵循调查的基本原则之外，还应遵循以下原则：

（一）重证据、重调查研究，不轻信口供原则

《刑事诉讼法》第55条规定，对一切案件的判处都要重证据，重调查研究，不轻信口供。调查作为审判的基础，必须首先遵循这一原则。因为口供具有以下特点：①如果被调查人员如实供述，可以全面、详细地反映出其作案的动机、目的、手段、过程，因而经查证属实可以作为定案的直接证据；如果被调查人员如实辩解，也可以提供证实其无罪或罪轻的证据和证据线索。②被调查人员的口供虚假的可能性大。③被调查人员口供容易反复，随时可能翻供，甚至时供时翻。所以调查人员对口供的正确态度是一要重视，二不能轻信。

（二）权利告知原则

为了保障被调查人员的合法权利，调查人员在正式讯问被调查人员之前，应当告知其依法享有的各项权利和承担的义务。《刑事诉讼法》和《人民检察院刑事诉讼规则（试行）》等法律对讯问过程中被调查人员的各种权利告知主要有：

1. 告知被调查人员有"不得自证其罪"的权利及如实回答提问的义务。根据《刑事诉讼法》第120条第1款规定，调查人员在讯问被调查人员的时候，应当首先讯问被调查人员是否有犯罪行为，让他陈述有罪的情节或者无罪的辩解，然后向他提出问题。被调查人员对调查人员的提问，应当如实回答。这说明，被调查人员既有"不得自证其罪"的权利，也有必须回答讯问人员提问的义务，有关"被调查人员对调查人员的提问，应当如实回答"的规定内容也应向被调查人员明确告知。

2. 告知被调查人员可以从宽处理的规定。根据《刑事诉讼法》第120条第2款规定，调查人员在讯问被调查人员的时候，应当告知被调查人员如实供述自己罪行可以从宽处理的法律规定。这是修改后的《刑事诉讼法》的一条新规定，对于瓦解被调查人员的心理防线、瓦解攻守同盟、体现宽严相济的刑事司法政策有积极意义，调查人员对这一条的告知不能疏忽。

3. 告知被调查人员在调查阶段可以聘请律师的规定。《刑事诉讼法》第 34 条规定，被调查人员自被调查机关第一次讯问或者采取强制措施之日起，有权委托辩护人；在调查期间，只能委托律师作为辩护人。……调查机关在第一次讯问被调查人员或者对被调查人员采取强制措施的时候，应当告知被调查人员有权委托辩护人。这个规定是尊重和保障人权的重要体现，调查机关有告知对象有聘请辩护人权利的义务，《刑事诉讼法》第 34 条从两个角度论证聘请律师的重要性和不可缺失性。

4. 调查终结向被调查人员告知的规定。《刑事诉讼法》第 162 条规定，调查终结……同时将案件移送情况告知被调查人员及其辩护律师。

（三）禁止非法讯问原则

《刑事诉讼法》第 56 条第 1 款规定，采用刑讯逼供等非法方法收集的被调查人员、被告人供述应当予以排除。

二、被调查人员被讯问时的心理特点及其变化规律

讯问是调查人员与被调查人之间面对面的心理战，只有掌握被调查人员被讯问时的心理特点及其变化规律，才能有的放矢地促使被调查人员的思想转化，从而在讯问中掌握主动权。因此，研究被调查人员被讯问时的心理特点及变化规律具有重要的意义。

被调查人员由于趋利避害的自卫本能，被讯问时一般存在两种互相矛盾的心理：一种是"抗拒"心理，一种是"坦白"心理。产生这两种心理各有其原因。抗拒心理产生的主要原因是：畏刑、侥幸、抵触。坦白心理产生的原因主要是：心虚、推测、恐慌。被调查人员的这两种心理使得他们一方面妄图以拒供、少供或假供逃避罪责，另一方面又害怕监察机关确已掌握了证据，如不交代会招致更重的处罚。两种心理此消彼长，当抗拒心理占主导地位时就坚不吐实，当坦白心理占主导地位时就供述交代。因此，讯问的过程，就被调查人员来说，是这两种心理相互斗争、相互转化的过程；就调查人员来说，则是促使被调查人员由抗拒心理向坦白心理转化的过程。

随着讯问工作的推进，被调查人员的心理变化一般呈现以下四个阶段：

（一）对抗阶段

被调查人员从自由人甚至发号施令的人一下子成为接受讯问的人，心理落差很大，对现实一时难以接受，对审讯环境一时难以适应，这一阶段其拒供动机占主导地位，审讯处于僵持状态。面对审讯，被调查人员的具体表现：或神情自若，不屑一顾；或再三表白，以示廉洁尽责；或百般狡辩，喊冤叫屈；或蛮不讲理，激烈对抗；或居功自傲、气焰嚣张。

被调查人员一旦进入调查讯问阶段，被外界隔绝，首先考虑的是自己的问题是怎么暴露的、暴露的是哪些问题、暴露问题的程度如何。因此，在首次讯问中，绝大多数对象会以试探的方式进行摸底，以便摸清情况后决定自己采取的对策，其试探的目标主要是：

1. 试探证据被掌握的程度。通过索要证据的形式，窥视调查人员的反应，试探调查人员的底气，从中掌握调查人员掌握证据的程度。

2. 试探调查人员的个性、特点、能力。被调查人员会利用多种手段如拒供、谎供、翻供对付讯问，从中观察调查人员的反应，了解问题暴露的方向和程度，以此试探调查人员的能力。常用手段有：坚决否认犯罪事实；制造时间、地点、人物、情节、顺序等的混乱；在回答提问时故意胡编乱造，并且顽固坚持；交代一些无关紧要的细节问题；交代比较轻微的、次要的问题，并且反复起誓已经彻底交代等。

3. 试探抵抗的后果。提出抗议，强烈表示要控告，或要求领导出场，或要求打电话，或要求聘请律师，以此试探并判断自己的问题的严重性程度及后果。

调查人员在与被调查人员的对抗冲突中，要注意保持头脑冷静，既不能感情用事，也不能丧失对已获得的犯罪信息的正确判断和继续追诉的信心；要摸清被调查人员对抗的主要原因，采取适当的方法促其转化。

（二）相持阶段

这一阶段是调查人员与被调查人员进行实质性较量的重要阶段，进攻与防守、揭露与规避、批驳与狡辩，你来我往、此起彼伏。此时，拒供与坦白心理相互斗争。这时的被调查人员经过了试探摸底，开始适应讯问环境，对调查人员的能力、经验也有了初步了解，自以为"心中有底"，会静下心来，集中全力对付审讯。具体表现为：有的被调查人员突然安静下来，话语减少，若有所思；有的被调查人员神情不定，坐立不安，唉声叹气；有的被调查人员手脚无措、频频喝水、频繁如厕，心理紧张。

（三）动摇阶段

经过对抗相持的激烈斗争，在调查人员的正确讯问方法和坚强意志的影响下，被调查人员的心理防线渐渐出现动摇，侥幸心理、抵触情绪渐趋缓和。这时，被调查人员犹豫动摇的心理会逐步上升。讯问活动转入到动摇反复阶段。这一阶段中，被调查人员的心理十分矛盾，徘徊在是供述还是对抗的十字路口，这个阶段是讯问取得成功的关键阶段。

这个阶段中，被调查人员常会有以下表现：有的被调查人员认识到法网难逃，态度由硬变软，沉默不语，惶恐不安，丧失对抗信心；有的被调查人员考虑到交代罪行后的严重后果，会极力表白进行开脱或者提出条件作为交换。

在动摇反复阶段，调查人员要准确把握时机，加以恰当引导，使被调查人员由对抗心理向坦白交代转化。

（四）供述阶段

被调查人经过前三个阶段后，深知其犯罪事实已经败露，调查人员已经掌握了其犯罪的证据，加上经过较长时间的较量，想尽早摆脱被审讯的困境，因而开始供述自己所犯的罪行，讯问活动就进入到供述阶段。但由于畏刑心理和侥幸心理作怪，往往出现讲小不讲大、讲轻不讲重、讲显不讲隐等避重就轻的现象，甚至还会出现时供时翻等情况。这些现象表明，被调查人员在供述阶段仍有可能进行最后挣扎。对此，调查人员应该注意：一方面要乘胜追击，穷追不舍，使审讯取得彻底胜利；另一方面要切忌因取得一些战果而喜形于色、急于求成。

三、讯问被调查人员突破口的选择

讯问突破口，是指调查人员在讯问中突破被调查人员口供的缺口。选择突破口，是讯问的重要一环，选择得准，就能迅速突破，势如破竹；选择不准，就会久攻不下，陷入被动。因此，选择讯问突破口，对于摧毁被调查人员的思想防线、加快讯问进程、提高讯问质量和效果，具有重要意义。

讯问突破口一般从易被攻破的薄弱环节和薄弱对象中选择，具体有以下几个方面：

（一）从案件事实和情节考虑，选择突破口

1. 选择证据扎实的事实和情节为突破口。选择证据和事实比较确实充分的、犯罪事实和情节比较暴露、难于掩盖的情节，能够出其不意、攻其不备，使其措手不及、束手就范。一旦突破，既能坚定调查人员的信心，又能震撼、瓦解被调查人员的心理防线。

2. 选择被调查人员疏于防范的事实和情节为突破口。被调查人员疏于防范的事实和情节往往是被调查人员认为最放心、最保险的事实和情节，这些也是被调查人员抗拒审讯的精神支柱，一旦突破，审讯对象往往可能彻底放弃抗拒。

3. 选择次要的事实和情节为突破口。一些被调查人员为了保住严重的犯罪事实，往往采取丢卒保车的伎俩，较快地交代次要的犯罪事实和情节。但是，"蝼蚁之穴能毁百里长堤"，口供的口子一旦撕开，在调查人员的穷追猛诘下，被调查人员往往不得不交代重要的以至全案的犯罪事实和情节。

4. 选择被调查人员最担心的事实、情节和行为为突破口。被调查人员最担心的事实、情节和行为一般也是被调查人员的主要犯罪事实和情节或某些反调查行为，如犯罪的时间、地点、手段、过程、结果、赃款赃物的去向，同案被调查人员及知情人的证言，攻守同盟订立的情节及与其他人员一起做过的违法违纪的事情，等等。这些一旦被审讯人员掌握，其罪行也将暴露；以此为突破口，往往能够一举突破。

5. 选择被调查人员口供中有矛盾的事实和情节为突破口。有些被调查人员在接受讯问中，为了掩盖罪行，不是矢口否认，就是编造事实和情节。该编造的事实和情节难免与调查人员掌握的客观事实以及常识存在矛盾。当调查人员发现口供中存在这样的事实和情节时，就可以此作为讯问突破口。

（二）从被调查人员心理状态出发，选择突破口

1. 从侥幸心理的支柱上选择突破口。一些被调查人员之所以抗拒交代，是因为存在侥幸心理，有的自以为"靠山""后台"硬，肯定会为他打点活动；有的自以为犯罪手段狡猾隐蔽，不可能被抓住证据；有的迷信攻守同盟，认为同案犯或知情者不会把他出卖；有的认为知情者已经潜逃，其犯罪事实已无人能够证明；等等。如果调查人员能使被调查人员感觉到其赖以抗拒交代的精神支柱实际上并不存在、已发生变化或不起作用，如所谓的"靠山""后台"不可能起作用，攻守同盟已被打破，潜逃的知情人已被抓获等，则完全可以选它作为突破口。

2. 从畏罪心理选择突破口。被调查人员都很清楚，一旦供认，就会受到法律的制裁，失去自由、财产、权利、地位、前途甚至生命，同时还会影响家庭，如父母蒙羞、配偶离婚、子女受苦等。这种畏罪心理的后面隐含了"求生""求轻"的心理，而这种"求生""求轻"的心理又能成为被调查人员由畏罪心理向交罪心理转化的一种催化剂。在审讯中，调查人员如果能摸准被调查人员的畏罪心理及其症结，就可以此作为讯问突破口。

（三）从被调查人员自身情况出发，选择突破口

1. 从被调查人员性格上选择突破口。每个人性格不同，对待问题的态度和反应也不同。不同性格的人在接受审讯时，会反映出不同的特点，审讯人员如能

根据被调查人员的性格特点，找出其性格弱点，作为突破口，便能收到事半功倍的效果。如应对情感较为脆弱的被调查人员，突破口应选择在情感的感化上，动之以情，晓之以理，加以引导；如果被调查人员的性格外向，善于夸大其词，而且耐力差，审讯中注意抓住这一弱点为突破口，让其充分表现，找准矛盾点再发起进攻。

2. 从被调查人员的兴趣、爱好上选择突破口。在贿赂犯罪中，领导干部的兴趣、爱好往往是行贿人行贿的突破口，如对爱好书法的送上笔墨纸砚，对爱好打扑克的陪打扑克，对爱好女色的提供女色等，如此由浅入深，步步引诱，拉领导干部下水。正如厦门远华案中的特大走私、行贿犯赖昌星所说：我只怕领导干部没有爱好。在讯问中，被调查人员往往对自己堕入犯罪的兴趣、爱好讳莫如深，调查人员以此为突破口，就会使被调查人员觉得秘密已经暴露，从而动摇心理防线。

3. 从被调查人员的家庭、亲情上选择突破口。对家庭、亲情观念浓厚的人，就要在其亲人朋友上做文章，以情攻心，促其转化，令其认罪伏法。人非草木，孰能无情。任何狡猾的被调查人员，总有其情感弱点，应当充分利用父母、子女、亲友的关心和感化，唤起其内心感情，促使其如实供述。

4. 以被调查人员的特殊细节为突破口。被调查人员在犯罪活动中，往往会存在一些特殊的细节，而这些细节只有被调查人员自己或者其他同案犯或利害关系人知道，具有高度的隐秘性。如果调查人员掌握了这些特殊细节，抓住时机、适时抛出，就会使被调查人员产生巨大的心理压力和精神恐慌，作出监察机关已掌握其全部犯罪事实的判断，从而突破案件。

（四）从共同犯罪或窝案、串案的被调查人员中选择突破口

突破口一般从知情较多又容易突破的被调查人员中选择，具体为：调查人员掌握证据较为充分的；对全案事实、主犯的犯罪事实或某一重大犯罪事实了解较多的；在犯罪中居于次要地位或陷得不深，具有从轻处理条件的；主观恶性较小，有悔罪、立功愿望的；与主犯或其他被调查人员有矛盾的；胆小、心理素质差，容易突破的；等等。

综上所述，任何案件总会存在这样那样的薄弱环节，调查人员只要深入调研，善于思考，讯问突破口是完全可以找到的，因而必须坚定信心。

四、讯问被调查人员的策略方法

针对被调查人员被讯问时的矛盾心理，要促使其由抗拒心理向坦白心理转

化,就要正确地使用策略方法。讯问被调查人员的策略方法可分为一般的策略方法和分类的策略方法。一般的策略方法是指讯问中常用的不局限于某一类被调查人员的策略方法,它所研究的是矛盾的普遍性。分类的策略方法是指经分类总结的仅适用于某一类或某一种被调查人员的策略方法,它所研究的是矛盾的特殊性。

(一)讯问被调查人员的一般策略方法

1. 教育攻心法。这是调查人员通过思想教育和心理刺激,促使被调查人员消除对立、转变思想、如实供述的一种讯问方法。"攻心为上",教育攻心法是讯问中最常用的一种方法。采用教育攻心法首先要摸准被调查人员不愿坦白交代的心理障碍或赖以抗拒的精神支柱,在此基础上,有针对性地采取思想教育、感情催化、错觉刺激以及疏导、例证、亲友规劝(写信、放录音)等方法,排除其心理障碍或摧毁其精神支柱。

采取教育攻心法要注意以下几点:①要消除对立,取得信任。为此,调查人员态度上既要严肃又要诚恳。②思想教育要入耳入脑,防止空洞说教。③要把思想教育与运用谋略制造错觉进行心理刺激结合起来,防止单打一。④讲解政策法律要实事求是,注意分寸,不能言过其实或利用政策搞变相诱供骗供。

2. 感情催化法。这是通过拨动心弦、激发情感的办法促使被调查人员供述的一种讯问方法。它与前述的教育攻心法的区别是,教育攻心法是通过转变思想来促其交代,感情催化法则是通过激发感情来促其交代。感情催化的具体方法一般有:选择有利时机,通过回顾其曾做过的好人好事,以及告知其亲属目前的情况和他们的希望等来唤醒其良知,促其认罪态度发生改变。

3. 单刀直入法或迂回包抄法。这是提问时相对立的两种方法。

单刀直入法是直截了当地向被调查人员提出关键性问题,并且穷追不舍的一种讯问方法。这种方法开门见山,直击要害,往往能使讯问工作取得势如破竹的效果。这种方法一般运用于案情比较简单、掌握的证据材料比较确实可靠的案件和反调查能力不强、被讯问前尚未被惊动的被调查人员。

迂回包抄法是有意识地迂回提问而暂不触及要害问题的讯问方法。调查人员首先讯问与犯罪事实似乎较远的问题,使被调查人员消除对立,松弛警惕,乐于回答;然后由浅入深,由远及近,逐步缩小包围圈,堵住其退路;最后,选择有利时机,直接提出案件的核心问题,使被调查人员猝不及防,陷于欲退无路的被动境地,不得不交代犯罪事实。迂回包抄法一般运用于那些案情较为复杂、调查人员虽掌握了一定证据但无过硬证据的案件。

4. 稳扎稳打法或秋风卷席法。这是推进讯问进程时相对立的两种方法。

稳扎稳打法是先对突破口上的问题问清敲实，然后步步为营地把讯问推向纵深的讯问方法。稳扎稳打法要先选择掌握得比较扎实的证据或被调查人员容易开口的问题为突破口，一旦被调查人员回答这一问题，就把有关要件、情节问清楚，然后再乘势向前推进。这种方法的好处是已交代的犯罪事实细节详尽，被调查人员翻供难度大。它一般适用于有明显的薄弱环节作为讯问突破口的案件，或必须以讯问所得的犯罪事实作为调查决策依据的案件。

秋风卷席法是"扫荡式"的讯问方法，调查人员对被调查人员的每一件事的交代不作细问，有时装作不屑一顾，催促被调查人员交代所有问题，特别是大的问题。待扫荡一遍后，再逐个问题问细敲实。这种方法的好处是气势大，能较快地突破被调查人员全部犯罪事实的口供，明了案件的概貌。它一般适用于被调查人员有多个、犯罪事实有多笔且调查人员已掌握一定证据的案件。

在讯问中，采取稳扎稳打法还是秋风卷席法，要根据案件的具体情况和该次讯问所要达到的目的而定。

5. 先发制人法或后发制人法。这是讯问中发起进攻的时间先后相对立的两种讯问方法。

先发制人法是先将审讯的目的底牌亮出，抢先发起进攻，迫使被调查人员交代的讯问方法。先发制人法的好处是先发制"敌"，攻其不备，使被调查人员在凌厉的攻势下，在猝不及防中交代犯罪事实。它一般适用于调查人员已获取的情报信息较为准确、掌握情况较为全面、审讯的退路已经找好的案件。

后发制人法是先问轻松的话题，待被调查人员的弱点和矛盾充分暴露后，再抓住弱点和矛盾发起进攻的讯问方法。后发制人法的好处是能诱使被调查人员暴露弱点和矛盾，为发起进攻、突破案件确定突破口。它一般适用于调查人员掌握的证据有限、情况不甚明了的案件。

6. 避实击虚法或直击要害法。这是在讯问突破口选择上相对立的两种方法。

避实击虚法是指避开被调查人员重点防御的环节，而以其薄弱的防御环节作为突破口的讯问方法。被调查人员的防御体系的主观性与犯罪事实的客观性必然存在尖锐的矛盾，被调查人员又受信息不足的限制，因而其防御体系难免存在许多薄弱环节。调查人员只要找准薄弱环节，乘虚而入，一般能取得好的效果。

直击要害法是以案件的要害问题作为突破口的讯问方法。要害问题往往对突破全案具有至关重要的影响，突破了它，就能彻底摧毁被调查人员的心理防线，而使讯问势如破竹。因此，当某一重要的犯罪事实已有充分的证据证明，即使被调查人员抵赖也无济于事时，调查人员以此犯罪事实为突破口，被调查人员就会感到大势已去，与其抗拒落个从严处理的下场，还不如坦白求得从宽发落，从而交代全部犯罪事实。

7. 引而不发法或使用证据法。这是在是否提示事实和使用证据方面相对立的两种方法。

讯问中的引而不发，是指调查人员摆出证据在握、成竹在胸的样子，但不点明具体的犯罪事实和证据，从而使被调查人员产生罪行已经完全败露的错觉而如实供认的一种讯问方法。引而不发是在证据掌握不多的情况下常用的讯问策略方法。

使用证据法，是指针对被调查人员抗拒讯问的心理，有计划地使用证据，促使被调查人员如实供述的讯问方法。使用证据法的作用，不仅仅是让被调查人员承认证据所证明的问题，而是以证据为"炮弹"，突破一点，打开局面，给被调查人员施加不可抗拒的压力，从而交代犯罪事实。使用证据的原则，一是要真实，即向被调查人员出示的证据必须事先经过甄别，判断为真实后才能使用。二是要经济，即以尽量少的证据，取得尽量大的"收益"。三是要递进，即先用证明力弱的，再用证明力强的；先用次要的，后用关键的。四是要适时，即出示证据的时机要适当。一般可在以下时机出示：被调查人员存在严重侥幸心理，态度顽固，拒不交代，对调查人员是否掌握证据持怀疑态度时；被调查人员对其所犯罪行抵赖狡辩，乃至鸣冤叫屈时；经过政策攻心，被调查人员的思想开始动摇，但还犹豫不决，处于交代与不交代的十字路口时；被调查人员开始交代问题，但由于畏罪思想严重，又准备后缩时。但是，在对被调查人员第一次讯问时和被调查人员经政策教育开始交代并愿意继续交代问题时，不宜使用证据。

8. 利用矛盾法。利用矛盾法，是指利用被调查人员自己口供中或同案犯利害关系上的矛盾，揭露被调查人员的虚假供述和辩解，离间同案犯之间的关系，促其端正态度，如实交代犯罪事实的讯问方法。

讯问中可以利用的矛盾通常有：被调查人员口供前后的矛盾；被调查人员口供与历史事实、自然条件、风俗习惯、规章制度等客观事实之间的矛盾；被调查人员口供同科学常识或技术鉴定之间的矛盾；被调查人员口供同其他已查证属实的证据之间的矛盾；被调查人员口供与其他同案犯口供之间的矛盾；被调查人员与同案犯、利害关系人之间的矛盾，等等。

9. 暗示法。暗示法，是指用语言、动作、表情、物品等影响被调查人员的心理，促使其供述犯罪事实的一种讯问方法。它与明示相对立，不需作明确表示，也不付诸压力，而是采取含蓄的方法，使被暗示者产生分析、联想和心理变化。运用暗示法讯问的客观依据在于，被调查中的职务被调查人员由于处于特殊的地位和环境，因而对调查人员的言行举动特别关注和敏感，并会据此作出各种联想、分析和判断。运用暗示法的目的是使被调查人员认为调查人员已掌握其犯罪事实和证据，从而打消侥幸心理，交代犯罪事实。

暗示主要有语言暗示、物品暗示、情景暗示，其中较常用的是语言暗示，即用暗示性的语言或发问方式暗示被暗示者。语言暗示的要点是：①语言要含蓄、模糊、双关，让被暗示者凭自己的知识与阅历去想象和揣度；②暗示必须以一定的客观事实作基础；③暗示要有针对性，即针对暗示对象的个性特点和心理需求；④暗示要把握好时机和度，从而进退自如，以免被动。

10. 刚柔相济法。刚柔相济法是针对被调查人员都存在的抗拒和坦白这两种矛盾心理，采取威慑施压与关心引导相结合的办法对被调查人员进行讯问的一种方法。

"刚"就是以"坦白从宽、抗拒从严"的政策和《刑事诉讼法》第55条的规定及从严惩处的典型案例等，以震慑和威严对受审人造成强大的心理压力，使其感到罪行严重，法网难逃，只有坦白交代，才是唯一出路。没有"刚"这一手，受审人一般不会如实交代，特别是那些欺软怕硬的。

"柔"就是运用法律、政策、从宽处理的典型案例以及示以关心、给予心理温暖等，对被调查人员晓之以理、动之以情，进行开导感化，教育挽救，唤起良知，指出希望。没有"柔"这一手，往往会使讯问陷入僵局，特别是吃软不吃硬的被调查人员。使用刚柔相济法要注意以下几点：①要掌握被调查人的性格特点、弱点、不交代的症结所在以及心理需求，因人施策，对症下药。②要掌握好度，防止感情用事。"刚"要讲文明，"柔"要有原则，都不能背离政策，讲过头话。

需要指出的是，上述方法需要调查人员根据案件和被调查人员的实际情况，因案因人制宜，灵活决定，交替运用。

(二) 讯问被调查人员的分类策略方法

1. 对不同性情的被调查人员的讯问策略方法。被调查人员是具有不同性情的；而性情对接受讯问具有重要的影响。因此，对不同性情的被调查人员应采取不同的讯问策略和方法。例如，对性情急躁的被调查人员，一般应采用激将法和后发制人交叉并用的张弛结合法，首先攻其锐气；然后利用这类人供述中往往漏洞较多的把柄，以其之矛攻其之盾，揭穿其谎言，使其陷入不能自圆其说的窘境；进而动之以情，晓之以理，化对立情绪为合作态度，以柔克刚。对性情脆弱抑郁的被调查人员，一般应先采用自由交谈的方法消除其紧张心理，然后利用其脆弱的感情唤起其亲情观念和罪责感，适时辅以证据消除其猜疑，促使其交代事实。对性情沉静的被调查人员，要注意掌握节奏，沉着耐心，防止急躁冒进，然后循序渐进地择机施压，以刚克柔。对性情活泼的被调查人员，首先要慢条斯理地向其冷静发问，有意消磨其快速敏锐的反应能力和防御能力，松懈其戒备心理；然后针对这类人兴趣分散、坚持性差的弱点，声东击西，跳跃发问，进一步转移其注意力和打乱其心理防线；继而针对其心理防线的缺口和心理变化状态，乘虚而入，步步紧逼，后发制人。

2. 对不同年龄段和经历的被调查人员的讯问策略方法。一般来说，年轻的被调查人员在其犯罪行为被揭露后，多数悲观情绪重，认为前程已毁，认不认罪都一样，容易破罐子破摔，拒不认罪。由于他们年纪轻、涉世短、阅历浅，所以抗审的韧劲儿不足、经验缺乏、防范意识差，审讯人员只要方法得当，他们一般会交代犯罪事实。

中年被调查人员在家中上有老下有小，在单位担任一定领导职务，加上年富力强，有较为丰富的社会阅历和经验，因而畏罪心理和侥幸心理往往都比较重，讯问时难度较大。为此，要教育其明确在家庭中的地位和作用，对自己负责，对家庭负责，走坦白从宽之路；同时，要动员其父母、配偶通过书信、录音等形式，做其思想工作，规劝其尽早讲清问题，或通过设计施谋，使被调查人员认为知情的父母、配偶已作交代或同案人已作供述，从而打消其畏罪心理和侥幸心理。

年龄较大的被调查人员一般为党和人民做过一些有益的工作，有些还有光荣的历史，他们大多很爱面子，对受审的处境一下子难以接受，希望得到尊重，同时，担心交代犯罪事实会前功尽弃、名誉扫地；加上他们经验丰富，因而抗审的韧劲较强。但这些人由于受传统的教育影响较深，因而讯问的难度一般不像中年被调查人员那样大。对此，要在进行法律、政策教育的同时，启发他们回忆自己走过的路程和党的培养教育，恰如其分地肯定他们过去所取得的成绩，以唤起他们的荣誉感和悔罪心理，动摇其抗拒心理，并鼓励他们珍惜过去、面对现实，以认罪伏法的实际行动争取从宽处理。

3. 对共同被调查人员的讯问策略方法。共同被调查人员有共同的利害关系，极易结成命运共同体，加上一般订立过攻守同盟，因而会给讯问带来一定的困难。但是，由于自私自利心理和机会主义倾向所驱使，各共同犯罪人之间往往心存猜疑，生怕同伙先于自己供述犯罪事实。讯问开始时，他们往往按事先统一的口径来陈述；当发现攻守同盟蒙骗不了审讯人员、构筑的攻守防线守不住时，他们又往往把关键的情节和责任推给别人，自己则避重就轻；当得知别人已坦白交代时，其思想防线就会崩溃，出现争相交代的情景，使攻守同盟土崩瓦解。

根据这一规律，讯问的策略方法是：

（1）要选准突破口。选择在案件中责任较小、胆子较小、社会阅历较浅的人作为突破口，对其晓以利害，讲明政策和出路，促使其道明内情，从而为突破所有被调查人员的口供奠定基础。

（2）要对各共同被调查人员同时分别讯问，以防止相互串供，并在讯问中发现矛盾，形成可用来进攻其他被调查人员的"交叉火力"。

（3）要善于利用矛盾和制造矛盾。在讯问开始时，各共同犯罪人往往按事先统一的口径来陈述。当审讯人员发现他们的口供基本雷同，似出一人之口时，可令他们陈述细节。因为任何串供，都只能串供主要情节，而不可能串供所有的过程和细节。要他们陈述细节，各被调查人员的口供必然出现矛盾。审讯人员要对矛盾的供词进行分析，辨别其真伪，并对作虚假供述的被调查人员发起攻势；同时，利用各被调查人员相互猜疑的心理，设计施谋、制造矛盾，使被调查人员误以为其他被调查人员已作交代，自己已被出卖，从而动摇其心理防线，如实交代犯罪事实。

五、做好讯问前的各项准备工作

讯问前的准备工作会直接影响到讯问的实际效果，根据实践经验，准备工作具体应包括以下几方面：

（一）精心组织讯问力量

讯问至少应由两名以上调查人员担任。一般可选择两个性格不同的讯问人员，一刚一柔，一个装白脸一个装红脸，相辅相成，互相补益。在确定主审人时，要考虑被调查人员原来的身份和心理状态。所选择的讯问人员的综合素质，一定要强于被讯问的被调查人员，否则讯问容易陷入被动。对于平时与监察机关人员较为熟悉的被调查人员，应选派与其生疏的调查人员主审，必要时可邀请异地的调查骨干主审，以消除双方情面上的障碍。

（二）熟悉案件情况

包括举报材料、已知情况即已获取的证据及对案件事实的证明程度、预测的待查事实和待取证据、案件相关人员情况及与被调查人员的关系等，把握有关案情和证据材料要力求全面细致，做到心中有数。

（三）认真分析被调查人员的心理态度

要在了解被调查人员经历、家庭与社会关系、社交圈、待人处世态度、特长、习性、性格、嗜好、弱点等基础上，分析预测被调查人员对讯问的心理态度，以便有针对性地确定对策。

具体分析的内容包括：个人品行、思想基础、心理素质、抗审能力、对犯罪行为的利害权衡，对情、理、法的接受程度等。要认真分析审讯对象的侥幸心理程度、悲观心理程度、对立心理程度。如何分析被调查人员的心理是门学问，实践总结，可以从成长经历、朋友圈子、掌握的证据情况、一贯为人处事、家庭情况、在单位履行职务情况几个方面入手分析。

（四）明确首次讯问的任务、要求和重点

如主要是为了试探摸底、验证初查情况，还是要被调查人员交代实质性问题。在此基础上，确定讯问的重点问题。

（五）周密制订讯问计划和问话提纲

科学制订周密、符合实际的审讯计划是每次审讯前必不可少的程序。讯问计划的内容一般包括：案件的简要情况；对当前情况的分析；审讯的目标和任务；审讯的重点；审讯的步骤，即对被调查人员的犯罪事实先讯问哪些、后讯问哪些；突破口的选择，即准备选择什么问题作为突破口，理由是什么，有什么有利之处，可能存在什么弊端；讯问中可能发生的意外情况及其对策。

由于讯问主要是由问答构成的，因此，还要拟定问话提纲，其内容主要为：拟提的问题及顺序；提问的方式、方法；被调查人员可能提出的狡辩及对策；讯问中拟使用的证据及使用的时机和方式等。需要说明的是，讯问计划和问话提纲并不是一成不变的，而要紧密围绕讯问工作展开，随机应变，随时调整。

（六）确定讯问地点及场景气氛

讯问地点要安全、便于保密。讯问当地有影响的被调查人员，一般要选择该市、县内离其熟悉的环境较远、生疏偏僻的场所，以便对被调查人员造成较大的心理压力，消除其侥幸心理。审讯桌不能太高，以便缩小与被调查人员的心理距离，减少其对立情绪。审讯室的光线要适中，便于调查人员观察被调查人员的表情。要通过对审讯室的设施、色彩、光线的布置，营造出一种有利于被调查人员供述的气氛。

六、口供的固定和翻供的防止

在调查职务犯罪案件中，被调查人员翻供的现象非常普遍，有些翻供还与有关证人翻证密切配合，相互呼应，使案件陷入僵局。被调查人员一般是在兵临城下的情况下交代犯罪事实的，因而翻供有其客观必然性。所以调查工作不应建立在被调查人员不翻供上，而应一开始就建立在准备被调查人员翻供上，只有这样，才能使调查工作立于不败之地。

为防止翻供，一般应从以下几个方面入手：

1. 依法文明办案，不给被调查人员翻供以任何的借口。

2. 运用强大的心理攻势，摧毁当事人翻供的心理基础。被调查人员翻供往往产生于畏刑、侥幸等心理；瓦解这些心理，对于防止翻供具有重要意义。

3. 围绕犯罪构成要件细问深查，堵死被调查人员翻供的缝隙和漏洞。大部分翻供都是围绕犯罪构成要件而展开的，因此，在讯问时，必须把与犯罪构成要件有关的所有方面问细查清，并以相关证据证明，使犯罪事实铁板钉钉。

4. 把讯问与全面调查取证紧密结合起来。口供具有多变性，但其他证据并不跟随被调查人员的意志而转移，如果仅就口供固定口供，而忽视对外围的调查和对其他证据的获取，就难以有效地防止翻供。因此，必须把讯问与全面调查取证紧密结合起来，通过询问证人、查询银行、搜查、扣押物证、书证等多种措施收集证据，以证据扩大讯问成果，以证据证实和固定口供。

5. 深挖被调查人员的犯罪动机和走上犯罪道路的原因、教训。犯罪动机和走上犯罪道路的原因、教训是发自内心深处的表白，是臆造不出来的。让被调查人员深挖犯罪动机和走上犯罪道路的原因、教训，能提高口供的可信度，增加翻供的难度。

6. 让被调查人员亲笔书写供词，对讯问过程录音录像。被调查人员的亲笔供词能增加口供的真实性和可信度。但亲笔供词必须在条件成熟，即被调查人员供认了全部犯罪事实，愿意把自己的全部罪行详细写出来时，才能进行。录音录像不仅能增加口供的真实性和可信度，而且能监督办案人员文明讯问。

七、讯问被调查人员的程序和要求

监察机关采取讯问措施的要求主要有七个方面：

1. 讯问措施的适用对象主要是被调查的监察对象。监察机关采取讯问措施，除上级监察机关提级或者指定管辖外，一般要按照《监察法》第 16 条第 1 款规定的管辖原则进行。讯问措施的适用对象也可能包括其他涉案人员，比如涉嫌行贿犯罪或者共同职务犯罪的涉案人员。

2. 讯问措施的适用要件是被调查人涉嫌贪污贿赂、失职渎职等职务犯罪，或者涉案人员涉嫌行贿犯罪或者共同职务犯罪。监察机关调查职务犯罪不能轻信口供，但是绝不能忽视讯问所起的关键作用。贪污贿赂、失职渎职等职务犯罪主体身份特殊，犯罪手段隐蔽，案件内容往往涉及大量国家秘密，关系国家安全和国家利益，讯问措施对于突破案件、教育被调查人认罪伏法、查清犯罪事实、收集犯罪证据、确保没有犯罪的人员不受错误地追究、发现其他犯罪线索和涉案人员等具有重要作用。

3. 依法确定讯问主体。由于讯问涉嫌贪污贿赂、失职渎职等职务犯罪的被调查人、涉案人员是监察机关十分重要的调查权限，讯问笔录也是作出处置、审查起诉和刑事审判的重要证据，因此，只能由监察机关工作人员在调查阶段依法行使讯问权限，不能委托给其他机关、个人行使。根据《监察法》第 41 条的规定，讯问应当由 2 人以上进行。按照纪检监察机关有关规定和实践做法，被讯问人员为女性的，应当有监察机关女性工作人员参与讯问。

4. 讯问应当在规定地点进行。被调查人、涉案人员被采取留置措施的，监察机关工作人员对其进行讯问，应当在留置场所进行。参考有关规定和实践做法，在留置场所的讯问应当在该场所内专门的讯问室进行。

5. 讯问活动要严格符合监察法有关程序方面的规定。调查人员采取讯问措施，应当依照规定出示证件，形成笔录、报告等书面材料，并由被讯问人签名、盖章。监察机关应当对讯问全过程录音录像，并保持其完整性。所谓"保持完整"，是指从调查人员开始明确被调查人可能涉嫌职务犯罪而对其采取"讯问"措施时起，到案件调查结束的每一次讯问始终都必须进行录音录像，每一段录音录像都必须全程不间断记录，不得删改剪接。

6. 讯问活动要按照既定顺序有序进行。参考有关规定和实践做法，监察机关调查人员在讯问涉嫌贪污贿赂、失职渎职等职务犯罪的被调查人、涉案人员时，应当首先讯问其是否有职务犯罪行为，让其陈述有罪的情节或者无罪的辩解，然后向其提出问题。被讯问人对调查人员的提问，应当如实回答。但是对与本案无关的问题，有拒绝回答的权利。

7. 讯问被调查人应当依法制作讯问笔录，讯问之后所形成的讯问笔录是"被调查人供述和辩解"法定证据的载体，必须符合法定的程序要件：讯问笔录应当交由被调查人进行核对；经核对后发现遗漏或错误的，可以进行补充和改正，在改正的地方应当签名或盖章，并捺印；被调查人确认讯问笔录无误的应当签名或盖章并捺印，两名调查人员也应当签名；被调查人员要求自行书写的，应当准许其以书面形式供述。

监察机关采取讯问措施需要注意以下几个方面的内容：

第一，讯问涉嫌共同犯罪的被调查人、涉案人员，应当个别进行，防止串供或者相互影响。

第二，要做好充分的准备工作。要配备数量充足、能力较强的讯问人员，讯问前要了解分析案件材料，熟悉案情，研究被讯问人的个人基本情况、特点、家庭状况、社会关系等，制定讯问计划，做好设备、物资等准备工作。

第三，依法保障被讯问人的权利。监察机关工作人员在讯问的时候，应当告知被讯问人如实供述自己罪行可以从宽处理的法律规定。首次讯问时，应当向被讯问人出示权利义务告知书。讯问的持续时间应当符合有关规定，保证被讯问人的饮食和必要的休息时间。讯问聋、哑人员，应当有通晓聋、哑手势的人参加，并且将这种情况记入笔录。严禁以威胁、引诱、欺骗及其他非法方式获取口供，严禁侮辱、打骂、虐待、体罚或者变相体罚被调查人和涉案人员。以非法方法收集的口供应当依法予以排除，不得作为案件处置的依据。监察机关及其工作人员对被调查人或者涉案人员逼供、诱供，或者侮辱、打骂、虐待、体罚或者变相体罚的，对负有责任的领导人员和直接责任人员依法给予处理；构成犯罪的，依法追究刑事责任。

此外，对于涉嫌职务违法的被调查人，根据《监察法》第 20 条第 1 款的规定，监察机关可以要求其就涉嫌违法行为作出陈述，必要时向被调查人出具书面通知。这里的书面通知是具有法律效力的文书，主要是针对被调查人不按照监察机关口头要求进行陈述时，由监察机关对其出具书面通知，强制要求其作出陈述。如果被调查人此时再不按照要求作出陈述的，则应当追究其法律责任。

八、讯问笔录的制作

（一）讯问笔录的概念和要求

讯问笔录是将讯问被调查人员的全部活动用文字如实记录的一种书面材料。它是司法文书的重要组成部分。凡是讯问活动都应当制作笔录；有录音录像的，也不能代替笔录。

讯问笔录的要求，就是《人民检察院刑事诉讼规则（试行）》第199条所规定的："忠实于原话，字迹清楚，详细具体。"

（二）讯问笔录的制作方法

1. 记录员事前必须熟悉案情。包括案件的事实、情节、人名、地名、专用名词、专业术语等，还要熟悉该次讯问的重点和意图，以便记录快速、准确和抓住要领。

2. 要如实反映讯问情况。对调查人员的提问和被调查人员的陈述（包括供述和辩解），要采用一问一答的方式，忠实原话地记录下来。忠实原话，并不是说每句话、每个字都一字不差，而是不失原意。对凌乱、重复的，可在不失原意的前提下予以理顺和适当浓缩，但对于案件的重要情节和关键语言，则要一字不差地记录原话。为了便于记录，讯问人要把握好讯问节奏，如果被调查人员讲得太快，记不下来，讯问人可以让被调查人员讲慢一点。此外，对于被调查人员的表情、神态、动作，如沉默、摇头、抓发、捶胸、顿足、哭泣、冷笑等，也应如实记录。

3. 每次讯问结束后，要给被调查人员阅读讯问笔录；没有阅读能力的，要向其宣读，然后在末页上写明"以上笔录我看过（或给我宣读过），记录正确无误（或与我说的一致）"，并逐页签名或盖章，在末页写上日期。如果被调查人员拒绝签字或盖章，应当在笔录上注明。如果记录有遗漏或者差错，应当允许被调查人员补充或更正，并在补充、修改处盖章或按手印。如果记录无误，被调查人员要求修改的，则不能允许，可令其在末页加以说明。讯问人和记录人也要在笔录末页上签名。

4. 讯问笔录可以用笔手工记录，也可以用电脑、录音设备记录。用电脑、录音设备记录的，也必须整理成纸质书面形式。

5. 讯问笔录正文里遗留下来的空白页、行，在被调查人员签名前，都应由调查人员画线填满，以防日后被人增添所谓"供词"进行舞弊。

九、讯问录音录像的录制要求及保管

《监察法》第 41 条规定，调查人员进行讯问时，应当对全过程进行录音录像，留存备查。目前，对监察机关应如何进行讯问录音录像，尚无配套的具体规定，在具体开展相关工作层面，可参照公安机关和检察机关相关规定和做法。

1. 对讯问过程进行录音录像，应当对每一次讯问全程不间断进行，保持其完整性，不得选择性地录制，不得剪接、删改。

2. 对讯问过程进行录音录像，可以使用专门的录制设备，也可以通过声像监控系统进行。

3. 讯问开始前，应当做好录音录像的准备工作，对讯问场所及录音录像设备进行检查和调试，确保设备工作正常、时间显示准确。

4. 讯问开始时，应当告知被调查人将对讯问进行全程同步录音录像，告知情况应在录音录像和笔录中予以反映。被调查人不同意录音录像的，调查人员应当进行解释，但不影响录音录像进行。

5. 讯问过程中，需要出示、核实或者辨认书证、物证等证据的，应当当场出示，让被调查人核实或者辨认，并对核实、辨认的全过程进行录音录像。

6. 录音录像应当自讯问开始时开始，至被调查人核对讯问笔录、签字捺指印后结束。讯问笔录记载的起止时间应当与录音录像资料反映的起止时间一致。

7. 对讯问过程进行录音录像，应当对调查人员、被调查人、其他在场人员、讯问场景和计时装置、温度计显示的信息进行全面摄录，图像应当显示被调查人正面中景。有条件的地方，可以通过画中画技术同步显示调查人员正面画面。

8. 讯问录音录像的图像应当清晰稳定，话音应当清楚可辨，能够真实反映讯问现场的原貌，全面记录讯问过程，并同步显示日期和 24 小时制时间信息。

9. 对讯问过程中因技术故障等客观情况无法录音录像的，一般应当停止讯问，待故障排除后再行讯问。讯问停止的原因、时间和再行讯问开始的时间等情况，应当在笔录和录音录像中予以反映。无法录音录像的客观情况一时难以消除又必须继续讯问的，调查人员可以继续进行讯问，但应当告知被调查人，同时按程序报告。未录音录像的情况及告知、报告情况应当在笔录中予以说明，由被调查人签字确认。待条件具备时，应当对未录的内容及时进行补录。

如何保管讯问录音录像？目前，对监察机关应如何保管讯问录音录像，尚无配套的具体规定。监察机关可参照公安机关和检察机关相关规定和做法，即保管讯问录音录像应符合以下要求：

1. 讯问录音录像资料应当刻录光盘保存或者利用磁盘等存储设备存储。

2. 刻录光盘保存的，应当制作一式两份，在光盘标签或者封套上标明制作单位、制作人、制作时间、被讯问人、案件名称等，一份装袋密封作为正本，一份作为副本。对一起案件中的被调查人多次讯问的，可以将多次讯问的录音录像资料刻录在同一张光盘内。

3. 利用磁盘等存储设备存储的，应当在讯问结束后立即上传到专门的存储设备中，并制作数据备份；必要时，可以转录为光盘。

十、讯问录音录像的审查

《刑事诉讼法》第123条规定，在讯问犯罪嫌疑人时可以对讯问过程进行录音或者录像，其中对于可能判处无期徒刑、死刑的案件或者其他重大犯罪案件应当对讯问过程进行录音或者录像。按照该规定，对一般案件而言，并未规定必须进行录音录像。因此，录音录像并不是一种单独的证据形式，仅是在特殊案件中的一种辅助性证据材料。《监察法》第41条规定，录音录像的主要用途是"留存备查"，但并未对"留存备查"的具体情形予以规定。结合录音录像的功能和目的来看，在证据审核层面其主要是用于证实相关证据的真实性，排除相关证据的非法性。因此，审查讯问录音录像可分为两个层面进行：

1. 录音录像的形式审核。主要包括审查录音录像是否全程进行，是否具有完整性，是否有剪接、删改痕迹；讯问录音录像的图像是否清晰稳定、话音是否清楚可辨，能够真实反映讯问现场的原貌；是否全面记录讯问过程，并同步显示日期和时间信息；讯问笔录记载的起止时间与录音录像资料反映的起止时间是否一致；是否存在为规避监督故意关闭讯问录音录像系统、视频监控系统的情况；录音录像材料是否载明制作人及制作时间、地点等情况。

2. 录音录像的内容审核。主要包括审查讯问笔录的内容与录音录像是否一致或者意思相符，特别是对犯罪的时间、地点、主观心态等案件关键事实，讯问笔录记载的内容应当与讯问录音录像资料记录的被调查人供述一致或者意思相符；讯问期间是否告知了被调查人权利和义务，是否保障了被调查人的饮食和必要的休息时间；讯问中是否存在刑讯逼供以及采取威胁、引诱、欺骗等非法方式收集被调查人供述的情况。

第三节　询问

询问，是指监察机关调查人员为查明案件事实、收集证据，依照法定程序用口头的方式向证人等人员获取证人证言等证据的调查措施。[1] 询问措施来源于纪检监察机关多年执纪审查实践中运用的手段，同时借鉴了《刑事诉讼法》第二编第二章第三节"询问证人"的相关规定。监察机关肩负着调查职务违法和职务犯罪的职责，为了履行好这一职责，《监察法》将询问措施确定为监察机关的调查权限。

为了有效地查明案件事实真相，在维护公平正义、保护证人的同时提高调查效率，应当依照有关询问证人的法律规定，在调查活动中遵循一定的规范程序。

一、询问的对象

询问的对象是证人等相关人员，既包括涉嫌职务犯罪案件的证人，也包括涉嫌职务违法案件的证人；询问的主体是监察机关工作人员，不能委托他人进行询问。在询问证人时应当个别进行，一案中存在几个证人，应当分别进行询问，防止证人之间相互串通、相互影响损害证言的客观真实性，同时也有利于保密案情，确保调查活动顺利有效进行。

二、询问的地点和方式

监察机关的调查人员询问证人应当在规定的地点进行：

1. 在犯罪现场询问。在现场有利于唤醒证人的记忆从而取得更多对调查案件有用的信息，但多数的职务违法犯罪没有严格意义上的犯罪现场，因此可以作扩大解释，只要是与职务违法犯罪有关联的场所均可。

2. 到证人所在单位、住处或者证人提出的地点进行询问。这主要是为了鼓励证人作证、保护证人安全，便于证人身份的保密。

3. 必要时可以通知证人到监察机关提供证言。"必要时"主要是考虑到案情重大复杂或作证内容可能涉及国家秘密、商业秘密或个人隐私，为了排除作证干扰、防止秘密或隐私泄露，消除证人作证的思想顾虑等，可以通知证人到监察机关提供证言。在犯罪现场询问证人应当出示监察机关的工作证件以证明调查人员

---

[1] 本书编写组编写：《监察机关15项调查措施学习指南》，中国方正出版社2018年版，第13页。

的身份；在证人所在的单位、住处或者证人提出的地点询问证人则应当出示监察机关的证明文件，在证明文件上应当载有询问人、被询问人的规范信息。

三、询问的过程

询问和讯问最本质的区别在于对象不同，讯问针对的是立案后涉嫌职务犯罪的被调查人，询问则针对的是有关人员与证人。

不同于被采取留置措施的被调查人，相关人员在接受询问前掌握的信息相对丰富，甚至存在着串供、作伪证的可能，因此从某种程度上讲，对相关人员的询问更考验着调查人员的谈话水平和掌握证据的扎实程度。这就需要调查人员在询问相关人员之前，对其身份、性格、行为、动机等情况作出精准的分析，对可能出现的各种情况做好预案。

询问前，要了解证人与案件及被调查人有无利害关系，了解证人的思想品质、心理素质、身体状况等，并制定询问方案、询问提纲。询问方案的内容主要包括：询问需要解决和证明的主要问题，询问的时间、地点，询问的重点，询问中可能发生的意外情况以及应急办法等。询问提纲的内容主要包括：准备向被询问人提出的重点问题，询问的方式方法，询问中需要使用的证据与使用的时机、方式，询问中的注意事项，是否需要有关部门、单位或个人的协助等。

调查人员在询问证人有关案件的线索和事实前，应当告知其必须如实提供证据、证言以及有意作伪证或者隐匿罪证要负的法律责任。为了促使证人如实作证，询问证人前，调查人员应当提前告知说明证人的权利和义务，以便被询问人对自己的行为有清晰正确的认识。如对于自己掌握的物证、书证、视听资料等应当原封不动的提供，不得私自隐匿、销毁或篡改；对于自己了解的案件事实信息等，应当如实陈述告知，不得隐瞒、歪曲或编造。同时，应当告知证人故意作伪证将承担法律责任。

询问证人时，应当问明证人的基本情况以及与被调查人的关系，但是不得向证人泄露案情。询问证人时，应保证证人饮食和必要的休息时间，单次询问不得超过12小时，不得采用羁押、暴力、威胁、引诱、欺骗以及其他非法方法获取证言。涉及党和国家秘密、商业秘密及个人隐私的证言，应当严格保守秘密。询问不通晓当地通用的语言文字的证人，应当为他们翻译。询问未成年证人时，应当通知其法定代理人或者有关人员到场。调查人员询问证人，必要时可全程录音录像，但应事先告知证人，并在笔录中写明。

四、询问笔录

询问笔录应当现场制作，内容忠实于原话，对调查人员的提问要尽量记得简要，对证人的回答要尽量记得详细具体；不仅要记录对被调查人不利的内容，还要记录对被调查人有利的内容；笔录的结构要件要完整，记录的谈话内容要真实、准确、全面、清楚。询问笔录还要详细记录谈话信息和证人的基本情况。其中，谈话信息包括：询问时间、地点，调查人员姓名，权利义务告知情况，所证实事实发生的时间、地点、情节、结果以及其他有关事实等；证人基本情况包括：姓名、性别、出生年月日、民族、籍贯、国籍、身份证件种类及号码、政治面貌、文化程度、工作单位及职务、工作简历、住所、家庭情况、社会经历、联系方式，是否担任党代表、人大代表、政协委员，是否受过党纪或政务处分，是否受过刑事处罚或行政处理，身体健康状况等。

询问笔录制作完成后，应当交被询问人核对。对没有阅读能力的，应当向其宣读。如果记载有遗漏或者差错，应当由证人在笔录上改正或补充，在改正或者补充的地方应当盖章或按指印。证人请求自行书写情况说明的，应当准许。必要时，调查人员也可以要求证人亲笔书写情况说明。证人应当在自书材料上逐页签名、捺指印，并在末页写明日期；调查人员应当在首页写明接收的日期，并签名。

总之，监察机关要为证人不受干扰地提供证据和证言创造条件，监察机关的调查人员必须注意言行举止，保持客观中立的态度，不得随意泄露案情，不得使用强迫方法取得证言，确保证人提供的证据具有客观性和真实性。

五、审查证人证言

参照刑事诉讼相关规定，对证人证言应当着重审查以下内容：

1. 证言的内容是否为证人直接感知。
2. 证人作证时的年龄，认知、记忆和表达能力，生理和精神状态是否影响作证。
3. 证人与被调查人、案件处理结果有无利害关系。
4. 询问证人是否个别进行。
5. 询问笔录的制作、修改是否符合法律、有关规定，是否注明询问的起止时间和地点，首次询问时是否告知证人有关作证的权利义务和法律责任，证人对询问笔录是否核对确认。
6. 询问未成年证人时，是否通知其法定代理人或者有关人员到场，其法定代理人或者有关人员是否到场。

7. 有无以暴力、威胁等非法方法收集证人证言的情形。

8. 证言之间以及与其他证据之间能否相互印证，有无矛盾。

第四节 留置

党的十九大报告指出，制定国家监察法，用留置取代"两规"措施。在监察法中规定留置，实现"两规"的法治化，是法治建设的重大进步，是以法治思维和法治方式反对腐败的重要体现，是反腐败工作思路办法的创新发展，彰显出全面依法治国的决心和自信。

监察体制改革"能否切实贯彻全面推进依法治国的决定"，关键要看"关于留置措施的规定，是否符合'依法治国，建设社会主义法治国家'的原则，是否'尊重和保障人权'"。[1] 因而，如何有效保障包括被留置人员在内的相关人员的合法权益，是监察机关采取留置措施首先需要处理好的一个基础性问题。

一、留置的对象和条件

留置的对象既包括作为监察对象的被调查人，也包括涉嫌行贿犯罪或者共同职务犯罪的涉案人员。采取留置措施要符合三个要件：①涉案要件。被调查人涉嫌贪污贿赂、失职渎职等严重职务违法或者职务犯罪。如果被调查人仅涉嫌一般、轻微职务违法，不能对其采取留置措施。②证据要件。监察机关已经掌握部分违法犯罪事实及证据，且仍有重要问题需要进一步调查。③具备法定情形之一：涉及案情重大、复杂；可能逃跑、自杀；可能串供或者伪造、隐匿、毁灭证据；可能有其他妨碍调查的行为。

二、留置的审批权限和期限

市级、县级监察机关决定采取留置措施，应当报上一级监察机关批准；省级监察机关决定采取留置措施，应当报国家监察委员会备案。一般情况下，留置期限不得超过3个月。特殊情况下，可以延长一次，延长的时间也不得超过3个月，因此留置期限最长不得超过6个月。省级以下（含省级）监察机关延长留置期限的，应当报上一级监察机关批准。这里应注意：3个月或者6个月的留置期

---

〔1〕 陈越峰："监察措施的合法性研究"，载《环球法律评论》2017年第2期。

限是固定期限，不因案件情况的变化而变化；不能因发现"新罪"即监察机关之前未掌握的被调查人的职务违法犯罪，重新计算留置期限。

三、监察机关采取留置措施后的通知规则

除通知有碍调查的以外，监察机关应当在采取留置措施后 24 小时以内，通知被留置人所在单位和家属。

这里，"有碍调查"，主要是指通知后可能发生毁灭、伪造证据，干扰证人作证或者串供等情况，如被调查人被留置的消息传出去，可能会引起其他同案犯逃跑、自杀、毁灭或伪造证据；被留置人的家属与其犯罪有牵连的，通知后可能引起转移、隐匿、销毁罪证。需要注意的是，有碍调查的情形消失以后，监察机关应当立即通知被留置人所在单位和家属。

四、对被留置人的权利保障

为保证调查工作的合法、有序进行，留置期间监察机关应当采取必要措施及手段，保障被留置人员的合法权益。具体包括以下三点：

1. 保障被留置人员的饮食和休息。这一规定对于减少和杜绝连续审讯、不允许被调查人员吃饭等非法取证方式，具有重要意义。保障被留置人员的"饮食"应当理解为"提供一日三餐，且保证能够吃饱"；保障被留置人员的"休息"应当理解为"至少应保证夜间充足的睡眠时间"。对此，英国刑事诉讼的有关规定很有借鉴价值。例如英国 1984 年《警察与刑事证据法》中关于"警察拘留、对待以及询问当事人的执行守则"的规定有："任何 24 小时期间内，必须允许被拘留者享有连续 8 小时的休息时间，不应受讯问、转移或来自警察人员的打扰"，"休息时间一般应在夜间"，除发生法定的特殊原因外，"不受干扰、不被延迟"；"询问的休息时间应为普通进餐时间，用茶点的短时间休息每隔 2 小时一次"，询问人员只有在有合理理由认为茶点休息会产生危险或对调查结果不利时，才能够作出延迟休息的决定。[1]

2. 保障被留置人员的安全。监察机关对于被留置人员的人身安全负有保障义务。留置期间，若调查人员违反规定发生安全事故，或发生安全事故后隐瞒不报、报告失实、处置不当的，不仅要追究直接责任人的责任，还要追究领导责

---

[1] 上述内容为英国 1984 年《警察与刑事证据法》执行守则 C 第 12.2、12.7 条的规定。详见中国政法大学刑事法律研究中心组织编译：《英国刑事诉讼法（选编）》，中国政法大学出版社 2001 年版，第 445~446 页。

任。此外，对患有疾病或身体不适的被留置人员，监察机关应当及时为其提供医疗服务。

3. 要合理安排讯问时间和讯问时长，避免疲劳审讯。调查人员应当将提讯时间尽量安排在白天或夜晚12点以前，不宜熬夜提讯；提讯持续的时间也不能过长，要关注被留置人员的身体和情绪状况，掌握讯问技巧，保证讯问工作的客观、公正。讯问笔录应当如实记录提问、回答和在场人的情况。调查人员制作笔录后，应当将讯问笔录交被留置人核对，被留置人确认无误后，应当签名、盖章。必要时，调查人员也可以让被留置人亲笔书写供词。

五、有关被留置人员的刑期折抵

留置期限折抵刑期，应当适用以下规则及标准：

1. 能够折抵的刑罚类型仅限于管制、拘役和有期徒刑三种。管制是对犯罪人员不予关押，但限制其一定自由，由公安机关执行和群众监督改造的刑罚方法；拘役是短期剥夺犯罪人员自由，就近实行劳动改造的刑罚方法；而有期徒刑则是剥夺犯罪人员一定期限的自由，实行强迫劳动改造的刑罚方法。[1]

2. 根据《刑法》第41条、第44条、第47条的规定，判决执行以前先行羁押的，羁押1日折抵管制的刑期2日，折抵拘役、有期徒刑的刑期1日。《监察法》明确规定，对被留置人的留置期限也应当适用刑期折抵。涉嫌犯罪的被留置人移送司法机关后，被依法判处管制、拘役或者有期徒刑的，留置1日折抵管制的刑期2日，折抵拘役、有期徒刑的刑期1日。

3. 刑期折抵应当在司法机关依法作出有罪判决后执行，但具体的时间节点应根据《刑法》的有关规定，从判决执行之日起计算和折抵。

六、留置场所的设置和管理

留置是十分重要的调查措施，留置场所的设置和管理要有一套严密、细致的制度来加以规范。《监察法》作为国家基本法律，无法对监察工作涉及的所有问题一一作出细化规定。但是《监察法》也为日后国家制定留置场所设置和管理的专门规定提供了法律依据，既有利于监察机关依法采取留置措施，又有利于依法依规保障被留置人的合法权利。

---

[1] 曲新久：《刑法学》，中国政法大学出版社2009年版，第200~201页。

第五节 查询、冻结

《监察法》第 23 条第 1 款规定："监察机关调查涉嫌贪污贿赂、失职渎职等严重职务违法或者职务犯罪，根据工作需要，可以依照规定查询、冻结涉案单位和个人的存款、汇款、债券、股票、基金份额等财产。有关单位和个人应当配合。冻结的财产经查明与案件无关的，应当在查明后 3 日内解除冻结，予以退还。"本条是关于监察机关运用查询、冻结措施调查案件的规定。

为了查清严重职务违法或者职务犯罪事实，使收集、固定的证据确实、充分，《监察法》赋予监察机关必要的查询、冻结权限，同时又规定了严格的程序以及对相关人员的权利保障。目的是及时、有效地收集、保全财产性证据，防止证据流失或者被隐匿，确保在后续工作中对违法犯罪所得予以没收、追缴、返还、责令退赔，挽回、减少国家、集体和有关单位、个人合法利益的损失。

监察机关采取查询、冻结措施的要求，主要有三个方面：

1. 查询、冻结的对象。监察机关可以查询、冻结的，只能是涉案单位和个人的财产，不能随意扩大查询、冻结对象，查询、冻结与案件无关的单位和个人的财产情况。这些财产或为职务违法犯罪所得，或被用于职务违法犯罪。通过查询、冻结这些财产的情况，可以查明案情，查清被调查人和涉案人员有罪、罪重或者无罪、罪轻的事实。监察机关可以查询、冻结的财产范围包括存款、汇款、债券、股票、基金份额等。

2. 查询、冻结的要件。主要包括两个要件：

（1）涉案要件。只有对涉嫌贪污贿赂、失职渎职等严重职务违法或者职务犯罪案件，监察机关才能采取查询、冻结措施。

（2）必要性要件。监察机关采取查询、冻结措施，必须"根据工作需要"。这主要是指开展调查工作，需要了解和掌握涉案单位和人员的存款、汇款、债券、股票、基金份额等财产情况时可以采取查询措施；涉案单位和个人为达到伪造、隐匿、毁灭证据的目的，有可能提取、转移其存款、汇款、债券、股票、基金份额等财产时，若不采取冻结措施不足以防止这些情形的发生。

3. 有关单位和个人应当配合。查询、冻结存款、汇款、债券、股票、基金份额等财产是调查职务违法犯罪的重要措施，是突破有关案件的有效手段，因此，《监察法》规定，有关单位和个人应当配合。这是法律对有关单位和个人设定的义务，当有监察机关依照规定采取查询、冻结措施时，有关单位和个人应当予以配合。这里的"配合"主要是指应当为查询、冻结工作提供方便，并提供必要的协助，不得以任何理由拒绝、阻挠或者拖延。

监察机关采取查询措施需要注意以下五个方面的内容：

1. 采取查询措施应当"依照规定"。由于查询措施涉及公民个人隐私，涉及企业的正常经营，为防止滥用查询权力，《监察法》明确规定，监察机关在调查过程中，只有依照规定才能进行查询。"依照规定"，是指依照有关法律法规，以及监察机关制定的有关调查措施使用的规定。

2. 启动查询必须履行严格的审批程序。调查人员需要查询涉案单位和人员的存款、汇款、债券、股票、基金份额等财产的，应当坚持"一事由一提请"原则，填写查询事由、事项、信息类型、时间范围等内容，报经监察机关领导人员批准。

3. 办理查询必须严格遵照有关程序。调查人员可以查询的信息仅限于涉案的财产信息。办理查询，调查人员不得少于2人，应当向有关单位和个人出示工作证件、出具查询书面通知。调查人员必须严格按照批准的查询对象、范围和事项进行查询，不得随意扩大查询范围，不得从事与查询事项无关的活动。

4. 查询收集的证据应当具有完整性与客观性。查询存款、汇款、债券、股票、基金份额等财产，既要收集能够证明被调查人有违法犯罪行为、法律责任重的书证、物证，也要收集能够证明其没有违法犯罪行为、法律责任轻的书证、物证，以保持证据的客观、完整。

5. 查询获取的证据需要与言词证据构成相互印证、完整稳定的证据链。通过查询获取的都是客观证据，与具有易变性的言词证据不同。但是，仅仅依靠查询获取的证据，只能反映事情的一个侧面，不能把事情的来龙去脉说清楚，因此需要与被调查人、涉案人员的言词证据相互印证，才能对职务违法或者职务犯罪事实进行准确的认定。

监察机关采取冻结措施需要注意以下六个方面的内容：

1. 冻结必须履行严格的程序。经过调查，发现某笔存款、汇款、债券、股票、基金与被调查人的职务违法或者职务犯罪有关的，调查人员应当将冻结的事由、财产范围、数额、期限等内容报送监察机关领导人员，经批准后，方可启动冻结措施。办理冻结，调查人员不得少于2人，应当向有关单位和个人出示工作证件、出具冻结法律文书。

2. 冻结的财产范围。调查人员可以冻结的财产仅限于涉案的财产，有证据证明与案件无关的财产不得冻结。冻结个人银行存款时，应当注意保留被调查人、涉案人员及其家属的必要生活费用，不得危及他们的基本生活需要。对金融机构存款准备金、社会保险基金、党团费账户等财产和账户，原则上不得冻结。

3. 冻结的数额和期限。冻结涉案账户的款项数额应当具体、明确，应当与涉案金额相当或者基本相当，不得超过涉案范围冻结款项。冻结证券和交易结算资金时，一般应当明确冻结的范围是否包括孳息。冻结法律文书应当载明冻结期限起止时间。在冻结期间，未经监察机关许可，任何单位或者个人不得擅自挪用、转移、变卖冻结财产。

4. 冻结财产的出售。在冻结期间，被调查人或者其法定代理人、委托代理人，申请出售被冻结的债券、股票、基金份额等财产的，调查人员经调查认为，不损害国家利益、被害人利益，不影响调查工作正常进行的，经监察机关领导人员批准后，可以在案件办结前依法出售或者变现，所得价款由监察机关指定的专门银行账户保管。

5. 不得重复冻结。被调查人的存款、汇款、债券、股票、基金等财产已经被冻结的，不得重复冻结。

6. 冻结的解除。冻结的解除有两种情况：①主动解除。冻结的财产经查明与案件无关的，监察机关应当在查明后及时解除冻结，退还原权利人。②自动解除。冻结期限届满，未办理续冻手续的，冻结自动解除。

第六节　搜查

搜查，是指监察机关为了收集证据、查获涉嫌职务犯罪的被调查人，对被调查人以及可能隐藏被调查人或者犯罪证据的人的身体、物品、住处和其他有关地方进行搜索和检查的调查措施。

在刑事诉讼中，搜查措施是公安机关和检察机关在查办犯罪案件时享有的法定权限，是侦破案件的重要手段。《监察法》赋予监察机关调查职务犯罪时可以依法采取搜查措施的权限，并对采取搜查措施的程序和要求作出规范，既是为了保障监察机关有权收集犯罪证据、查获被调查人，以顺利查明犯罪事实，有力惩治腐败,也是为了确保搜查严格依法进行,防止搜查权滥用。

一、搜查的主要内容

1. 现金、银行存折、银行卡、购物卡、产权证等资金或资产;
2. 文物、字画、高档艺术品、收藏品、奢侈品、金银珠宝等贵重物品;
3. 股票、债券、投资基金等有价证券;
4. 记事本、笔记本、日记、光盘、硬盘等记录存储物品;
5. 电脑、相机、手机等数码物品。

二、搜查的方法

1. 常规搜查的地方:抽屉、橱柜、保险箱、家具、门窗、储物间、衣服、各类箱包、盒子等。

2. 需要注意可能藏证的地方:地板、天花板、墙壁夹层、管道、厕所水箱、被子枕芯等。

3. 搜查时要善于发现可疑点。要特别注意那些与周围环境不一致的地方。比如家具的摆放是否符合常规,室内有无挖掘或重新装修过的痕迹,墙壁、门窗、橱柜是否有夹层,天花板和地板是否有移动过的痕迹等。

4. 搜查时,要注意在场的被搜查人或其家属的反应。当搜查人员接近或搜查藏证地点的时候,他们可能会产生恐惧、紧张、焦虑等异常情绪。

5. 认真核查查获的物品。对查获的资金资产、贵重物品、有价证券等,要查清资产来源。对记事本、数据存储物品、电脑、相机、手机等物品要进一步深入检查,从存储内容、网络信息、通讯对象和内容这些方面着手,从中发现可能存在的隐藏信息。

三、监察机关采取搜查措施的要求

1. 采取搜查措施的案件范围是职务犯罪案件。搜查的目的是收集犯罪证据、查获涉嫌职务犯罪的被调查人。

2. 搜查的范围主要包括:涉嫌职务犯罪的被调查人的身体、物品和住处;可能隐藏被调查人或者犯罪证据的人的身体、物品、住处,以及其他被调查人可能藏身或者隐匿犯罪证据的地方。特别要注意的是,调查人员开展搜查工作必须严格依法进行,不得滥用搜查权,不得搜查与所调查的案件无关的场所。

3. 搜查时,应当出示搜查证。监察机关签发搜查证,应当经过严格的审批程序。搜查证上应当写明被搜查人的有关信息、搜查的目的、搜查机关、执行人员以及搜查日期等内容。遇到紧急情况时,比如可能携带、隐藏危险物品,可能隐匿、毁弃、转移犯罪证据或隐匿其他涉嫌犯罪人员等情况，可以先实施搜查，再及时补办相关审批手续。

4. 监察机关在搜查时，调查人员不得少于 2 人，应当由被搜查人或者其亲属等见证人在场，并对全过程进行录音录像，留存备查。上述规定有利于记录和证实搜查情况，增强搜查所取得的证据的真实性、可靠性和合法性，也有利于监督调查人员严格依法开展搜查工作，防止侵犯被搜查人的合法权利，保证搜查工作顺利进行。

5. 搜查情况应当现场制作笔录。将搜查的情况按照搜查的顺序如实记录下来，写明搜查的时间、地点、过程，发现的证据等有关犯罪线索。搜查笔录由调查人员和被搜查人或被搜查人亲属、其他见证人签名。被搜查人在逃，其亲属拒不到场，或者拒绝签名的，应当在笔录中注明。

6. 调查人员应当依法开展搜查，不得无故损坏搜查现场的物品，不得擅自扩大搜查对象和范围。对于查获的重要书证、物证、视听资料、电子数据及其放置、存储地点应当拍照，并且用文字说明有关情况。

四、监察机关采取搜查措施的注意事项

1. 关于搜查女性身体的特殊规定。搜查女性身体时，应当由女性工作人员进行，这是对女性的特殊保护，防止在搜查时出现人身侮辱等违法行为，确保被搜查女性的人格尊严和人身安全不受侵犯。

2. 公安机关有义务配合监察机关开展搜查。根据搜查工作需要，监察机关可以商请公安机关或者有关单位协助进行。对以暴力、威胁等方法阻碍搜查的，公安干警应当予以制止，或者将其带离现场。对有关人员违反《监察法》第 63 条规定，拒绝、阻碍调查措施实施等拒不配合监察机关调查的，由其所在单位、主管部门、上级机关或者监察机关责令改正，依法给予处理。阻碍搜查涉嫌犯罪的，应当移送司法机关依法追究刑事责任。

搜查措施是《监察法》规定的监察机关的调查权限，但该项措施源于《刑事诉讼法》规定的搜查措施，且《监察法》规定，监察机关搜查取得的物证、书证、视听资料、电子数据等证据材料，在刑事诉讼中可以作为证据使用。监察机关在收集、固定、审查、运用证据时，应当与刑事审判关于证据的要求和标准相一致。以非法方法收集的证据应当依法予以排除，不得作为案件处置的依据。因此，采取搜查措施应当注意现行法律法规以及司法解释中关于搜查的有关要求：

（1）搜查收集的证据应当与案件事实存在关联。根据《人民法院办理刑事案件第一审普通程序法庭调查规程（试行）》第 49 条的规定，通过勘验、检查、搜查等方式收集的物证、书证等证据，未通过辨认、鉴定等方式确定其与案件事实的关联的，不得作为定案的根据。因此，搜查收集的证据在司法审判时应当通过辨认、鉴定等方式确定与案件事实的关联后，才能作为为定案的根据。

（2）非法搜查的证据的效力。《监察法》对搜查程序作了明确规定；对于非法搜查的证据效力，应当根据《人民法院办理刑事案件排除非法证据规程（试行）》的规定处理。该司法解释第 3 条规定，采用非法搜查、扣押等违反法定程序的方法收集物证、书证，可能严重影响司法公正的，应当予以补正或者作出合理解释；不能补正或者作出合理解释的，对有关证据应当予以排除。

第七节　勘验检查

勘验检查，是指监察机关为了发现、收集问题线索和违法犯罪证据，借助感觉器官和科学技术手段，对与违法犯罪行为相关的场所和存在于这些场所中的人身、痕迹、物品等进行的调查措施。

在刑事诉讼中，勘验检查是调查机关发现破案线索、获得原始证据的重要途径，是调查活动中能否及时、准确查明犯罪事实，查获犯罪分子的重要环节。《监察法》赋予监察机关勘验检查权限，主要是为了运用一定的科学方法和专门知识，发现、收集问题线索和违法犯罪证据，准确、快速地查明案情。

监察机关采取勘验检查措施的要求，主要有五个方面：

1. 采取勘验检查措施，必须经监察机关相关负责人审批。勘验检查是监察机关的法定调查措施之一，调查人员对于需要勘验检查的事项，应当依照有关程序报监察机关相关负责人批准后实施，不得私自或者以个人名义开展勘验检查工作。调查人员在执行勘验检查任务时，必须持有监察机关的证明文件。

2. 监察机关实施勘验检查的对象是与职务违法和职务犯罪行为有关的场所、物品、人身等，具体措施包括：现场勘验，物证、书证检验，人身检查等。

3. 调查人员是勘验检查的实施主体，可以由监察机关工作人员直接进行，并邀请见证人在场。实践中，监察机关应当根据案件的性质和重要程度，指派相应级别的调查人员主持指挥勘验检查。为了保证勘验检查结果的准确性和可靠性，在必要的时候，可以指派或者聘请具有专门知识的人，在调查人员主持下进行勘验检查。指派、聘请具有专门知识的人参与勘验检查，主要是因为职务违法犯罪是一种复杂的社会现象，手段和形式多种多样，特别是利用现代科学技术手段实施的违法犯罪，采用一般的调查措施可能难以得出正确结论，必须运用一定科学方法和专门知识才能查明案件情况。

4. 依法制作勘验检查笔录。调查人员和其他参加人员应当将勘验检查的情况，制作勘验检查笔录，主要包括勘验检查的时间、地点、对象、目的、经过和结果等。勘验检查笔录由参加勘验检查的人和见证人签名或盖章。这样规定，一方面使该证据具有证明力，另一方面加强对勘验检查活动的监督，防止伪造勘验检查结果，保证正确处理案件。

5. 调查人员为了确定被调查人或者相关人员的某些特征、伤害情况或生理状态，可以对其人身进行检查，可以提取指纹信息，采集血液、尿液等生物样本。被调查人如果拒绝检查，调查人员认为必要的时候可以强制检查。但调查人员不得采用损害被检查人生命、健康或者贬低其名誉或者人格的方法进行人身检查。在人身检查过程中知悉的被检查人的个人隐私，调查人应当保密。

监察机关采取勘验检查措施需要注意以下几个方面的内容：

1. 对女性进行人身检查，应当由女性工作人员或者医师进行。这是基于对女性的特殊保护，防止在人身检查时出现人身侮辱等违法行为，有利于保护被检查女性的人格尊严和人身安全。

2. 监察机关所指派或者聘请参与勘验检查的人员，应当与案件无利害关系，调查人员不能对其进行技术上的干预，更不能强迫或暗示其作出某种不真实的倾向性结论。被指派或者聘请参与勘验检查的人员只能就案件中的专门性问题作出结论，不能就法律适用问题作出结论。

3. 人身检查不同于人身搜查。①目的不同。人身检查是为了确定被检查人的某些生理特征和状态；搜查是为了收集可能隐藏于人身的犯罪证据。②实施主体不同。人身检查可以由监察机关工作人员或者受指派或者聘请的具有专门知识的人进行，搜查只能由调查人员进行。

勘验检查措施是《监察法》规定的监察机关的调查权限，通过勘验检查取得的证据材料，经过法定程序，在刑事诉讼中可以作为证据使用。监察机关在收集、固定、审查、运用证据时，应当与刑事审判中关于证据的要求和标准相一致。以非法方法收集的证据应当依法予以排除，不得作为案件处置的依据。因此，采取勘验检查措施应当注意现行法律法规以及司法解释中的有关要求：

（1）勘验检查收集的证据应当与案件事实存在关联。根据《人民法院办理刑事案件第一审普通程序法庭调查规程（试行）》第 49 条规定，通过勘验、检查、搜查等方式收集的物证、书证等证据，未通过辨认、鉴定等方式确定其与案件事实的关联的，不得作为定案的根据。因此，勘验检查收集的证据在司法审判时应当通过辨认、鉴定等方式确定与案件事实的关联后，才能作为定案的根据。

（2）制作相应的说明材料。根据《人民检察院刑事诉讼规则（试行）》的有关规定，检察院在审查起诉中，对物证、书证、视听资料、电子数据及勘验、检查、辨认、调查实验等笔录存在疑问的，可以要求调查人员提供获取、制作的有关情况。必要时也可以询问提供物证、书证、视听资料、电子数据及勘验、检查、辨认、调查实验等笔录的人员和见证人并制作笔录附卷，对物证、书证、视听资料、电子数据进行技术鉴定。采取技术侦查措施收集的物证、书证及其他证据材料，调查人员应当制作相应的说明材料，写明获取证据的时间、地点、数量、特征以及采取技术侦查措施的批准机关、种类等，并签名和盖章。

第八节　鉴定

鉴定，是指监察机关为了查明案情，就案件中某些专门性问题指派、聘请专业机构和专业人员进行科学鉴别和判断的一种调查措施。

1979 年颁布的新中国成立以来的第一部《刑事诉讼法》中就确立了"鉴定结论"的证据地位。随着犯罪的高科技化、智能化，鉴定的必要性日益显著，越来越多的刑事案件需要通过鉴定来确认案件事实。赋予监察机关鉴定权限，主要是为了解决案件中的专门性问题，对案件事实作出科学的判断，从而准确地查明案情。

监察机关采取鉴定措施的要求，主要有五个方面：

1. 应经监察机关相关负责人审批，制作委托鉴定文书。调查人员对于需要鉴定的事项，应当依照有关程序报监察机关相关负责人批准后实施，不得私自或者以个人名义开展鉴定工作。

2. 鉴定人须具备法律法规规定的条件。监察机关指派、聘请的鉴定人，可以是公安机关等调查机关的刑事技术人员或其他专职人员，也可以是其他具有专门知识的鉴定人。根据 2005 年 2 月 28 日第十届全国人民代表大会常务委员会第十四次会议通过的《全国人民代表大会常务委员会关于司法鉴定管理问题的决定》第 4 条的规定，鉴定人需要具备下列条件之一：①具有与所申请从事的司法鉴定业务相关的高级专业技术职称；②具有与所申请从事的司法鉴定业务相关的专业执业资格或者高等院校相关专业本科以上学历，从事相关工作 5 年以上；③具有与所申请从事的司法鉴定业务相关工作 10 年以上经历，具有较强的专业技能。因故意犯罪或者职务过失犯罪受过刑事处罚的，受过开除公职处分的，以及被撤销鉴定人登记的人员，不得从事司法鉴定业务。监察机关可以参照上述规定，指派、聘请相应的鉴定人。

3. 鉴定的目的是解决专门性问题。所谓"专门性问题"，主要是指监察机关在调查过程中遇到的必须运用专门的知识和经验作出科学判断的问题。实践中，对一些专门性问题进行的鉴定主要包括：①法医类鉴定，包括法医病理鉴定、法医临床鉴定、法医精神病鉴定、法医物证鉴定和法医毒物鉴定。②物证类鉴定，包括文书鉴定、痕迹鉴定。③声像资料鉴定，包括对录音带、录像带、磁盘、光盘、图片等载体上记录的声音、图像信息的真实性、完整性及其所反映的情况过程进行的鉴定和对记录的声音、图像中的语言、人体、物体作出种类或者同一认定。此外，有的案件还需进行会计鉴定，包括对账目、表册、单据、发票、支票等书面材料进行鉴别判断。④技术问题鉴定，包括对涉及工业、交通、建筑等方面的科学技术进行鉴别判断等。

4. 应当出具鉴定意见。鉴定人在运用科学技术或专门知识进行鉴别、判断后形成的鉴定意见是证据之一，经审查核实后，即可作为定案依据。形成的鉴定意见应当由鉴定人签名，以确定相应的责任。如果是多名鉴定人，应当分别签名。对有多名鉴定人的，如果意见一致应当写出共同的鉴定意见；如果意见不一致，可以分别提出不同的鉴定意见。

5. 调查人员应对鉴定意见进行审查，必要时可以提出补充鉴定或者重新鉴定的意见。被调查人对于鉴定意见有异议的，可以申请补充鉴定或者重新鉴定。

监察机关采取鉴定措施需要注意以下几个方面的内容：

1. 鉴定人的回避情形。监察机关所指派或者聘请的鉴定人，应当与案件无利害关系。具有《刑事诉讼法》第 29 条、第 30 条规定的应当回避的情形的，不能担任鉴定人。

2. 鉴定人的鉴定工作不受干预。调查人员不能对鉴定人进行技术上的干预，更不能强迫或暗示鉴定人或鉴定机构作出某种不真实的倾向性结论。鉴定人只能就案件中的专门性问题作出结论，不能就法律适用问题作出结论。

3. 出具虚假鉴定应承担法律责任。鉴定人故意作虚假鉴定的，应当承担法律责任。

鉴定措施是《监察法》规定的监察机关的调查权限，鉴定意见是刑事诉讼证据之一。因此，监察机关采取鉴定措施应当注意现行法律法规以及司法解释中的有关要求：鉴定人有出庭作证的义务。《刑事诉讼法》第192条第3款规定："公诉人、当事人或者辩护人、诉讼代理人对鉴定意见有异议，人民法院认为鉴定人有必要出庭的，鉴定人应当出庭作证。经人民法院通知，鉴定人拒不出庭作证的，鉴定意见不得作为定案的根据。"

第九节　调取、查封、扣押

调取、查封、扣押是监察机关调查职务违法犯罪案件时收集、固定证据的一项重要措施。监察机关在调查过程中，发现的被调查人涉嫌职务违法或职务犯罪的财物、文件和电子数据等信息，需要及时、全面、准确地收集、固定，防止涉嫌违法犯罪的单位或者人员藏匿、毁灭证据，以便及时有效地查清案件。同时，对范围、程序和保管及解除查封、扣押的要求作出规范，有利于确保监察机关正确行使调取、查封、扣押的监察权限，保护公民合法权益。

《监察法》第25条第1款规定了调取、查封、扣押范围和程序。调取、查封、扣押的范围要同时具备以下两个条件：①需要调取、查封、扣押的财物、文件、电子数据必须是监察机关在调查过程中发现的；②上述这些财物、文件、电子数据必须与监察机关调查的职务违法犯罪行为有关联，能够或者有可能证明该违法犯罪行为的真实情况。其中，"用以证明被调查人涉嫌违法犯罪的财物、文件和电子数据"，是指能够证明被调查人有或者无违法犯罪行为、违法犯罪行为重或者轻的物证、书证、视听资料及电子数据信息等证据。"财物"，是指可作为证据使用的财产和物品，包括动产和不动产，如房屋、汽车、人民币、金银首饰、古玩字画等。

关于调取、查封、扣押的程序，主要有以下几个方面要求：

1. 采取调取、查封、扣押措施的，必须经监察机关相关负责人审批，并开具文书。

2. 应由 2 名以上调查人员持工作证件和文书，并有持有人或者保管人、见证人在场。见证人在场有利于证实整个过程，有利于调查人员严格依法行使监察权，防止侵犯当事人合法权利。

3. 应当收集原物原件。查封、扣押不动产、车辆、船舶等财物，可以扣押其权利证书，经拍照或者录像后原地封存。对书证、视听资料、电子数据，应当调取原件。取得原件确有困难的，可以调取副本或者复制件，但原件也要采用一定方式加以固定。

4. 在仔细查点的基础上，当面逐一拍照、登记、编号，开列清单，由在场人员当场核对、签字。在清单上写明调取、查封、扣押财物和文件的名称、规格、特征、质量、数量，文件和电子数据的编号，以及发现的地点和时间等。清单不得涂改，凡是必须更正的，须共同签名或盖章，或者重新开列清单。清单副本交财物、文件的持有人或者占有人。

《监察法》第 25 条第 2 款是关于被调取、查封、扣押的财物、文件和电子数据保管的规定。对调取、查封、扣押的财物、文件和电子数据，监察机关应当设立专用账户、专门场所，配备专用的存储设备，由专门人员妥善保管和使用。"妥善保管"，主要是指调取、查封、扣押的财物、文件要放置于安全设施较完备的地方保管，以防止证据遗失、损毁或者被调换。要根据财物、文件和电子数据的不同类别登记入卷；不能入卷的，应当拍照后将照片附卷，将原财物、文件予以封存。对价值不明物品，应当及时委托相关机构进行鉴定，专门封存保管。被查封、扣押的财物属于大型物品或数量较多的，应当在拍照并登记后就地封存或易地封存。封存应当盖有监察机关印章的封条，以备查核。对容易损坏的财物，应当采取拍照、录像等方法加以固定和保全。

在调查中需要使用相关财物、文件或者电子数据的，应当履行严格的审批手续，调取、交接应当严格登记。在保管过程中，监察机关还应当确定专门人员定期对被调取、查封、扣押的财物、文件和电子数据进行对账核查，确保账实相符。任何单位和个人都不得以任何借口将被调取、查封、扣押的财物、文件用于调查违法犯罪行为以外的目的，也不得将其损毁或者自行处理，要保证其完好无损。

《监察法》第 25 条第 3 款规定了解除查封、扣押的要求。查封、扣押的目的是保护证据，查明、证实违法犯罪行为，但同时也要切实保障公民、组织的合法权利。所以，监察机关对查封、扣押的财物、文件，应当及时进行认真审查。经过调查核实，认定该查封、扣押的财物等并非违法所得，也不具有证明被调查人违法犯罪情况，不能作为证据使用，或者与违法犯罪行为无任何牵连的，应当在3日内解除查封、扣押，并退还原持有人或者保管人。

需要注意的是，监察机关不得随意扩大调取、查封、扣押的范围，其他任何与案件无关的财物、文件、电子数据都不得调取、查封、扣押，否则就是对公民合法权益的侵犯。

第十节　技术调查

《监察法》确定了技术调查措施的法律地位，不仅符合时代变迁的客观需要，而且符合社会发展对监察工作的必然要求。当前，经济社会的快速发展需要技术调查措施增强国家监察行为的效果，涉嫌重大贪污贿赂等职务犯罪活动的日益频发迫切需要技术调查措施的介入，技术调查措施合法化是世界法治国家的通行做法。[1] 我国监察行为的技术调查是与常规调查相并列的几种调查手段之一，技术调查是国际监察工作实践中使用的重要调查方法。随着经济发展，犯罪手段日益国际化、组织化、隐蔽化和高科技化，调查机关在调查贪污贿赂等重大犯罪案件时，有时不得不采用监听、摄录、卧底等技术侦查措施，如果仅是"可做不可说"，则该做法将极具神秘化的表象。2012年修正《刑事诉讼法》时在第二编第二章"侦查"中增加第八节"技术侦查措施"，从实体和程序两个方面对技术侦查进行了规制，从而使它从神秘走向法治。《监察法》增加了严格规范技术调查措施的规定，明确了技术调查措施的适用主体、适用对象、审批程序等。这些规定为监察机关适用技术手段调查涉嫌重大贪污贿赂等职务犯罪提供了立法依据，同时也为监察机关依法使用技术调查措施提出了更高的要求。

一、技术侦查——刑事诉讼法之法律规定

（一）技术侦查的概念界定与特点分析

关于技术侦查的概念，现行法律并没有一个明确界定，学界对此也是众说纷纭。但大多数人认为，技术侦查应当是侦查机关运用技术装备调查罪犯和案件证

---

[1] 兰跃军：“比较法视野中的技术侦查措施”，载《中国刑事法杂志》2013年第1期。

据的一种秘密侦查措施,包括电子监听、电子监控、电话窃听、秘密拍照或录像、电子邮件检查以及用机器设备排查、传递、对比个人情况数据等运用专门技术手段获取与犯罪有关的言词和行为的秘密侦查方式。[1]

相对于一般侦查措施,技术侦查措施具有以下特征:①技术性,仅从字面含义理解可知,技术侦查措施是采用一定的技术手段进行的侦查活动,没有技术手段便谈不上技术侦查。[2] ②特定性,技术侦查仅能由特定主体在特定案件中用于特定对象,因此,技术侦查措施的特定性体现在特定主体、特定案件和特定对象上,故,不是由特定主体实施的,或者不是针对特定案件适用的,抑或对不特定对象进行的侦查措施都不是技术侦查措施。③隐秘性,通常指在侦查对象不知情的情况下进行的侦查活动,德国《刑事诉讼法》称之为"不经当事人知晓的措施"[3]。公开运用技术手段对侦查对象进行的侦查活动,如用测谎仪进行测谎,不称为技术侦查。[4] ④易侵权性,技术侦查措施是一把双刃剑,一方面,公检法机关借助它能快速侦破案件,有效打击犯罪,大大节约司法资源;另一方面,由于技术侦查措施的隐秘性,侦查对象在不知情的情况下成为被侦查的对象,这也势必会侵犯他人的隐私。

(二)技术侦查的发展背景与我国立法现状

技术侦查的出现有其深刻的社会基础。自20世纪初起,随着社会矛盾的加剧和科学技术的发展,世界范围内各种呈现技术化、隐蔽化的犯罪大量涌现,使侦查工作面临严峻挑战。为此,许多国家和地区的侦查机关开始寻求侦查方式的变更和突破,并在政策和证据规则的制定上向包括技术侦查在内的特别侦查手段倾斜,以增加侦查犯罪武器的锐度,提高侦查效率。比如,美国1968年《综合犯罪控制与街道安全法》明确规定,检察官对贿赂政府官员的行为,有权使用监听、窃听、使用线人等技术侦查手段和措施。德国《刑事诉讼法》规定了各种技术侦查手段适用的对象、范围和程序,其中包括贪污贿赂犯罪的侦查。《联合国反腐败公约》对腐败犯罪等特殊诉讼对象也设立了特别的侦查措施,其中第

---

[1] 宁建新:"职务犯罪案件技术侦查适用的制度构建",载《中国检察官》2007年第4期。
[2] 陈光中主编:《〈中华人民共和国刑事诉讼法〉修改条文释义与点评》,人民法院出版社2012年版,第212页。
[3] 谢佑平、万毅:《刑事侦查制度原理》,中国人民公安大学出版社2003年版,第246页。
[4] 陈光中主编:《〈中华人民共和国刑事诉讼法〉修改条文释义与点评》,人民法院出版社2012年版,第212页。

50条第1款规定："为有效地打击腐败，各缔约国均应当在其本国法律制度基本原则许可的范围内并根据本国法律规定的条件在其力所能及的情况下采取必要措施，允许其主管机关在其领域内酌情使用控制下交付和在其认为适当时使用诸如电子或者其他监视形式和特工行动等其他特殊侦查手段，并允许法庭采信由这些手段产生的证据。"此外，法国、日本、新加坡等国家的法律也对技术侦查手段一一作出了明确规定。

2005年10月，我国加入《联合国反腐败公约》，构建反腐败的国际合作平台，2012年修订后的《刑事诉讼法》在第二篇第二章第七节后增加一节"技术侦查措施"，对技术侦查、秘密侦查等特殊侦查手段进行了规定。技术侦查措施写入《刑事诉讼法》，一是将实践中已经存在的技术侦查手段在法律中加以确认，明确授予侦查机关在刑事诉讼中采取特殊侦查手段的权力；二是通过法律修改对技术侦查措施加以规范，将其纳入刑事诉讼法制，为权力划定明确的疆界，对特殊侦查加以约束；三是通过法律修改明确特殊侦查手段取得结果的证据能力。[1]

（三）技术侦查适用于职务犯罪案件的必要性和正当性

近年来，在科技发展和社会转型的双重推动下，职务犯罪呈现出愈加隐蔽而严重的态势，传统的侦查手段已难以承担揭露和查明犯罪的重任。技术侦查以其独有的优势在打击犯罪方面成效显著，将其运用于职务犯罪侦查工作中更具有必要性和正当性。

第一，电子监控、秘密拍照、秘密录像等技术侦查手段获取的证据材料，如实地记录了犯罪嫌疑人及有关人员当时的语言、影像、活动过程及表情、神态等，不受证人记忆能力、表达能力等主观条件的限制，生动而全面，而且犯罪嫌疑人及有关人员没有受到威胁、利诱或其他强迫，完全是处于自然放松状态下的自由陈述和表现，能够比较真实地反映其意志，使得谈话内容或活动过程的真实性极大。因此，技术侦查手段获取的证据材料往往具有形象生动、客观真实的优越性。

第二，技术侦查有利于减少对犯罪嫌疑人口供的依赖，保证犯罪嫌疑人的合法权益不受侵犯，实现"由供到证"侦查模式的转变，提高检察机关打击职务

---

[1] 张建伟："特殊侦查权力的授予与限制——新《刑事诉讼法》相关规定的得失分析"，载《华东政法大学学报》2012年第5期。

犯罪的侦查能力。职务犯罪一般没有直接被害人，加上证人和物证不多，其侦查过程往往会出现过分依赖犯罪嫌疑人口供的情况。如果引入了职务犯罪技术侦查措施，检察机关就可以通过电子侦听、秘密监视等技术侦查手段对犯罪嫌疑人在作案前后所产生的有关证据及时加以保全和固定，并制作成录音带、录像带、照片等证据形式用于证明犯罪事实。面对眼前的"铁证"，犯罪嫌疑人的认罪心理必然受到影响，甚至最终承认犯罪。当然，如果通过技术侦查取得了证实犯罪的确凿证据，即使没有犯罪嫌疑人的口供也可以认定其构成犯罪。

第三，在职务犯罪侦查中引入技术侦查措施是职务犯罪案件侦查形势发展的需要。一方面，随着我国《宪法》和《刑事诉讼法》的修改，法律对传唤犯罪嫌疑人的时间作了严格限制，允许律师提前介入，人权问题写进《宪法》，《律师法》的修改等，使得法律更加规范，执法更加严格、透明；另一方面是犯罪嫌疑人的法律保护意识和反侦查能力越来越强，作案手段日趋隐蔽，尤其职务犯罪主体具有较强的反侦查能力，在被调查之前往往利用手中的职权湮灭证据，订立攻守同盟，制造侦查障碍。面对这样的困局，运用询问证人、讯问犯罪嫌疑人、搜查、扣押等常规侦查措施往往难以取得突破，但技术侦查则可以其独特优势在犯罪嫌疑人不知情的情况下通过电子监控、电话窃听、秘密拍照或录像等手段收集到犯罪过程中的证据材料，有效避免犯罪嫌疑人的反侦查行为，提高职务犯罪案件的破案率，适应打击犯罪与保护人民的社会需要。

第四，任何侦查措施都包含着侵犯人权的危险性，如搜查、扣押、拘留、逮捕等强制性措施，即便是调查访问、侦查实验等强制色彩并不浓厚的侦查措施，如果非法实施或实施不当，同样可能侵犯公民权利。"秘密相对于公开而言，非法相对于合法而言。公开并不等于合法，秘密不等于非法。公开或者秘密，只表明侦查的方式不同，知晓的范围不同，并不表明是否合法。"[1] 因此，技术侦查手段也不必然侵犯公民基本权利，重要的是如何规范技术侦查手段，使其在必要和适度的前提下实施。

（四）职务犯罪技术侦查在我国的建设与完善

《刑事诉讼法》在第二章第八节专门对技术侦查措施进行了规定，明确对技术侦查措施予以授权，结束了其"秘而不宣"的立法状态，破解了技术侦查措施"证据合法性"的司法困境。此外，还通过立法严格限制技术侦查措施的适

――――――――――
[1] 宋英辉："刑事程序中的技术侦查研究"，载《法学研究》2000年第3期。

用，为控制犯罪而授权，为保障人权而控权，以授权实现真正有效的控权，实现犯罪控制和人权保障两大价值目标的平衡。但是，目前我国的技术侦查措施还有许多亟待完善的地方，如批准程序、措施种类、秘密侦查的适用范围、控制下交付的决定机关、特殊保护措施等规定比较含糊，还有些比较重要的事项根本没有规定，如技术侦查措施、秘密侦查和控制下交付的监督机制、救济制度等。

1. 完善职务犯罪技术侦查措施的立法体系。考察世界各国的立法，对技术侦查进行规范的主要内容包括：①案件范围及具体对象的限制。尽管角度不同，但各国都对可以使用此类侦查手段的案件范围和对象作出了规定，作为原则，一般限于较严重的犯罪，或者有特殊需要的犯罪。②对此类手段的运用实行司法审查。多数国家规定，有权审查、批准或者决定使用此类手段的是法官。③具体实施的程序、期限和法律效力。即都明确规定了实施的期限，如何使用此类手段和如何处理由此所得到的材料，以及违法实施的后果。④被侦查人权利的保障。除及时销毁有关材料以维护被侦查人的权益外，一般都规定了被侦查人的知悉权、异议权和要求赔偿的权利，以及在行使辩护权时如何利用此类材料等。⑤监督制约机制。如设立专门的监督委员会或类似机构，有的由法官予以控制。此外，各国都强调，在具体案件中，电子监控及秘密拍照或录像等技术侦查手段的运用，均需充分考虑其必要性和适度性。

根据我国《刑事诉讼法》第152条的规定，采取技术侦查措施，应当遵守下列规定：①采取技术侦查措施，必须严格按照批准的措施种类、适用对象和期限执行。②侦查人员对采取技术侦查措施过程中知悉的国家秘密、商业秘密和个人隐私，应当保密，对采取技术侦查措施获取的与案件无关的材料，必须及时销毁。③采取技术侦查措施获取的材料，只能用于对犯罪的侦查、起诉和审判，不得用于其他用途。④公安机关依法采取技术侦查措施，有关单位和个人应当配合，并对有关情况予以保密。上述规定的目的主要是对侦查人员采取侦查措施过程中的行为进行规范，在保障技术侦查措施的目的能够实现的同时，防止侦查人员利用技术侦查措施侵犯公民权利。

根据我国《刑事诉讼法》第154条规定："依照本节规定采取侦查措施收集的材料在刑事诉讼中可以作为证据使用。如果使用该证据可能危及有关人员的人身安全，或者可能产生其他严重后果的，应当采取不暴露有关人员身份、技术方法等保护措施，必要的时候，可以由审判人员在庭外对证据进行核实。"一直以来，对于技术侦查获取的证据能否纳入我国法定证据范围的问题存在很大争议。

上述规定明确了技术侦查所获证据的证明力。

借鉴国外法律规定，结合我国实际情况，还有以下几个方面的立法体系需要进一步完善：

（1）明确技术侦查的方式。使用技术侦查之前，应当首先明确技术侦查的方式。世界上较多国家以列举法规定技术侦查的方式，如美国的技术侦查措施包括截取通信、搜查和扣押电子文件和通讯记录、跟踪监控等；英国的技术侦查主要有截取通讯和秘密监视。根据我国打击职务犯罪的情况，结合外国的相关经验，可以将职务犯罪技术侦查的方式扩大到包括电子监听、电子监控、电话窃听、秘密拍照或录像、电子邮件检查以及用机器设备排查、传递、对比个人情况数据等，从而更好地应对职务犯罪的智能化与隐秘化特点。

（2）明确技术侦查的适用对象。通常情况下，技术侦查只能在有明确对象的前提下才能进行。也就是说，只有当侦查部门根据现有的证据确认某人具有犯罪嫌疑，或者基于一定的事实或证据判断某人与犯罪嫌疑人有联系，且根据案情和侦查的实际情况需要掌握或控制这种联系，或者对犯罪嫌疑人的监听、密拍将不可避免地涉及第三人时，才能对犯罪嫌疑人或与其有联系的特定人员进行技术侦查。这样的规定可以避免技术侦查手段被滥用而侵犯无辜公民的合法权益。例如，在美国，法官批准申请监听的实质要件之一是有合理的根据相信三种事项：①某个人正在实施、已经实施或者即将实施《美国法典》第三编第 2516 条规定的属于监听范围内的犯罪；②通过监听可以获得有关该犯罪的特定通讯；③准备监听的设备或场所正在或即将被用于与实施上述犯罪有关的活动，或者被这个人所租用，或者登记在其名下，或者通常由他使用，但法律另有规定的除外。但由于职务犯罪侦查难度较大，导致技术侦查过程相对较长，侦查对象往往会处于不确定的状态或者难以准确确定所有对象，所以作为特殊情况，在职务犯罪侦查中可以确定一个包括潜在对象在内的较大的侦查对象范围。

（3）明确技术侦查的审批程序。虽然具体规定不尽一致，但各国都要求实施技术侦查必须履行一定的审批程序。例如，在美国，侦查机关向有管辖权的法官申请监听令或申请认可监听时，必须采取附誓词的书面形式，写明申请人申请权的依据以及下列事项：①提出申请的侦查官员和授权申请的官员的身份。②对于申请人认为应当签发监听令所依赖的事实进行全面、完整的陈述，包括：一是已经实施、正在实施或即将实施的特定的犯罪的详细情况；二是对准备监听的通信设备的性质和位置或者准备监听通信的场所的具体描述，但法律另有规定的情形除外；三是对准备监听的通信的类型的具体描述；四是实施犯罪行为并且其通信将被监听的人的身份已经查明。③全面、完整地陈述是否已经尝试过其他侦查手段并且失败了，或者为什么采取其他侦查手段将不可能成功或太危险；以及批准申请的人和申请人所知道的有关以前针对同一人、同一设备或同一场所提出的所有申请的事实和法官对于每个申请所作的决定。④要求监听的持续期限。如果侦查的性质表明监听不应当在初次获得准备监听的通信后就自动终止，必须具体陈述有合理的根据相信同一类型的通信将会再次发生的事实。⑤如果是要求延长监听期限的申请，必须写明已经进行的监听的结果或者合理地解释没有取得这种结果的原因。接受申请的法官可以要求申请人补充提供证词或书面证据。德国《刑事诉讼法》第100条规定：对电信往来是否监视、录制，只允许由法官决定。在延误有危险时也可以由检察院决定。检察院的命令如果在3日内未获得法官确认的，失去效力。

（4）明确技术侦查措施的种类。《刑事诉讼法》没有具体规定技术侦查措施的种类有哪些，目前，我国司法实践中的技术侦查措施种类大体有：

第一，侦查车。一般都是进口的车型，主要集中在公安机关和国家安全机关，主要通过电讯技术手段，对犯罪嫌疑人的短信、飞信和电话进行探听和记录，并可以锁定犯罪嫌疑人所在位置，甚至可以精确到房间号，还能与他人进行视频会议等。侦查车具有便利、综合性的特点，但是比较"娇贵"，造价高，不适合山路工作；仅能识别联通、移动手机，对电信手机无反应；有时侦查车会还出错；侦查范围具有局限性，仅能用于距离侦查车一定距离之内的地方。

第二，技术追踪，包括运用特定的技术装备进行技术跟踪和定位，如手机GPS定位以及追踪找人等。[1] 这种技术相比于用侦查车找人，具有不受范围限制的好处，但是它仅能锁定犯罪嫌疑人的大概位置，如某一小区，没有侦查车精确。侦查程序中，一般是先采用技术追踪，查明犯罪嫌疑人的大致位置，阵地控制后，再派侦查车前往，锁定具体位置。

第三，监听是指侦查机关运用电子仪器听取、记载当面对话、有线通讯和无线通信或者网络传递的信息，以发现犯罪嫌疑人和犯罪证据的侦查方法。[2]

---

[1] 陈光中主编：《〈中华人民共和国刑事诉讼法〉修改条文释义与点评》，人民法院出版社2012年版，第217页。

[2] 刘梅湘：《刑事侦查程序理论与改革研究》，中国法制出版社2006年版，第188页。

第四，音频视频监控是运用监视器等设备对于一定对象的声音或行为进行动态录制、拍摄以掌握有关该人行为的信息和获取证据。[1]

第五，互联网监控是运用电脑网络技术对一定对象进行监视和获取信息。[2]

第六，手机、电脑信息恢复。手机短信、通话记录恢复比较简单，只要借助于数据恢复软件或到营业厅查询就可以。但是电脑磁盘删除信息的恢复则需要很高的技术含量。

第七，其他技术侦查措施种类，如电子侦听、秘密拍照或录像、秘密获取某些物证和邮件检查等专门技术手段。[3]

以上几项并不能穷尽所有的技术侦查手段，而且随着高科技的不断发展，还会出现更多的技术侦查措施种类。

2. 完善职务犯罪技术侦查措施的侵权保障制度。为了有效保障技术侦查对象的合法权益，侦查机关必须依法实施技术侦查，妥善保管证据材料，并对违法侦查行为承担侵权赔偿责任。针对职务犯罪案件而言，建议侦查人员在每次使用技术侦查措施时都要作记录，具体载明技术侦查的方式方法、实施日期、详细过程等情况。同时还可根据《人民检察院刑事诉讼规则（试行）》第267条的规定，侦查结束后应当分析所获证据材料的属性，对于涉及国家秘密、商业秘密或者个人隐私的信息材料应当单独装卷封存，并严格保守秘密；对于不能用于证明案件事实的信息材料应当在案件侦查终结后及时销毁，并对销毁情况做好记录。

对于程序违法行为，应当进行程序性制裁，最好的制裁方式莫过于"使程序违法行为获得的结果变为无效"。美国宪法第四修正案映射非法证据排除规则，因取得程序之违法，而予以排除，即令该证据为关键性的证据。[4] 我国《刑事诉讼法》也规定了非法证据排除规则，鉴于此，如果侦查人员违反技术侦查措施的限制条件，对其获得的材料，应适用非法证据排除规则予以排除，当然，如果侦查人员只是轻微违反限制条件，没有造成任何损害，且该材料对定罪量刑有重大影响的，则不必排除。

---

[1] 陈光中主编：《〈中华人民共和国刑事诉讼法〉修改条文释义与点评》，人民法院出版社2012年版，第217页。

[2] 陈光中主编：《〈中华人民共和国刑事诉讼法〉修改条文释义与点评》，人民法院出版社2012年版，第217页。

[3] 何家弘主编：《证据调查》，中国人民大学出版社2005年版，第142页。

[4] 王兆鹏：《美国刑事诉讼法》，元照出版有限公司2004年版，第25页。

"无救济则无权利",这句古老的法律谚语告诉我们:法律对公民权利、自由规定得再完备、列举得再全面,如果在这些权利和自由受到侵犯之后,公民无法获得有效的法律救济的话,那么,这些法律上的权利和自由都将成为一纸空文。〔1〕为了将法律上的权利和自由变为现实中的权利和自由,就需要对被侵犯的公民权利和自由予以救济。《国家赔偿法》第2条第1款规定:国家机关及其国家机关工作人员行使职权,有本法规定的侵犯公民、法人和其他组织合法权益的情形,造成损害的,受害人有依照本法取得国家赔偿的权利。侦查人员依法采取技术侦查措施就是在行使职权,因此,因其违法造成的损害,理应适用《国家赔偿法》的规定进行民事赔偿。

3. 加大技术侦查措施的硬件投入。技术侦查的成功与否往往取决于侦查设备的质量高低。俗话说"巧妇难为无米之炊",如果没有科学设备作支撑,即使侦查人员有再强的办案能力也难以发挥出技术侦查措施的作用。因此,在侦查设备的配置上,对于明显落后、过时、没有改进价值甚至容易造成侦查失误的器材,要及时更新换代;积极引进、吸收、使用新技术、新设备。有条件的单位还应与电信部门加强合作,引进卫星定位系统和网络型电信侦控设备,同时对监控系统进行改造,以达到数字化、网络化、一体化的要求,并不断拓展监控系统的使用功能。另外,要注重发挥计算机和网络在收集、管理、传输和利用职务犯罪情报信息中的作用,实现资源共享。

4. 加强技术侦查人员的专业培训。"科技以人为本",技术侦查除了应具备先进的硬件设施,还必须拥有一支优秀的技术侦查队伍。相关部门应鼓励并提供机会,对技术侦查人员进行专业技术培训,加强技术侦查人员之间的技术交流,提高技术侦查人员的科学素养与执法水平。

二、技术调查——监察法之法律规定

技术调查措施,是指法律授权具有调查权的国家监察机关为收集犯罪证据、查获犯罪分子和侦破重大犯罪案件,根据法律规定经过严格的审批程序而采取的特殊调查措施的总称。〔2〕赋予监察机关技术调查权限,有利于有力打击重大贪污贿赂等职务犯罪。同时,为防止技术调查权限被滥用,把权力关进制度的笼

---

〔1〕 陈瑞华:"无救济则无权利",载《工人日报》2002年2月8日,第6版。

〔2〕 马怀德主编:《〈中华人民共和国监察法〉理解与适用》,中国法制出版社2018年版,第109~110页。

子,也需要对采取技术调查措施的程序和要求作出严格规范。

为打击严重犯罪,采取相应的技术调查措施,是各国的通行做法。我国早在1993年制定的《国家安全法》、1995年制定的《人民警察法》就规定,调查机关因调查犯罪的需要,根据国家有关规定,经过严格的批准手续,可以采取技术调查措施。2012年3月第十一届全国人民代表大会第五次会议通过的《关于修改〈中华人民共和国刑事诉讼法〉的决定》将"技术调查措施"作为专门一节规定下来。考虑到国家监察体制改革前,技术调查措施是检察机关在查办重大贪污贿赂案件时拥有的法定权限,是侦破案件的重要手段,《监察法》赋予监察机关调查涉嫌重大贪污贿赂等职务犯罪时可以依法采取技术调查的权限,并对采取技术调查措施的程序和要求作出规范。

监察机关采取技术调查措施的要求,主要有四个方面:

1. 涉嫌重大贪污贿赂等职务犯罪。采取技术调查措施的案件范围是涉嫌重大贪污贿赂等职务犯罪案件。"重大"一般是指数额巨大,造成的损失严重,社会影响恶劣等。此外,对于其他重大职务犯罪案件,如确有必要,监察机关也可以采取技术调查措施。

2. 确有必要。"根据需要"确需采取技术调查措施的,才可以采取技术调查措施。虽然法律规定了监察机关对上述犯罪案件可以采取技术调查措施,但并不意味着监察机关只要办理上述犯罪案件,都采取技术调查措施,而是要根据调查犯罪的需要。也就是说,技术调查措施并不是调查重大贪污贿赂犯罪的必须环节和程序,采取技术调查措施是打击职务犯罪的需要,也涉及公民、组织的基本权利。因此,采取技术调查措施一定是在使用常规的调查手段无法达到调查目的时所采取的手段。这是采取技术调查措施的一个重要条件。

3. 履行批准手续。采取技术调查措施,程序上要经过严格的批准手续。关于技术调查的适用条件和审批的程序,规定是非常严格的。采取技术调查措施必须依照规定,履行严格的批准手续,在批准与否上一定要认真审查、严格把关。

4. 按照规定交有关机关执行。监察机关经过严格的批准手续,可以采取技术调查措施,但必须交公安等机关执行,这也体现了监察机关与有关机关、部门在办理职务犯罪案件过程中的互相配合、互相制约的精神。

监察机关采取技术调查措施需要注意以下三个方面的内容:

1. 批准决定中需要明确采取技术调查措施的种类和适用对象。批准决定要明确采取哪一种或哪几种具体的调查手段,而不是只笼统地批准可以采取技术调查措施，不加区分地适用所有技术调查手段。同时，还要具体明确对案件中的哪些人采取，而不是笼统地批准对哪个案件采取技术调查措施。

2. 期限为3个月。采取技术调查措施的期限为3个月，自批准决定签发之日起算。复杂疑难案件期满后，经过批准，可以延长，但每次延长不得超过3个月。

3. 及时解除。虽然采取技术调查措施的批准决定是3个月内有效，但在3个月有效期内，对于不需要继续采取技术调查措施的，应当及时解除。

第十一节 通缉

赋予监察机关通缉权限，主要是为了抓获在逃的被调查人，使案件调查顺利进行。通缉是一项重要的调查措施，早在1979年颁布实施的《刑事诉讼法》中就对此作出了规定。《刑事诉讼法》历经1996年、2012年、2018年三次修改均保留了有关规定，《人民检察院刑事诉讼规则（试行）》对检察院在办理职务犯罪案件中如何采取通缉措施作出了进一步的规定。现行《刑事诉讼法》第155条规定，应当逮捕的被调查人员如果在逃，公安机关可以发布通缉令，采取有效措施，追捕归案。"通缉令"是指公安机关依法发布的缉捕在逃被调查人员的书面命令。通缉令一般应当写明被通缉人的姓名、性别、年龄、籍贯及衣着、语音、体貌等特征和所犯罪名等，并附照片，加盖发布机关的公章。各级公安机关在自己管辖的地区以内，可以直接发布通缉令；超出自己管辖的地区，应当报请有权决定的上级机关发布。《人民检察院刑事诉讼规则（试行）》第269条规定，各级人民检察院需要在本辖区内通缉被调查人员的，可以直接决定通缉；需要在本辖区外通缉的，由有决定权的上级人民检察院决定。

监察机关采取通缉措施的要求，主要有三个方面：

1. 关于适用对象。监察机关决定通缉的对象需具备三个条件：①被通缉人必须是涉嫌职务违法犯罪的被调查人，监察机关对不属于被调查人的其他与案件有关的人员不能采取通缉措施。②被通缉人符合留置的条件，依法应当留置。也就是说，被通缉人涉嫌严重职务违法或者职务犯罪，监察机关已经掌握其部分违法犯罪事实及证据，但仍有重要问题需要进一步调查，且具有可能逃跑、自杀、串供或者伪造、隐匿、毁灭证据等情形。③被通缉人处于在逃状态。在逃主要包括两种情形：一种是符合法律规定的留置条件应当依法留置的被调查人下落不明，另外一种是涉嫌职务违法犯罪的被调查人被依法留置后脱逃等。

2. 关于决定机关。根据《监察法》的规定，监察机关有权决定采取通缉措施。与深化国家监察体制改革前的行政监察机关相比，这是《监察法》赋予监察机关的一项新的权限。

3. 关于执行机关。根据《监察法》的规定，监察机关有权采取通缉措施，但应当交由公安机关具体执行，由其发布通缉令。基于公安机关的性质、组织能力和装备等方面的因素考虑，由公安机关执行通缉，更有利于将被调查人及时抓获归案。《监察法》规定由公安机关发布通缉令，也保持了与《刑事诉讼法》等国家法律的衔接协调。

通缉是查获逃匿的被调查人的一项重要措施，该措施的突出特点主要是需要监察机关和公安机关分工协作、互相配合。公安机关接到监察机关移送的通缉决定的，应当及时发布通缉令，各级公安机关接到通缉令后，应当迅速部署、组织力量，积极进行查缉工作。

根据《监察法》《公安机关办理刑事案件程序规定》等有关法律法规，监察机关采取通缉措施应当注意以下四个方面的内容：

1. 通缉范围的批准权限。地方各级监察机关只能决定在本行政区域内通缉，如果通缉的范围超出其所管辖的行政区域，监察机关应当报请有权决定的上级监察机关决定。

2. 公安机关发布通缉令的权限。根据《公安机关办理刑事案件程序规定》，县级以上公安机关在自己管辖的地区内，可以直接发布通缉令；超出自己管辖的地区，应当报请有权决定的上级公安机关发布。监察机关决定采取通缉措施后，应当根据决定通缉的范围和公安机关发布通缉令的权限按程序交有发布权的公安机关发布。

3. 提供被通缉人的相关资料。公安部于2012年出台的《公安机关办理刑事案件程序规定》，对公安机关执行相关措施提出了明确要求，其中第266条规定，公安机关发布的通缉令中应当尽可能写明被通缉人的姓名、别名、曾用名、绰号、性别、年龄、民族、籍贯、出生地、户籍所在地、居住地、职业、身份证号码、衣着和体貌特征、口音、行为习惯，并附被通缉人近期照片，可以附指纹及其他物证的照片。除了必须保密的事项以外，应当写明发案的时间、地点和简要案情。同时，通缉令发出后，如果发现新的重要情况可以补发通报。为配合公安机关做好通缉令的发布工作,确保通缉的有效性,监察机关决定采取通缉措施后,根据工作需要有必要及时提供发布通缉令所必需的相关资料。

4. 及时通知公安机关撤销通缉令。根据《公安机关办理刑事案件程序规定》,经核实,被调查人员已经自动投案、被击毙或者被抓获,以及发现有其他不需要采取通缉的情形的,发布机关应当在原通缉范围内,撤销通缉令。因此,如果在通缉令发出后,监察机关自行查获被通缉对象或者出现被通缉对象死亡、自动投案等不需要继续采取通缉措施的情形,监察机关应当及时通知公安机关。

第十二节　限制出境

赋予监察机关限制出境的权限,主要目的在于防止因被调查人及相关人员逃匿境外而导致调查工作无法继续开展,保障调查工作的顺利进行。在以往立法中,虽然《刑事诉讼法》中没有对限制出境措施作出明确规定,但《人民检察院刑事诉讼规则(试行)》和《公安机关办理刑事案件程序规定》均规定,公安机关在办理一般刑事案件过程中和国家监察体制改革前检察机关在办理职务犯罪案件过程中可以采取边控措施。《人民检察院刑事诉讼规则(试行)》第271条规定,为防止被调查人员等涉案人员逃往境外,需要在边防口岸采取边控措施的,人民检察院应当按照有关规定制作边控对象通知书,商请公安机关办理边控手续。《公安机关办理刑事案件程序规定》第269条规定,需要对被调查人员在口岸采取边控措施的,应当按照有关规定制作边控对象通知书,经县级以上公安机关负责人审核后,层报省级公安机关批准,办理全国范围内的边控措施。需要限制被调查人员人身自由的,应当附有关法律文书。紧急情况下,需要采取边控措施的,县级以上公安机关可以出具公函,先向当地边防检查站交控,但应当在7日以内按照规定程序办理全国范围内的边控措施。

国家监察体制改革后,监察机关履行监督、调查、处置职责,依法对涉嫌贪污贿赂、滥用职权、玩忽职守、权力寻租、利益输送、徇私舞弊和浪费国家资财的职务违法和职务犯罪行为进行调查。《监察法》根据调查工作实际需要,借鉴其他相关国家立法的经验,规定监察机关可以依法采取限制出境措施,防止被调查人及相关人员逃匿境外。

监察机关采取限制出境措施的要求,主要有三个方面:

1. 适用对象。采取限制出境措施的适用对象，既包括涉嫌职务违法犯罪的被调查人，也包括涉嫌行贿犯罪或者共同职务犯罪的涉案人员，以及与案件有关的其他相关人员。但在实践中，并不是对所有涉嫌职务违法犯罪的被调查人都采取限制出境措施，而是应当把握必要性原则，根据实际情况，对有可能逃匿境外的被调查人限制出境。

2. 审批权限。采取限制出境的审批主体和程序非常严格，必须由省级以上监察机关批准，防止限制出境措施的随意使用，切实保护公民合法权利。

3. 执行机关。监察机关作出采取限制出境措施的决定后，应当交由公安机关执行。限制出境决定应当明确限制出境人员的具体信息、期限。

限制出境措施期限届满后可以延长，但仍须由省级以上监察机关审批。为加强对公民合法权利的保护，在具体执行中，对期限尚未届满但不需要继续采取限制出境措施的，监察机关应当及时作出解除决定，并通知公安机关予以解除。

下篇 实务篇

第四章 贪污贿赂犯罪案件的调查

《国家监察委员会管辖规定（试行）》中详细列举了国家监察委员会管辖的六大类88个职务犯罪，其中贪污贿赂类犯罪共涉及刑法条文24条，包括17个罪名，具体有：贪污罪；挪用公款罪；受贿罪；单位受贿罪；利用影响力受贿罪；行贿罪；对有影响力的人行贿罪；对单位行贿罪；介绍贿赂罪；单位行贿罪；巨额财产来源不明罪；隐瞒境外存款罪；私分国有资产罪；私分罚没财物罪；非国家工作人员受贿罪；对非国家工作人员行贿罪；对外国公职人员、国际公共组织官员行贿罪。

在上述17个罪名中，前14个是原检察院反贪局查办的贪污贿赂类犯罪案件，后3个是由公安机关管辖的案件划转而来，如果非公职人员涉嫌这3个犯罪的由公安机关负责管辖。

结合实践，本章重点选取了其中比较典型的贪污案件、挪用公款案件、受贿案件、巨额财产来源不明案件和私分国有资产案件，分别从案件特点、调查难点、调查措施和方法等方面进行阐述。

第一节 贪污案件的调查

贪污案件是指国家工作人员利用职务上的便利，侵吞、窃取、骗取或者以其他手段非法占有公共财物的行为所构成的犯罪案件。

一、贪污案件的特点

从案件调查的角度看，贪污案件有其自身的特点：

（一）发案部门多，涉及面广

贪污犯罪几乎发生在所有涉及公共财产管理支配的各业，包括国家机关、团体、国有企业事业单位，尤其是一些直接掌管财物或财务管理混乱的部门。这是贪污犯罪的本质所决定的，只要存在具有公共财物管理支配权力的地方，就可能找到贪污犯罪的影子。公共权力一旦与人的贪利性相结合，就很容易被异化为谋取私利的工具。根据有关统计，国有金融单位的发案数一直高居榜首；税务、铁路、物资、商业等部门发案数一直居高不下；国有证券、股票、房地产、期货市场、技术市场等行业的发案数也急剧增加。同时，内外勾结、上下串通共同贪污的案件，包括群案、窝案、串案占较大比例，调查时往往牵涉到多人多地，调查工作量和难度加大。

（二）犯罪行为具有连续性与发展性

贪污分子大多是利欲熏心的人，贪得无厌，加上作案手段隐蔽且有合法外衣的掩饰，初次得逞后一般难以被及时发现，从而使其贪欲进一步强化，巩固其犯罪动机，驱使其无止境地进行犯罪。实践中，有很多被查处了的贪污案件其贪污次数多达几十上百次，涉案时间跨度达数年之久。这大大增加了调查的工作量，而且有些案件因时过境迁使得取证工作困难重重。

在持续的贪污作案过程中，作案人贪污的手段总是不断翻新，具体的手段除了传统的伪造单据、涂改账册、虚报冒领、重复报销、以无报有、以少报多、发票冲减、监守自盗外，还会随着社会形势的发展变化不断变化。如有的利用计算机等高科技手段进行贪污；有的以搞活经济为名，挪用国有资金进行期货、股票、房地产交易，从中贪污红利和利润；有的利用国有企业股份改革、中外合资、联合、兼并、出售等改制机会，采用多种手段侵吞和私分国有资产；等等。

（三）犯罪事实一般有书证可查

公共财物在主管、保管、经手、运输过程中，一般是以书证为载体加以记录的，特别是会计资料，可以反映国家机关、国有企事业单位公务往来、经济活动的情况。贪污犯罪行为多会在原始单据、记账凭证、账目、报表等会计资料或者发货记录、银行对账单等书证中有所反映；即使在财务制度不健全、管理存在漏洞的单位或环节，也会在小金库、白条、记事本等书证材料中有所反映，因此，只要注意收集相关书证材料，并根据这些资料的提示，把握业务往来、经济活动的脉络,就会查出案件的事实。

(四)赃款赃物是重要证据

贪污分子在非法占有公共财物后,除了被自己挥霍之外,多数会将剩余赃款赃物隐匿或转移,也有些人得手后即携款潜逃。因此,在调查中要果断采取措施,积极追缴赃款赃物,这是证实贪污犯罪、扩大调查成果的重要手段。

二、贪污案件的立案审查

(一)立案条件

根据《刑事诉讼法》《最高人民检察院关于人民检察院直接受理立案侦查案件立案标准的规定(试行)》(以下简称:《立案标准》)和《最高人民法院、最高人民检察院关于办理贪污贿赂刑事案件适用法律若干问题的解释》的有关规定,涉嫌下列情形之一的,应当立案:

1. 根据我国《刑法》第 93 条、第 382 条的规定,贪污罪的主体包括以下五类:

(1)国家机关工作人员,即在国家机关中从事公务的人员,是指在国家权力机关、行政机关、司法机关以及军事机关中行使一定职权履行一定职务的人员。

(2)国有公司、企业、事业单位、人民团体中从事公务的人员,这是指在上述单位中具有经营、管理职责,或者履行特定业务职责的人员,如会计、出纳、保管员等。

(3)国家机关、国有公司、企业、事业单位委派到非国有公司、企业、事业单位、社会团体从事公务的人员。

(4)其他依法从事公务的人员,包括依法执行职务的人员和依法受委托执行职务的人员,如有关机关和部门依照规定,以正式程序委托聘用的人员。

(5)受国家机关、国有公司、企业、事业单位、人民团体委托管理、经营国有财产的人员,这类人员包括国有公司、企业的承包、租赁人员和国家机关、国有公司、企业事业单位、人民团体正式聘用管理、经营国有财产的人员;既包括在上述单位中受委托管理、经营国有财产而不具有国家工作人员身份的人员,也包括上述单位委派到非国有公司、企业事业单位、社会团体中管理、经营国有财产但不具有国家工作人员身份的人员。

2. 客观方面表现为利用职务上的便利,侵吞、窃取、骗取或以其他手段非法占有公共财物的行为。具体从以下三方面来认识:

（1）必须是"利用职务上的便利"。利用职务上的便利，是指利用职务上主管、管理、经手公共财物的权力和方便条件。

（2）行为人实施了侵吞、窃取、骗取或其他手段非法占有公共财物的行为之一。

第一，侵吞，指行为人利用职务上的便利，全部剥夺物主的财产权利，彻底变更财物的归属，是贪污犯罪中比较常见的形式。侵吞的方式，常见的有三种：①将自己合法管理、使用的公共财物加以隐匿扣留，应上交的不上交，应支付的不支付，应入账的不入账；②将自己合法管理、使用的公共财物非法转卖或擅自赠送他人；③将应上缴的赃款赃物和罚没款物非法占有或私自使用。

第二，窃取，指行为人利用职务上便利，采取秘密窃取的方法，将自己经手、管理的公共财物非法占为己有，即"监守自盗"。如银行工作人员盗窃自己经管的钱款或冒支存款等。

第三，骗取，指行为人利用职务上便利，采取虚构事实、隐瞒真相的方法，非法占有公共财物的行为。骗取的财物，通常是处于他人合法管理下而行为人有权经手的公共财物，这些财物可以是本单位所有，也可以是与本单位有业务往来的外单位所有，具体表现为伪造单据、涂改账目、虚报费用、假报支出冒领财物等。

第四，其他手段，指除上述三种行为以外的利用职务上的便利非法占有公私财物的行为，这一规定是针对司法实践的复杂性而设计的防范性措施。当前司法实践中常见的形式主要有：利用回扣非法占有公款、利用合同非法占有公款等。

（3）客观方面还应包括犯罪结果和犯罪情节。在1997年八届全国人大五次会议通过的《刑法》中，以5000元、5万元和10万元的具体数字作为贪污量刑标准。但随着人民币在中国国内贬值，这一设置已"跟不上时代"。参考实际判例，对比更加鲜明。2000年，原广西壮族自治区委副书记成克杰，因贪污受贿近4000万，被处以死刑。一年之后，原江西省副省长胡长清，因贪污受贿近500万，同样被处以死刑。2013年受审的原中国铁道部部长刘志军贪污6000万，却被判处死缓。

《中华人民共和国刑法修正案（九）》于2015年8月29日在第十二届全国人民代表大会常务委员会第十六次会议上通过，并于2015年11月1日正式实施。本次修订对贪污受贿量刑标准问题做了重大修正和调整。这种调整，由以前规定的单纯的数额标准，修改完善为数额加情节的标准，这样更有利于根据案件的不同情况做到罪刑相适应。具体包括：①数额较大对应的金额是"3万元以上不满20万元的"，依法判处3年以下有期徒刑或者拘役，并处罚金；数额巨大对应的是"20万元以上不满300万元的"，依法判处3年以上10年以下有期徒刑并处罚金或者没收财产；数额特别巨大对应的是"300万元以上的"，依法判处10年以上有期徒刑、无期徒刑或者死刑，并处罚金或者没收财产。②将贪污罪的"较重情节"规定为：贪污救灾、抢险、防汛、优抚、扶贫、移民、救济、防疫、社会捐助等特定款物的；曾因贪污、受贿、挪用公款受过党纪、行政处分的；曾因故意犯罪受过刑事追究的；赃款赃物用于非法活动的；拒不交代赃款赃物去向或者拒不配合追缴工作，致使无法追缴的；造成恶劣影响或者其他严重后果的。

3. 行为人的主观方面是故意，并且具有非法占有公共财物的目的。

4. 行为人的行为侵犯了国家工作人员职务行为的廉洁性和公共财产的所有权。

（二）初核的重点内容

贪污案件线索的主要来源是：机关、人民团体、国有企事业单位的控告，有关执法执纪部门的移送，公民举报，知情人报案，案犯揭发，犯罪人自首以及监察办案部门自行发现。监察机关受理案件线索后，要进行认真的初核。初核的重点是：

1. 查明行为人的主体资格。通过走访所在单位，审查单位执照、行为的职务任命、委派文件以及承包、租赁、聘用合同等，查明行为人所在单位的性质、行为人的职务及其来源，从而正确辨别行为人是否属于贪污罪主体。

2. 查明非法占有公共财物的行为是否利用职务上的便利实施。利用职务上的便利，是贪污罪区别其他多数侵犯财产罪的主要标志。在调查实践中，要查明行为人是否利用职务上的便利实施犯罪，应该首先查明行为人是使用何种手段非法占有公共财物的，然后查明行为人的职务范围，最后看这种侵占手段是否与其职务活动直接相关，可以用"职务置换法"进行检验，即如果行为人不具有该职务，就不能利用该手段来占有公共财物，那么行为人的侵占行为就利用了其职务上的便利。

3. 查明行为人非法占有的财物是否符合贪污罪的对象。传统意义上的贪污罪，其对象必须是公共财物，但是，随着市场经济体制改革的深化，有关贪污罪对象的立法有两点需要加以注意：①《刑法》第271条、第183条规定，国有公司、企业或者其他国有单位委派到非国有公司、企业以及其他单位中从事公务的人员，利用职务上的便利，将本单位财物非法占为己有的；国有保险公司委派到非国有保险公司从事公务的人员，利用职务上的便利，故意编造未曾发生的保险事故进行虚假理赔，骗取保险金归自己所有的，依照本法第 382 条、第 383 条的规定定罪处罚。这里，行为人贪污的数额应以其非法占有财物的全额认定。②根据《刑法》第 382 条第 2 款的规定，受国家机关、国有公司、企业、事业单位、人民团体委托管理、经营国有财产的人员利用职务上的便利，侵吞、窃取、骗取或者以其他手段非法占有财物的，只有国有财物部分可以认定为贪污，因而在调查中必须剔除非国有财物的部分。

（三）初核的方法

1. 秘密查账。对非财务人员的被调查人、涉案人员，一般可根据线索所提供的范围有重点地秘密查账；对被调查人、涉案人员是财务人员的，可商请审计、财政、税务或主管单位配合，以正常的财务检查、审计等为掩护，暗中审查账目；对被调查人、涉案人员为主管财物的领导人员的，可由上级主管部门安排其外出学习、工作甚至休养，运用调虎离山的办法趁其不在时迅速组织力量秘密查账，完成初核任务。

2. 化装调查。即调查人员乔装打扮成其他身份的人员，以业务往来为掩护，到被调查人、涉案人员所在单位打听所需要的情况或向其同事、邻居、知情人从侧面了解情况，以获取有价值的信息。

3. 秘密监视。即在被调查人、涉案人员的住宅、出入场所和有可能进行犯罪、隐藏赃证、串供等活动地点附近，选择合适的位置，建立固定的或临时的秘密监视点，以控制被调查人、涉案人员的活动情况，进而获取证据的一种调查方法。

无论采用哪种秘密初核方法，如果举报控告材料是具名的，则应想方设法找到举报人，向举报人了解情况，以判断线索的真实性和可查性。在秘密初核工作中，一定要做好保密工作，即一要严格控制案情的接触面和知情面，把知情人缩小在最小范围内；二是调查时不能轻易惊动涉嫌对象，一般情况下更不能接触涉嫌对象；三是不能泄漏已掌握的证据材料。

通过初核，认为符合立案条件的，予以立案调查。

三、查账

查账是清查会计资料和有关款物工作的简称。贪污案件的证据大多要通过查账获取，故查账是贪污案件调查工作的根本性措施和中心环节，也是突破贪污案件的关键所在。[1] 通过查账,可以发现和获取关键的犯罪证据,必须引起高度重视。

(一) 控制会计资料和款物

贪污案件是犯罪人利用其经管公共财物及账目的便利作案的,会计资料和款物往往就在他们的直接控制之下。因此,对于经过初核证明涉嫌贪污的,在及时立案后必须采取果断措施,迅速控制控制一切可能的资料。这些资料包括原始凭证、记账凭证、各种账册、会计报表、各种预决算文件资料、经济合同、人员交接手续、商品物资清点表、收入凭证发票存根、出门证、统计资料、"小金库"财会账目等,防止嫌疑人有所察觉后销毁和隐藏。同时,对涉嫌出纳、仓库管理人员贪污的案件,还应迅速清查库存现金、有价证券和物资,搞清底数,防止嫌疑人员临时填补差额或制造混乱,掩盖真相。

(二) 查账的一般方法

1. 检查会计凭证。会计凭证是记录经济业务、明确经济责任的书面证明,它直接反映了财产物资的变动、使用情况,是记账的依据。会计凭证按其程序和用途,可分为原始凭证和记账凭证。

(1) 检查原始凭证。原始凭证是经济业务发生时取得或填制的记录经济业务具体内容的一种会计凭证,它分收款凭证和付款凭证两种。收款凭证是单位在收取外单位或个人来款时开出的凭证,一般有3联,一联是存根,二联用于本收款单位记账,三联给交款人作为交款依据。付款凭证是单位付款的记账凭证。

贪污分子利用原始凭证进行贪污的手法主要有:伪造付款凭证以此证明不曾发生的费用支出;或在真实付款凭证上涂改提高费用金额;或与付款凭证制作人员勾结起来,购货时低价高开或销货时高价低开;或制作大头小尾的凭证,把存根联上金额写小,把收据联上数据写大套取现金;或重复报销;等等。

在检查原始凭证时,重点围绕以下几方面进行:一是凭证的内容,即所反映的经济活动是否发生,与行为人的职务活动是否有关联,所填报的金额与市场行情是否相符,经济业务活动是否合法等。二是凭证的形式要件,即填制项目是否齐全,报销手续是否完备等。三是凭证有无伪造,即采用技术手段鉴别凭证有无伪造、涂改等情况。四是有无"白条子"及"白条子"所反映的经济内容是否真实、是否经主管领导人签字批准。

---

[1] 朱孝清:《职务犯罪侦查学》,中国检察出版社2004年版,第345页。

（2）检查记账凭证。记账凭证是会计人员对原始凭证进行归类整理时制作的用于记账的凭证，可分为付款记账凭证和收款记账凭证。原始凭证不能直接入账，必须通过制作记账凭证并将原始凭证附在后面才能入账。

贪污分子利用记账凭证贪污的手段主要有：制作记账凭证时在业务数量、单价上故意与原始凭证不符，通常是加大付款记账凭证的金额，缩小收款记账凭证的金额；伪造记账凭证记空账；涂改记账凭证；等等。

检查记账凭证的方法，主要从形式上看其是否具备应有的项目，有无涂改迹象，有无原始凭证，与原始凭证相对照内容是否一致，等等。

2. 检查会计账目。

（1）检查明细账与记账凭证是否一致。明细账是按照明细科目设置的账户，所有的记账凭证都要入相关的明细账。检查时，应逐笔核对记账凭证，检查记账金额与记账凭证是否一致；有无凭空记账情况；有无记账凭证不入明细账情况；记账的科目与凭证的科目是否一致；账面金额和结算的数字是否正确；等等。

（2）检查总账和明细账是否一致。会计账簿按用途一般分为总账和明细账。总账是按照总分类科目设立的，根据记账凭证汇总表进行登记，反映一个单位某项经济活动总的情况。明细账是按照明细科目设立的，是总账的具体化，分类登记某一类经济活动，反映某一类经济业务的具体情况。记账时，同一笔账既要登记在总账上，又要登记在明细账上；两种账的借贷方向一致；总账的总额与所属明细账金额之和相等。检查时，如果发现这两种账收支不相等、金额不一致，即说明有问题，需要追查其原因是记账差错还是贪污。

（3）检查有关联的账目是否一致。根据复式借贷记账法的原理，同一笔经济业务的发生，要在两个以上的关联账目中进行反映。比如用银行存款购买一台机器设备，在银行存款账户上应记载存款减少情况，同时在固定资产这个账户上应记载固定资产增加情况。因此，关联账户之间通过核对，看是否一致，如不一致，即有问题。

（4）检查单位的银行日记账和银行对账单是否相符。国家机关、国有公司、企业等单位，一般都要在银行开设专用存款账户。同时单位要设立银行存款日记账，以记录反映单位存款的变动情况。这是一种序时账，由出纳人员根据银行的收款凭证和付款凭证，按照业务发生的时间顺序，逐笔进行登记。与此相适应的开户银行也要逐笔登记，并且根据经济往来情况，把银行对账单定期送给存款单位。检查时，要将银行对账单与存款日记账逐笔核对，或直接到银行面对面核对。如果发现银行对账单上有收有付、金额相同、时间相近，而单位银行日记账上无记载的，则可能隐藏转借银行账号套购物资等非法活动。

（5）检查单位账目与外单位账目是否一致。凡是涉及两个单位的经济业务活动，在两个单位的对应账目上都有所记载。当一些贪污分子采取收入不上账或虚报支出进行贪污时，仅检查本单位账目往往发现不了问题。这时，需要将对方单位的会计账目与案发单位账目进行核对，就能查明问题。查对的方法是，先编制收支往来明细账，然后派人到有关单位核对账目。如果一方收进没有入账，而对方账上有，或者一方有支出，但对方账上没有，就说明存在贪污的可能。

3. 将账目数额与实存数额核对。账目是记载反映财产物资实际变动情况的手段工具，正常情况下，每一笔财产物资的增加和减少，都应在账目上有所记录。检查时从以下两方面进行：

（1）检查现金日记账和库存现金是否一致。每个单位都要设立现金日记账，对现金的变动情况进行及时登记，账面上核算出的现金余额就是库存现金的数额。通过核对账面现金余额和库存现金数，可以证明库存现金有无短少。实践中，可以采取突击检查的方式，避免贪污分子临时凑数补齐非法侵占的数额而蒙混过关。应注意对在途现金也要进行清查。对于检查发现的差额部分，应重点追查经手保管人员，查明差额的去向。

（2）检查账目和实物是否一致。按照财务和物资管理制度，有物必须有账，账物应当一致。贪污分子采用伪造收购凭证、空仓入库的方法冒领收购款，或采用少入库的方法进行贪污的事实，很难从账面上发现，必须将账目核算的余额与库存实物进行核对。检查采用盘点库存实物与审查出入库手续等方法。通过检查如果不相符，说明有问题，应重点追查差额的去向。

4. "小金库"的检查方法。采用这种手段作案的，近年来比较普遍。这种情况往往是公私交融，以公家名义达到营私之目的。小金库的存在，给贪污受贿犯罪活动大开了方便之门。这类案件往往比较难查，也不好认定，涉案者时常以不正之风的存在为借口，而处理结果只能是以退代罚、以"罚"代"刑"。

私设"小金库"分为两种：一种是账内私设的"小金库"，就是将无法支付的应付款或截留的收入用于谋取私利支出；另一种是账外私设的"小金库"，就是截留部分收入或其从"大账"将公款转出进入"小金库"进行私分贪污。

对设立"小金库"进行贪污的行为，查账的方法是：

（1）应当审查单位设立的账簿与科目是否合法，核对存款，仔细核对银行账户及存款情况,以及财务人员个人账户存款情况,实际存款大于账面余额的,就很可能是"小金库",然后逐笔落实每笔款的收入来源及开支去向。与其他单位发生经济关系时,审查支出单位的账目与收入单位的账目,相对照,记差额,看是否入账,以及个人是否从存入银行的"小金库"款中贪污利息。

(2) 支出账与库存账目对照是否存在差额,有差额是否入账,盘存现金与账面余额之间的差额,如果库存的现金大于账面现金余额,又找不出合理的现金来源,就可能是"小金库"(当然,这里除了财务人员的独立的犯罪或者违法行为之外),出库账与本单位的支出账是否相符,收货单位的支出账与发货单位的收入账有无差额,在有差额的情况下追查该款的去向是否合法;再者是根据相关账目之间的内在联系,核查被隐瞒收入的来龙去脉和虚假支出的去向,同时对发生业务往来较多的单位进行调查,追查收入不入账或者虚假列支资金的落脚点,可以通过与其发生关系的单位、分管的所属单位、下属部门等有着内在密切联系的对象,进行实际核查,顺着蛛丝马迹找出"小金库"。

(3) 清理"小金库",查"小金库"是否建账和有记载,查账簿与库存是否相符,"小金库"与账外资金的实际支配权是否属于个人支配,根据"小金库"的全部收入和支出,进行完全彻底的清理,确定其利用"小金库"进行贪污犯罪的实际数额。

(三) 对几种主要贪污主体的查账方法

1. 财会人员贪污案件的查账方法。对财会人员贪污案件的查账,可按以下步骤展开:

(1) 以银行对账单为依据,核对单位的银行日记账,看二者余额是否相符。如果单位银行日记账上的余额小于或大于银行对账单上的余额,则财会人员存在贪污或挪用的可能。

(2) 检查收款凭证存根,然后与有关账证进行核对。一要检查收款收据存根是否有不正常情况,如只有小写金额而无大写金额、背面无复写痕迹、存根已作废但未附作废联、整本存根缺号并去向不明等,即说明存在贪污、挪用的可能。二要看所有的收款是否都记入了现金日记账或银行日记账,如果收款收据存根有记录而现金日记账或银行日记账上没有收款记录,则说明财会人员截留了这些款项。

(3) 检查付款原始凭证和记账凭证。通过查原始凭证与记账凭证上的金额是否相符、原始凭证和记账凭证上的时间是否合乎常理、外来原始凭证的抬头有无涂改、抬头的笔迹与其他内容笔迹是否相同、出具原始凭证的单位与收款内容是否合理，来发现财会人员有无采取涂改付款原始凭证或者用虚假的发票记账报销进行贪污的行为。

（4）检查应收应付款项。应收款是指单位销售产品后应从购货方收回的货款，应付款是指单位在购得原材料或产品后应付给售货方的货款。应收应付款一般通过银行转账或汇兑结算，也有的使用现金。审查应收应付款项，一般可以根据举报线索或单位购销合同，选择若干个购销业务向客户单位进行核对，以便发现财会人员不将应付款转给供货单位而转给自己预定的账户，或将购货方转来的应收货款转账支票不入账而改存自己预定的账户的行为。

2. 购销人员贪污案件的查账方法。购销人员的贪污手法主要有伪造原始凭证、涂改付款凭证、虚报冒领、重复报账、开"大头小尾"发票、侵吞预付款、销货款等。查账的方法主要有：①检查收款与付款凭证；②检查应收应付款。

3. 实物库管人员贪污案件的查账方法。主要有：①检查实物出入库登记手续是否健全、账目是否清楚；②交货人与领货人的签名有无假冒；③通过盘点，检查账面上登记的实物数额与库存实物数额是否相符。

4. 银行人员贪污案件的清查方法。银行人员的贪污主要集中在银行存款业务、结算业务和信贷业务中。

（1）存款业务中贪污案件的查账。①对收入不入账案件，要紧紧抓住"进账单"这一关键，采取重点查账、与储户核对账户余额等方法清查。②对伪造进账单虚假入账套取现金案件，重点检查存款凭条字迹与进账单字迹是否相同。③对偷支储户存款案件，要进行账、卡、据三对照。④对贪污存款利息的案件，主要依据原始凭据审查记账凭证有无多记、空记和串户记账，或者依据记账凭证审查原始凭证有无少记利息。

（2）结算业务中贪污案件的查账。①对截留转账、汇款或将转账、汇款转储贪污利息案件，可采取从资金来源查资金去向（顺查）或从资金去向查资金来源（倒查）两种方法清查。②对伪造结算凭证贪污库款案件，重点是要发现结算凭证系伪造，并进而确定被调查人，弄清资金去向。③对盗取联行资金、拆借资金和备用金案件，应从"领"和"入"这两个环节入手，看有无领回未入账或私自取走的情况。

（3）信贷业务中贪污案件的清查。①对收回贷款不入账案件，一般从查贷款账目入手，审查每笔贷款的审批手续、发放时间和金额，然后查到期贷款是否归还入账。②对于已到期但账上未反映收回的,要查明是贷款人拖欠贷款还是银行人员已收回贷款未入账。③对不记或少记贷款利息案件,主要根据贷款的种类、用途和贷款时间,查应收利息数的计算是否正确和是否入账。

四、贪污案件的调查措施及方法

查办职务犯罪,仅仅使用单一调查手段往往不会取得好的效果,这就要求综合运用多种调查措施。对于贪污案件而言,除了运用查账的专门方法收集犯罪证据外,还应注意其他调查措施的综合运用。

(一)询问证人

询问证人是调查贪污犯罪案件获取犯罪证据的一项重要措施。通过询问证人,可以为查账提供方向和核实查账结果。而对于一些在账面上得不到反映的贪污犯罪事实,则必须通过询问证人才有可能查清真相。

贪污案件询问证人,重点要查明被调查人贪污的时间、地点、金额、作案方法、作案过程、犯罪涉及的人员以及赃款赃物的去向等。询问时要根据他们对案件的不同态度采取不同的询问策略和方法:

1. 对于报案人、控告人,一般能积极配合监察机关,主动提供证人证言,因此,调查访问中应当首先对报案人、控告人进行调查,对详细内容加以了解。

2. 对于与被调查人、涉案人员有业务往来的人,被调查人、涉案人员的领导、同事及其他知情人,除了部分思想觉悟高,正义感强,能积极配合监察机关外,有一部分基于各种心理不愿意提供证言,对于这样的知情人,应做好耐心充分的思想教育工作,对于他们存在的各种顾虑,应帮助其解决,对他们提出的合理要求,如保密等,在法律允许的范围内尽量满足,以争取他们的配合。

3. 对于被调查人、涉案人员的家属、亲友,他们多少对被调查人、涉案人员的贪污行为有所了解,若能提供证言,对迅速查清犯罪事实有很大价值。但在实践中,这类人员是询问的难点,他们中大多数不愿意作证。对于他们,应该着重进行思想教育,陈述利害,让他们知道包庇犯罪要承担法律责任。必要时,可以利用被调查人、涉案人员被留置而不能与其家属见面联系,相互信息不通的有利条件,适当运用一定策略,打破他们的侥幸心理,使他们认识到再也无法隐瞒真相,从而提供自己所了解的贪污犯罪事实。

(二)讯问被调查人、涉案人员

贪污案件讯问被调查人、涉案人员的主要任务,一是扩大战果,二是核实查账和外围调查所得的证据,搞清每一笔贪污事实的来龙去脉及赃款去向,进一步完善证据。因此，在讯问中，要对二者全面把握，不可偏废。

讯问工作是调查人员与被调查人、涉案人员面对面斗智斗勇的过程，因此在讯问过程中一定要注意讲求策略，针对其不同心理，采用不同的方法，只有这样才能取得较好的审讯效果。实践中常用的策略方法有：

1. 引而不发。由于调查人员通过查账和外围调查已掌握了一定证据，特别是共同犯罪案件，通过寻找和进攻薄弱环节，更能掌握较多的证据，因而调查人员要引而不发，不轻易指范围、点事实，促使被调查人、涉案人员如实交代自己的问题。引而不发的作用在于，使被调查人、涉案人员不知道调查人员究竟掌握了哪些事实，引起心理恐慌，从而交代出调查人员未掌握的贪污事实。

2. 巧使证据。被调查人、涉案人员之所以拒绝坦白罪行，最重要的一点是其存在严重的侥幸心理。因此，调查人员要细致分析其心理状况，把握时机。在被调查人、涉案人员"表演"最充分的时候，出其不意地出示证据，使其措手不及，进退两难，从根本上打击其侥幸心理，动摇其抗审意志。使用证据关键在"巧"，即要把握好时机和方法，既可以直接出示证据，也可以使用暗示模糊语言、点而不破等方法，让被调查人、涉案人员细心寻味，产生联想，以达到比直接出示证据更好的效果。

3. 利用矛盾。对账上反映的贪污事实，有些被调查人、涉案人员会编织谎言搪塞蒙骗，对此，调查人员一般不要急于打断和反驳，让其充分表演后，再抓住其供述的矛盾和漏洞予以揭露和反驳。对于共同犯罪案件，要充分利用共同犯罪之间相互猜疑的心理，制造矛盾，利用矛盾，扩大矛盾，破除其攻守同盟，从而分而治之，各个击破。

在讯问过程中，无论是核查已掌握的犯罪事实，还是扩大战果，都要重视口供的细化。也就是说要让被调查人、涉案人员对每一笔贪污的时间、地点、手段、经过、结果以及赃款的去向交代清楚。这不仅仅是完善和固定证据的需要，而且是辨别口供真伪的需要。

（三）通过搜查、扣押、查询、冻结获取物证、书证，追缴赃款赃物

1. 搜查、扣押。贪污案件调查中，适时采取搜查、扣押与犯罪有关的物品、文件及其他材料，有利于控制和保全涉案证据，同时，也能为国家、集体挽回经济损失。对贪污案件进行搜查要强调搜查的突击性和保密性，避免出现被调查人或其家属、亲友或者其他涉案人员听到风声后事先串通、伪证、毁证、隐匿证据、转移赃款赃物等。搜查前要认真准备，重点要预测分析赃款赃物及其他罪证

可能隐藏的地方。搜查时一般可先要求被搜查人或在场的被调查人家属主动交出赃证，然后再进行全面、细致、有序的搜查。在搜查中，要注意观察被搜查人及其家属的言行可疑处，从中发现目标，提高搜查的准确性。对于搜查中发现的与案件有关的台历、日历、记事本、合同书、来往信函、电报、电话记录、通讯录、名片、发票及其他可疑的数据、号码、物品，要依法扣押，扣押后妥善保管。除此之外，还可以通过通信部门扣押与犯罪有关的邮件、电报。对扣押的物证、书证，调查人员要进行认真分析，以扩大战果。

2. 查询、冻结存款、汇款。办案过程中，要加强与银行、证券、基金等金融系统的沟通，争取支持配合，依法灵活使用查询、冻结存款、汇款措施，采取重点查询和普遍查询相结合的办法，查询被调查人、涉案人员的存款、汇款、股票等有价证券，并依法予以冻结。对被调查人、涉案人员的汇款也应予以冻结。

3. 追缴赃款赃物。当前，随着经济社会的发展，对外开放的日益扩大，人们经济交往频繁、人口流动量大、户籍管理制度灵活、出入境更为便利，被调查人、涉案人员转移、隐匿赃款赃物逃避打击，携款潜逃甚至潜逃境外的情况日趋严重。因此，在贪污案件的调查过程中，除采取上述措施发现、扣押和冻结赃款赃物外，一是要综合运用其他调查措施，通过讯问被调查人或涉案人员、询问其家属亲友等相关证人、走访其他知情人等方法发现赃款赃物的去向，顺藤摸瓜。二是要积极探索境内追逃追赃工作长效机制，重点加强监察机关、公安机关、安全机关、金融部门的配合协作，建立信息定期通报制度，配合做好控制、边控、通缉等工作，并适时组织开展全国性的追逃追赃专项活动。三是抓紧研究境外追逃追赃的有效途径和办法，在《联合国反腐败公约》等国际或区域组织的协定框架内，拓宽与国外司法、执法机关在信息通报、取证、追逃、追赃等工作方面的合作渠道。

第二节　挪用公款案件的调查

挪用公款案件，指国家工作人员利用职务上的便利，挪用公款归个人使用，进行非法活动的，或者挪用公款数额较大、进行营利活动的，或者挪用公款数额较大，超过3个月未还的行为所构成的犯罪案件。

一、挪用公款案件的特点

(一) 发案数随资金供求关系的变化而起伏

挪用公款的目的是非法取得对公款的使用权,而非谋求对公款的永久占有;挪用公款的用途大多用于营利活动和走私、赌博等非法活动,因而其发案数往往随社会上资金供求关系的变化而起伏:当资金供求矛盾突出即求大于供时,银行利率上扬,民间利率更高,挪用公款能取得丰厚的利润回报时,挪用公款的案件就明显增多;当资金供求矛盾趋缓,利率下降时,挪用公款案件就随之减少。

(二) 犯罪数额巨大,危害严重

由于挪用公款主要用于营利和营利性非法活动而不是解决个人生活困难,加上高回报的刺激,因而多数挪用公款案件的数额巨大。同时,高回报必然存在高风险,因而不少挪用公款案件因股票、房地产被套、赌博输掉、经商亏本等而无法归还,给国家和人民利益造成重大损失。

(三) 作案方式多种多样

挪用公款的方式在不同的行业、部门不尽相同。如单位负责人大多直接挪用公款或以单位名义贷款然后将所贷之款挪用;单位出纳多直接挪用公款;企业供销员则将收回的货款或向单位领取的购货款挪用。银行部门的挪用方式主要是:冒名贷款归个人使用;非法自批自贷、互批互贷归个人使用;吸纳存款不入账归个人使用;空存实取归个人使用等。证券部门的挪用方式主要是:直接挪用证券公司资金;偷支、占用股民资金卡上资金;通过修改电脑资料挪用;等等。

(四) 犯罪事实一般有会计资料可查

由于挪用公款的目的是非法使用后予以归还,因此,犯罪一般不会销毁账目。会计账内的公款被挪用,通过查账即可发现;会计账外的公款被挪用,虽然它在会计账内无直接反映,但被各种相关的财务关系和财务资料所控制,与有关方面对账,也能发现公款被挪用的事实。

二、挪用公款案件的立案

(一) 立案条件

根据《刑事诉讼法》《立案标准》和《最高人民法院、最高人民检察院关于办理贪污贿赂刑事案件适用法律若干问题的解释》的有关规定,涉嫌下列情形之一的,应当立案:

1. 行为人是国家工作人员。
2. 客观方面表现为利用职务之便挪用公款归个人使用,用后准备归还,并不想永久占有该公款，具体分两种情形：

（1）挪用公款归个人使用，进行非法活动，数额在3万元以上的，应当依照刑法规定以挪用公款罪追究刑事责任；数额在300万元以上的，应当认定为刑法规定的"数额巨大"。具有下列情形之一的，应当认定为刑法规定的"情节严重"：①挪用公款数额在100万元以上的；②挪用救灾、抢险、防汛、优抚、扶贫、移民、救济特定款物，数额在50万元以上不满100万元的；③挪用公款不退还，数额在50万元以上不满100万元的；④其他严重的情节。

（2）挪用公款归个人使用，进行营利活动或者超过3个月未还，数额在5万元以上的，应当认定为刑法规定的"数额较大"；数额在500万元以上的，应当认定为刑法规定的"数额巨大"。具有下列情形之一的，应当认定为刑法规定的"情节严重"：①挪用公款数额在200万元以上的；②挪用救灾、抢险、防汛、优抚、扶贫、移民、救济特定款物，数额在100万元以上不满200万元的；③挪用公款不退还，数额在100万元以上不满200万元的；④其他严重的情节。

挪用用于救灾、抢险、防汛、优抚、扶贫、移民、救济款物归个人使用的，从重处罚。

3. 行为人的主观方面是故意，其目的是非法使用公款。

4. 行为人的行为既侵犯公款的使用权，又侵犯国家工作人员的职务廉洁性。

（二）初核

挪用公款案件的线索来源主要是：受害单位的控告；公民个人的举报；有关执法执纪部门移送；被调查人自首；同案人检举、揭发；监察机关在办案中发现以及上级交办等。监察机关受理案件线索后，应进行立案前的初核，着重查清以下问题：

1. 是否有挪用公款的事实及所挪公款的数额与性质。这里"所挪公款的性质"，是指所挪公款是一般公款还是用于救灾、抢险、防汛、优抚、扶贫、移民、救济款物。

2. 被挪公款使用主体的性质。挪用公款"归个人使用"是挪用公款罪的要件之一。"归个人使用"包括将公款供本人、亲友或者其他自然人使用；以个人名义将公款供其他单位使用；个人决定以单位名义将公款供其他单位使用，谋取个人利益。挪用公款如给他人使用，还要查明挪用人与使用人有无共谋，对使用人与挪用人共谋，指示或参与策划取得挪用款的，对使用人应以挪用公款共犯立案。

3. 被挪用公款的用途。主要查明是用于非法活动、营利活动还是个人的其他使用。所谓"非法活动",是指犯罪活动和其他违法活动;所谓"营利活动",是指经商、存银行、集资、购买股票、债券等有可能产生利润的活动;所谓"个人其他使用",是指除非法活动和营利活动之外的用途。用途不同,立案的数额标准和挪用期限条件不尽相同。

4. 挪用公款的时间及有否归还。挪用公款归个人使用的,挪用时间必须超过3个月才构成犯罪,因此,对这种情形的挪用公款,要查明挪用的时间。根据最高人民法院司法解释,挪用公款归个人使用,数额较大,超过3个月但在案发前全部归还本金的,可以从轻处罚或者免除处罚;挪用公款归个人进行营利活动,在案发前全部归还本息的,可以从轻处罚,情节轻微的,可以免除处罚。因此,对上述两种情形的挪用公款,要查明所挪之款在案发前有否归还,对案发前已分别归还本金或本息,符合免除处罚条件的,可不予立案。另外,对挪用公款不退还的,还要查明是主观上不想还,还是客观上不能还,对主观上不想还的,则应以贪污罪立案。当然,该问题也可在立案之后再去查明。

至于初核的方法,与贪污案件的初核方法基本相同,这里不再重复。初核后,认为有挪用公款犯罪事实需要追究刑事责任的,即应予以立案。

三、挪用公款案件的调查措施及方法

(一) 查账

利用职务之便挪用公款的手法虽然多种多样,但由于其没有长期侵占不还的意思,故行为人通常会在账面上留下痕迹,甚至会留下借款凭证,没有平账举动。所以,在调查挪用公款犯罪案件时,必须把查账作为收集证据、核实犯罪事实、揭露犯罪和证实犯罪的基本方法。挪用公款案件的查账与贪污案件的查账相似,主要从以下几个方面入手:

1. 检查账面现金与库存现金是否一致。企业、单位的"现金日记账"要对现金收付业务进行序时登记。为了揭露、证实挪用公款被调查人的犯罪事实,要将账面上的现金数与库存现金进行核对。通过查点库存现金的实有数额,可以证实库内现金是否存在,有无被挪用。

2. 检查账和实物是否一致。按照财务和物资管理制度,有物必有账,账物应相符。将账面上的物与库存的物和其他处存放、使用的物进行核对。通过查清库存和其他处使用的物,可以证实账上的物是否存在,有无被挪用。

3. 检查本单位的账与外单位账目是否相符。凡是涉及两个单位的账目,两

个单位的原始凭证上的编号必定相同，而有经济往来关系的双方都要根据原始凭证作账，所以可以相互进行核对。通过审查可以发现被调查人、涉案人员有无采取收入贷款、货款、货物不记账等挪用公款、公物的犯罪行为。

4. 检查单位现金日记账与银行对账单的余额是否相符。如果单位银行日记账上的余额大于或小于银行对账单上的余额，则可能有挪用或贪污的发生。在核对单位银行日记账和银行对账单余额时，不仅仅限于最后的账面余额，对以往发生的二者不相符的情况也应进行追查。

需要注意的是，在调查挪用公款、公物的犯罪案件中，查账时要注意保密，以防止被调查人、涉案人员事先闻到风声用拆东墙补西墙的手法临时抵补凑数。查账时还要注意全面性，只要是账上记录的现金、物资，无论其在哪个部门和什么人手中，都要全面清点。对于在途的现金、物资，即一方单位汇的现金、发出物资而对方没有收到的，也不能遗漏。通过查账可以查清挪用公款、公物的次数、时间、数额、行为人作案手段。对于多次挪用的，挪用时间应连续计算。

对在查账中涉及的有关会计方面的专门问题，可以指定或聘请有关专业人员作司法会计鉴定。

（二）询问证人

询问证人是挪用公款案件调查中获取证据的重要措施。询问与查账可以相互配合、相互补充、相互印证。有时候在账面上虽然发现了问题，但尚不能落实，就需要通过询问证人，查证落实，弄清问题的性质，特别是当被调查人、涉案人员采取收进不入账的方法挪用公款、公物的，审查被调查人、涉案人员本单位的账目根本发现不了问题，必须通过询问证人和开展其他调查工作才能发现和证实挪用的事实。

挪用公款案件的证人主要有控告人、举报人；被调查人、涉案人员所在单位的领导、同事；同被调查人、涉案人员有过业务往来的人；被调查人、涉案人员的家属、亲友；被挪公款的使用人及其亲友。在这些人当中，了解情况最多的往往是与被调查人、涉案人员过往甚密的人。但他们基于种种个人考虑，往往不愿如实提供情况，有的甚至可能提供不真实的情况。为此，应当在调查摸底的基础上，从被调查人、涉案人员的关系网中选择薄弱环节进行突破，例如，表现尚好、阅历较浅、胆量较小的知情者，如与挪用公款、公物的被调查人来往密切、了解底细，后来产生某种利害矛盾的人等。为了使知情人吐露真情，调查人员应当向他们宣传国家的政策、法律，注意工作方法，解除其心理障碍。询问与被调查人、涉案人员关系密切的证人,调查人员应持慎重态度,提高警惕性,避免走漏风声,暴露调查秘密。

询问被挪公款的使用人及其亲友要围绕以下三方面的问题进行询问:①挪用人与使用人对挪用一事有无通谋;②挪用人对所挪公款用途的知晓程度;③与挪用人是否存在不正常的经济关系。

(三) 讯问被调查人、涉案人员

讯问的目的是在查账的基础上,进一步查明挪用公款的时间、金额、用途、去向等问题,并进一步扩大战果。根据挪用公款案件的特点,讯问时要注意以下几点:

1. 对挪用公款给他人使用的,要注意查明其对被挪公款真实用途的了解程度、有无跟使用人通谋、有无从使用人处得到利益等问题,并结合对使用人的询问及对公款挪用方式的调查,确定属哪种情形的挪用公款、挪用人与使用人是否构成共同犯罪以及被调查人、涉案人员的罪数问题。

2. 对账目补平的案件和挪用后不归还的案件,要注意查明是贪污还是挪用。挪用公款案件一般不采取涂改单据、账目,将账目补平的办法,但也有极少数案件,行为人为了应付检查,暂时将账目补平;而有些贪污案件(如某些用侵吞、盗窃手法贪污的案件)也不一定涂改账目。因此,不能仅以账目情况区分贪污罪与挪用公款罪。挪用后不归还的案件,有主观上不想还与客观上不能还之分,前者已转化为贪污罪,后者则为挪用的从重情节。区分贪污与挪用的界限在于行为人的主观故意是非法占有还是非法使用。

3. 要注意深挖。挪用公款案件一案多罪的情况较为突出,因此,调查挪用公款案件要注意深挖,特别是讯问时的深挖,一定要察微析疑,紧追细问。

(四) 综合运用其他各种调查措施

对挪用公款数额较大尚未归还或者可能有余罪余案的,要进行搜查,以便获取赃款和罪证;对于被调查人挪用的公物,或用被挪用的公款购置的物品,通过搜查发现之后,要依法进行扣押;对于被调查人、涉案人员挪用公款后本人经商或与他人经商的,监察机关还要根据情况依法冻结利用被挪用公款经商者的银行账户;对携带挪用公款潜逃的,要立即通知公安机关缉捕,并改按贪污罪调查;尚有大数额公款未归还的,要迅速组织力量,根据款的走向进行追赃,以便挽回可能造成的损失;对采用冒名贷款、模仿联签人笔迹挪用公款的,要进行笔迹鉴定,以便为定案提供科学的依据。

第三节 受贿案件的调查

受贿案件是指国家工作人员利用职务上的便利，索取他人财物或者非法收受他人财物，为他人谋取利益的行为所构成的犯罪案件。

一、受贿案件的特点

(一) 发案部位相对集中

受贿罪是围绕权力而产生的权钱交易犯罪，因此，凡是有权力存在的地方，都有可能出现权力寻租的现象。另一方面，各个部门的权力有大有小，对经济生活的干预和调控有强有弱、有直接和间接之别，因而受贿案件出现了相对集中的状况。当前，受贿犯罪主要集中在两大部门：一是经济部门，包括金融、建筑、铁路、物资、外贸等，这些行业掌握了贷款、运输、商品流通等权力，是受贿犯罪的高发区。二是执法和司法部门，如工商、税务、海关、公安、检察、审判等执法机关和司法机关，他们掌握某些经济行为的调查处理权，也是受贿犯罪的热点区域。

(二) 手法多样，形式复杂，隐蔽性强

为了掩盖受贿事实，逃避打击，受贿人与行贿人在实施犯罪过程中，多精心策划，秘密进行。同时，他们事先多订立攻守同盟，一旦罪行败露，双方拒不认账，以此对抗调查。在受贿的形式上，有的以劳务费、信息费、咨询费、技术服务费等合法的名义受贿；有的以借、试用、代购为名受贿，收钱出具"借据"，收物随收发票；有的收"大礼"后还给对方一份"小礼"，造成"礼尚往来"的假象；有的借婚丧嫁娶、年节生日、病患住院之机受贿；有的将受贿变成长期投资，以入股分红的名义受贿；有的由配偶、子女出面受贿，自己佯装不知，或利用职权在境内为外商谋利，由其亲属在境外"曲线受贿"；有的借打牌"赢钱"的名义接受贿赂；有的以"高雅"掩盖肮脏，收受高价值的名贵字画和玉器古玩；等等。除了直接收受金钱、物品类财物外，还有的以免费旅游、为子女办理出国留学等名义出卖权力，获取其他物质性利益等。在接受贿赂与为他人谋取利益的时间顺序上，许多受贿人选择事前受贿或事后受贿，故意割断受贿与为他人谋取利益之间的因果关系，企图掩盖犯罪事实，这种行贿受贿方式的转变，使得犯罪手段更加隐蔽，不易发现。

(三) 调查难度大

受贿犯罪的调查是职务犯罪调查中难度最大的犯罪之一,其原因一是行受贿双方休戚相关,利益共享,荣辱与共,互相包庇,受贿人和行贿人之间多订有攻守同盟,使得案件难以查处,而一些知情人又往往是被调查人的亲属或与案件有牵连,往往不能积极配合调查机关提供证言,因而犯罪事实暴露和取证都很困难。二是由于行贿、受贿犯罪狡猾隐蔽,犯罪事实"天知、地知、你知、我知",较难被他人掌握,加上犯罪形式具有欺骗性,从而使案件发现难、定性难、统一认识难。三是受贿犯罪的物证、书证极少,贿赂双方在交易时往往没有任何书证记载,不像贪污犯罪那样有账目可查。同时也不像杀人、盗窃等暴力犯罪那样有大量的痕迹物证可查,犯罪事实的确认大多依靠言词证据,而言词证据的取得又往往受限于调查对象的主观意志,不完全取决于调查主体的努力,加上言词证据容易变化,造成证据难以固定。四是调查受贿案件一般先从调查行贿入手,待侦破行贿案件后,才对受贿案实施调查,调查链条长,故调查活动容易被受贿嫌疑人察觉,并进行串供、毁证、匿赃等活动,从而给调查活动造成困难。五是调查对象的反调查能力强,往往案前精心策划,案后订立攻守同盟,且凭借"说情风""关系网"干扰办案,加大了调查取证过程的复杂程度,使得调查难度增大。

(四) 一般有赃款赃物可查

虽然受贿犯罪分子狡猾多变、行为隐蔽,但只要其实施了接受贿赂的行为,就必然存在赃款赃物,这是在调查受贿犯罪时需要注意发现的一个重要的物证。受贿人收受钱物后,大多存入银行,购买股票,购买房屋、电器、汽车等高档商品等,这为查证受贿犯罪的存在提供了一个有利条件。

二、受贿案件的立案

(一) 立案条件

根据《刑事诉讼法》《立案标准》和《最高人民法院、最高人民检察院关于办理贪污贿赂刑事案件适用法律若干问题的解释》的有关规定,认为具备以下条件的案件,应当立案:

1. 行为人是国家工作人员。2009年2月28日,第十一届全国人民代表大会常务委员会第七次会议通过了《中华人民共和国刑法修正案(七)》。根据我国修正前的《刑法》有关受贿罪的规定,受贿属于国家工作人员的职务犯罪,非国家工作人员不能单独构成本罪。因此,在以往的司法实践中,法院只能根据刑法总则关于共同犯罪的规定，将领导干部"身边人"作为受贿罪的共犯追究刑事责任，对于这类人利用领导干部的职务单独实施的受贿行为，则找不到相应的法律依据来进行制裁。修正条款将领导干部"身边人"也纳入受贿罪的犯罪主体范围，具有重大意义，尤其是使领导干部"身边人"的单独受贿行为进行刑事制裁变得有法可依，同时对"身边人"的震慑作用不容忽视。至于如何界定"关系密切人"，还有待司法解释具体规定。具体规定如下：

在《刑法》第388条后增加一条作为第388条之一："国家工作人员的近亲属或者其他与该国家工作人员关系密切的人，通过该国家工作人员职务上的行为，或者利用该国家工作人员职权或者地位形成的便利条件，通过其他国家工作人员职务上的行为，为请托人谋取不正当利益，索取请托人财物或者收受请托人财物，数额较大或者有其他较重情节的，处3年以下有期徒刑或者拘役，并处罚金；数额巨大或者有其他严重情节的，处3年以上7年以下有期徒刑，并处罚金；数额特别巨大或者有其他特别严重情节的，处7年以上有期徒刑，并处罚金或者没收财产。""离职的国家工作人员或者其近亲属以及其他与其关系密切的人，利用该离职的国家工作人员原职权或者地位形成的便利条件实施前款行为的，依照前款的规定定罪处罚。"

2. 行为人在客观方面表现为利用职务上的便利，索取他人财物，或者收受他人财物，为他人谋取利益；或者在经济往来中违反国家规定收受各种名义的回扣、手续费归个人所有；或者利用本人职权或者地位形成的便利条件，通过其他国家工作人员职务上的行为，为请托人谋取不正当利益，索取或者收受请托人财物。

贿赂犯罪中的"财物"，包括货币、物品和财产性利益。财产性利益包括可以折算为货币的物质利益如房屋装修、债务免除等，以及需要支付货币的其他利益如会员服务、旅游等。后者的犯罪数额，以实际支付或者应当支付的数额计算。

具有下列情形之一的，应当认定为"为他人谋取利益"，构成犯罪的，应当依照刑法关于受贿犯罪的规定定罪处罚：①实际或者承诺为他人谋取利益的；②明知他人有具体请托事项的；③履职时未被请托，但事后基于该履职事由收受他人财物的；④国家工作人员索取、收受具有上下级关系的下属或者具有行政管理关系的被管理人员的财物价值3万元以上，可能影响职权行使的，视为承诺为他人谋取利益。其中，第3项和第4项均是法律推定，目的就是解决司法实践中事后收受财物或者收受下属财物的案件中难以证明"为他人谋取利益"这一要件存在的困境。

3. 收受财物的数额达到以下标准：

（1）数额较大对应的金额是"3万元以上不满20万元的"，需要追究刑事责任；数额巨大对应的是"20万元以上不满300万元的"，处3~10年有期徒刑；数额特别巨大对应的是"300万元以上的"，处10年以上有期徒刑、无期徒刑、死刑。

（2）受贿罪的严重情节规定为：多次索贿的；为他人谋取不正当利益，致使公共财产、国家和人民利益遭受损失的；为他人谋取职务提拔、调整的。

4. 行为人主观方面是故意，且以索取或者收受他人财物为目的。

5. 行为人的行为既侵犯了国家工作人员职务行为的廉洁性，又侵犯了国家机关的正常管理活动和声誉。

（二）受贿案件的线索来源

1. 公民群众或单位的举报、控告。受贿犯罪案件的发现主要是依靠知情人的检举揭发。在受贿犯罪案件中的知情人，有的是具体实施行贿的参与人，有的是犯罪人的家属、亲友，有的是受贿人在利用职务为行贿人谋利益时，与其职务活动有关联的其他国家工作人员等，他们当中，凡是有正义感、社会责任感的人，从维护国家、社会以及自身的权益出发，都有权利和义务就其所知情况向监察机关报告。

2. 监察机关自行发现的线索。受贿犯罪是利用职务便利实施的犯罪，在其职务活动上，国家工作人员之间有着各种牵连关系。实践中许多受贿犯罪往往与贪污犯罪和其他贿赂犯罪交织在一起，形成串案、群案。监察机关在侦办某一国家工作人员的职务犯罪时，进行深挖，极有可能由此发现受贿犯罪的线索，从而使得该犯罪事实得以暴露。

3. 其他单位的移送。其他单位或部门在自己的执法办案业务中发现的受贿线索，构成犯罪的，根据法律的规定，移送监察机关处理。比如党的纪委、政府监察部门在查处违纪行为的过程中发现的受贿案件线索；其他执法单位在受理案件的过程中发现的受贿案件线索；其他监察机关发现的受贿案件线索；等等。

4. 被调查人的自首。实践中，个别受贿分子在监察机关营造的打击声势下和法律政策的感召下，也会选择投案自首的道路，争取得到从宽处理。

(三) 初核

监察机关对受理的受贿案件线索进行全面审查后，认为有立案可能的，即应进行初核。

1. 初核的方式。

（1）书面审查。即认真分析举报材料。根据举报人的情况及与被举报人的关系，分析举报人是否有获取犯罪线索的条件，从而判断举报材料的真实程度；根据举报材料所反映线索的详细程度，结合被举报人的职务状况，初步判断被举报人受贿的可能性。

（2）调查走访。如果是署名举报的，应秘密与举报人取得联系，通过直接接触交谈，尽可能了解举报人所知道的犯罪情况；如果是匿名举报的，应根据举报材料反映的情况，分析判断知情人的居住和工作范围，然后深入该范围秘密走访寻找知情人，找到知情人后再深入接触。在调查走访中，应注意保密性，一般不要大张旗鼓地进行，以免惊动了被举报人。比如可以取得工商、税务等行政执法部门的配合，以例行检查的名义掩盖调查意图，达到暗中取证的目的。

2. 初核的主要内容。具体包括：①嫌疑人的基本情况。包括嫌疑人所在单位的基本情况和嫌疑人的个人情况。②案件线索所反映的嫌疑人据以受贿的事件是否存在，嫌疑人在其中的具体作用等。③嫌疑人有无收受财物；收受财物的出处；收受财物的时间、地点、数额、特征、具体过程。④嫌疑人有无利用职务之便为行贿人谋取利益。包括谋取利益的内容、时间、地点，谋取利益行为与嫌疑人职务的关系，谋取利益行为与收受财物行为的时间先后及间隔等。

三、受贿案件调查的途径和突破口的选择

（一）调查的途径

1. 从行贿人入手调查。虽然刑法将受贿和行贿规定为两种犯罪，但受贿和行贿是贿赂案件的两个不同发生方向，它们共存于一个案件中，没有行贿也就没有受贿，没有受贿也就没有行贿。通过查行贿人，就能具体掌握有没有行贿，行贿的时间、地点、过程、次数，贿赂的品种、数量、特征以及请托事项的实现情况，因而也就相应掌握了受贿人受贿的时间、地点、方式、过程、次数，贿赂的品种、数量、特征以及为行贿人谋取利益的情况。因此，从行贿人入手，符合认识的规律，具有现实的可能性。

（1）行贿人较受贿人容易突破。行贿人和受贿人基于共同的利害关系往往形成攻守同盟，但这种同盟关系并不是牢不可破的。一方面，法律对待行贿和受

贿的态度有轻重之别，从量刑上讲行贿罪明显轻于受贿罪，同时还规定"行贿人在被追诉前主动交代行贿行为的，可以减轻处罚或免除处罚"，因而行贿人的畏罪感没有受贿人重，思想负担轻，容易取得突破。另一方面，行贿人有被动行贿人和主动行贿人两种，被动行贿人对受贿人有感谢的一面，也有厌恶的一面；同时，法律规定因被勒索给予国家工作人员以财物，不构成犯罪，因此，通过耐心细致的思想工作和政策法律教育，一般不难突破。主动行贿人主动行贿是为了自己的利益，当调查的矛头直接对准他，并对他果断采取留置措施后，行贿人往往会选择保全自己、舍弃他人。同时，尽管行受贿双方有共同的利害关系，有些还在案前案后订立过攻守同盟，但双方又都存在互相猜疑的心理，只要调查人员善于用谋，制造并扩大双方的矛盾，就会促使行贿人产生"与其他先出卖我，不如我先出卖他"的心理，从而交代行贿事实。

（2）行贿人有突破口可寻：①无论是个人行贿还是单位行贿，知晓行贿事实的大多不仅仅限于具体实施行贿的人。知情者、账目等就是调查行贿的突破口。②行贿往往数罪交织，除行贿罪外，有的还犯有走私、涉黄、涉毒、诈骗、制售伪劣商品、偷税骗税甚至黑社会性质等犯罪，通过公安机关调查这些犯罪，有助于发现和查清行贿事实。③行贿人请托事项的解决，有许多是不正常的，这种不正常状况，也是调查行贿案件的一个突破口。

2. 从介绍贿赂人入手调查。介绍贿赂人实施介绍贿赂行为多数不是出于自己的主动，而是出于行贿人的请求，具有被动性；介绍贿赂人在介绍贿赂中得益一般不多，也有的没有直接得益；法律对介绍贿赂罪处刑比行贿、受贿都轻，且介绍贿赂人在被追诉前主动交代介绍贿赂行为的，可以减轻处罚或者免除处罚。因此，介绍贿赂人的心理负担较轻，通过教育，一般能够交代犯罪事实。同时，介绍贿赂人对行受贿双方情况及行受贿过程较为清楚，通过突破介绍贿赂的事实，就能为调查行贿受贿打下坚实的基础。

3. 从受贿嫌疑人的其他罪行入手调查。对于受贿嫌疑人还涉嫌其他犯罪的案件，先从调查他的其他犯罪入手，在调查其他犯罪中调查受贿罪，是一条较好的途径。它能使调查工作一开始就直接针对受贿嫌疑人，并对其实施有效的控制，这样可以避免调查链条过长可能带来的被动。

（二）调查突破口的选择

当调查矛头直接针对受贿嫌疑人的受贿问题后，调查工作除了从受贿人身上寻找突破口，并对受贿人进行讯问外，还可以从下几个方面进行突破：

1. 以受贿人的家属作为突破口。受贿犯罪一般不背着其家庭成员进行，因此受贿人的家属是调查受贿案件的一个重要的突破口。受贿人的家属与受贿人利害关系紧密，一般不愿意提供证言，可以选择那些表现较好、社会阅历较浅、胆量较小、对调查工作的策略了解较少的家属作为调查的突破口。

2. 以共同受贿嫌疑人作为突破口。共同受贿人在共同犯罪中责任有别，觉悟、表现、性格、智能及对法律的熟悉程度也不尽相同，这就为调查人员选择突破口提供了可能。一般来说，由于共同受贿人间存在互相猜疑的心理，因此，突破共同受贿案件比突破单人受贿案件要容易得多。

3. 以有关的证据作为突破口。如以受贿嫌疑人不正常的职务活动、搜查中扣押的赃款赃物及记载受贿情况的笔记本、查询得知的存款、汇款情况等作为突破口。

四、受贿案件的调查措施及方法

调查的任务主要是查明被调查人有无收受贿赂和有无利用职务之便为请托人谋取利益的情况，具体方法主要有：

（一）询问证人

询问证人获取证言，主要是为了查明被调查人受贿的时间、地点、方式、过程、次数，贿赂的种类、数量、特征，赃款赃物的去向，受贿人的职责范围，为行贿人谋取了何种利益，以及其他犯罪事实和情节。

受贿案件的证人主要有控告人、举报人，被调查人所在单位的知情人，如被调查人身边的工作人员（秘书、驾驶员等），被调查人的家属及亲友。

这些证人按照同案件的关系和态度，可以分为三种情况：第一种是愿意积极提供证言的，这主要是指控告人、举报人。第二种是被动作证的，这主要是被调查人所在单位的知情人。他们与被调查人关系密切，一般不愿意作证，但经过艰苦细致的工作，并辅之以必要的强制措施，则大多能提供一定的证言。第三种是拒绝作证的，这主要是被调查人的家属、亲友。他们对被调查人受贿事实了解得比较清楚、具体，与案件的处理有直接的利害关系，不愿甚至拒绝作证或者提供虚假证言。对这种证人，必须运用谋略和灵活机动的方法来获取证言，对其中构成共同受贿或伪证犯罪的，则应果断采取留置措施。

（二）适时采取留置措施

采取留置措施不仅能阻隔被调查人与外界的联系，防止其串供、毁证、逃跑，保障调查活动的顺利进行，而且能震慑和动摇被调查人的抗拒心理。同时，对被调查人采取留置措施后，询问证人、搜查等调查措施就能全面展开。

（三）讯问被调查人

讯问被调查人是受贿案件调查的关键措施，初核、询问证人、调查行贿人等调查活动，从某种意义上说，都是为讯问被调查人做准备并为其服务；受贿案最终能否成立，在相当程度上也取决于讯问被调查人能否取得成效。

1. 讯问前要充分准备。要熟悉案情，研究被调查人的心理特点，制订好讯问计划，布置好讯问的场景和气氛。

2. 要精心选择讯问突破口。

3. 搞好第一次讯问。要讲究传唤的时机和方式，突出讯问的重点；要讲究讯问的策略、方法和谋略，特别是调查谋略的巧妙运用。

4. 把讯问被调查人与其他调查取证工作紧密结合起来，做好证据的固定工作，防止翻供翻证。

讯问被调查人要着重问清楚受贿的时间、地点、次数、具体过程；是自己直接收受还是家属代收；收受过程中双方讲了哪些话；贿赂的品种、特征、数额；如何利用职务之便为行贿人谋取利数，谋取了什么利益；赃款赃物的去向；收受贿赂的思想动机和对自己行为的认识；等等。

（四）搜查、扣押、查询、冻结存款、汇款和追赃

由于贿赂案件言词证据地位突出，因此搜查、扣押、查询并冻结存款、汇款和追赃对于固定证据，防止翻供，扩大战果，证实犯罪具有十分重要的意义。有些受贿案件就是因为没有获取赃款赃物等证据，而难以有效地制服被调查人翻供。查询存款和购买股票、证券情况一般在立案前秘密调查时进行，搜查、扣押、冻结存款、汇款和追赃则一般在传唤被调查人时同步进行。

（五）调查行贿人行贿款的来源和出处

查明行贿人行贿款的来源和出处，对于间接证明行贿、受贿犯罪事实，防止翻供翻证具有重要意义。因此，在讯（询）问行贿人时，要注意问明这一情况并加以查证。对用单位款行贿的，如行贿人不交代行贿款的出处，调查人员可清查账目和"小金库"。

（六）运用隐蔽手段获取证据

由于受贿案件作案方式隐蔽且不留痕迹，因而必要时对少数重大受贿的被调查人可以运用技术调查手段，但必须严格履行批准手续，由公安机关的技术部门实施。

（七）运用技术鉴定获取证据

在受贿案件调查过程中，对于某些专门性问题，可以指定或聘请有关技术人员进行鉴定。常用的技术鉴定有：①文书物证鉴定。主要用于对各种文书材料进行笔迹和书写材料方面的鉴定。②司法会计鉴定。主要用于对会计资料和"小金库"账目中专门问题的鉴定。③声像资料鉴定。主要用于鉴定录音资料中的声音与有关人的声音是否同一。④工程技术鉴定和产品质量鉴定。主要用于受贿案件中有关工程质量、产品质量方面的鉴定，以查明受贿人因收受贿赂而在工程发包、监督、验收或商品采购等工作中给国家造成的损害。

五、对几种疑难受贿案件的调查

（一）对"一对一"受贿案件的调查

"一对一"受贿案件，是指行受贿双方一方供述了行贿或受贿的犯罪事实，而另一方予以否认，全案又无其他有力的证据可资证明，使得证明有罪的关键性证据与证明无罪的关键性证据形成"一对一"僵持状态的案件。

对"一对一"受贿案件的调查，要力求打破"一对一"的僵局。具体方法有：

1. 在秘密调查时获取关键证据。在正面接触被调查人前的秘密调查过程中，调查人员就要预计到正面接触被调查人后可能出现的"一对一"状况，因而采取化装调查、内线调查、布控下"串供"等方法获取能直接证明受贿事实存在的证据。这些方法对于坚定调查人员信心、果断决策、突破受贿嫌疑人口供，具有重要意义。

2. 从受贿嫌疑人亲属入手，并使其证言与行贿人口供及其他证据形成完整的链条。如前所说，受贿人的亲属特别是配偶对受贿事实大多知情，有些还有参与，突破起来比本人容易。因此，可以把工作重点放在被调查人的亲属上。如果被调查人亲属证明被调查人收受了贿赂，其证言与行贿人供述相吻合，且能与其他证据形成完整的证据链条，那么即使被调查人拒供，也能予以认定。

3. 运用谋略突破被调查人口供。要结合案件实际，综合运用调动、利用、攻心、迷惑等多种类型的谋略，使被调查人感觉到行贿人、亲属等都已交代，赃款赃物已被起获，监察机关已证据在握，与其抗拒被从严惩处，不如坦白争取从宽处理。对极少数拒不交代的，也可在布置好秘密监控措施的前提下充分暴露已有证据，从中获取再生证据。

4. 全面调查取证，使间接证据与行贿人口供形成完整的证据链条。在调查中，要拓宽取证渠道，努力发现第三人和间接证明人，并通过询问证人、查账、搜查等多种措施，全面获取证据，使间接证据与行贿人口供形成完整的证据链条。

（二）以"借""代买"为名的受贿案件的调查

有些受贿案，受贿人往往以所谓"借""代买"为借口掩盖犯罪事实。调查人员必须揭露其假象，还案件的本来面目。

1. 对以"借"为名的案件，可从以下几方面入手：①查双方平时关系。要查明双方是过去就相互熟悉，互有往来，还是素昧平生，在请托办事过程中才发生经济关系，后者一般属于受贿。②查"借用人"有无正当、紧迫的用途以及款"借"来后的去向。③查"借"款后的态度，即"借"款人有无还款的意思表示及意思表示的时间、次数。④查"借"款的时间及还款能力、还款机会。"借"款人有能力也有机会偿还但仍长时间不还的，一般属于受贿。⑤查出"借"方对"借"款的态度，即是真借还是以借为名，以后是否要对方归还，有无将此开支入账报销。

2. 以"代买"为名的受贿案，都表现为没有付款或案发后才付款。可从以下几个方面入手调查：①查有无代买的正当理由。②查货物拿到后有无付款的表示和行动，为什么没有。③在有付款能力和付款机会的情况下为什么没有付款。④已付款的，要查付款的实际时间，必要时可对笔迹作技术鉴定。⑤"代买"人的主观故意及账上的反映。

（三）对利用亲属收受贿赂案件的调查

1. 查被调查人对家中经济的过问、管理的情况及程度。

2. 向行贿人讯（询）问被调查人的亲属在收受财物时和收受财物后的态度。

3. 查被调查人在其亲属收受财物后的态度。

4. 查被调查人为行贿人谋利的情况，如有无谋利的情形，谋利是否积极主动，是否违反有关规定，所谋取的是正当利益还是不正当利益。

5. 查相应时间银行存款或投资情况及具体的办理人。

（四）以赌博形式收受贿赂案件的调查

1. 查赌博的背景、场合、时间、次数。

2. 查赌资的来源。

3. 查其他赌博参与者有无事先通谋。

4. 查输赢钱物的具体情况和金额大小。

六、调查受贿案件应注意的几个问题

1. 既要重视调查被调查人索取、收受财物的事实，又要重视调查被调查人利用职务之便为请托人谋取利益的事实。查清这方面事实对于确定调查的方向和范围，揭露和查明被调查人索取和收受财物的事实都具有重要意义。

2. 既要重视收集直接证据，又要重视收集间接证据。间接证据不仅对于发现犯罪线索、引导初核方向、选准破案的突破口具有重要作用，有时候直接证据要通过间接证据的收集和运用才能获取。

3. 既要重视收集原生证据，又要重视收集再生证据。再生证据产生于反调查活动，它能够部分或全部地反映案件真实情况，不仅能证明犯罪分子与反调查活动的客观性及伪供、伪证的虚假性，而且能与原生证据以及伪供、伪证一起形成证明犯罪分子有罪的证明体系。

4. 既要重视收集证据，又要重视固定证据。要堵塞一切可被行贿、受贿嫌疑人或利害关系人用来翻供翻证的证据漏洞和空隙。

第四节　巨额财产来源不明案件的调查

巨额财产来源不明案件，指国家工作人员的财产、支出明显超过合法收入，差额巨大，而本人又不能说明其来源的行为所构成的犯罪案件。

一、巨额财产来源不明案件的特点

（一）案件的成立以国家工作人员拥有来源不明的巨额财产的事实状态为依据，而不是以非法取得这些财产的具体行为方式为依据

巨额财产来源不明罪的设立，就是为了弥补贪污、受贿等职务犯罪只有查明非法取得财产的行为方式才能予以定罪处罚的不足，具有对国家工作人员非法敛财行为予以"兜底"式惩处的特点。它与贪污、受贿等职务犯罪的最大区别在于，贪污、受贿等职务犯罪必须以非法取得财产的具体行为方式为依据，而巨额财产来源不明案却以拥有来源不明的巨额财产的事实状态为依据，只要行为人拥有来源不明的巨额财产这一事实状态，不论其采取何种行为方式非法取得，即可依法立案调查，追究刑事责任。

（二）案件往往从调查其他职务犯罪中发现

巨额财产来源不明案件往往是在调查贪污、受贿等职务犯罪过程中，在对涉

案人员认定贪污或受贿等罪名后，发现尚有超过其合法收入的巨额财产，由此而以巨额财产来源不明罪对涉案人员补充调查的。因此，对被调查人、涉案人员立案时，一般不是先针对巨额财产来源不明，而是先针对贪污、受贿等罪。

（三）举证责任不同于其他案件

我国刑事诉讼中的举证责任由司法机关承担，但巨额财产来源不明罪是唯一的例外，它除司法机关承担举证责任外，还将部分举证责任转移给了被调查人、涉案人员，被调查人、涉案人员如果不举证，即对其财产或支出明显超过合法收入、差额巨大的客观事实不能说明其合法来源，就会导致对其不利的处理结果。

二、巨额财产来源不明案件的立案条件

巨额财产来源不明案件的立案条件是：认为有巨额财产来源不明的犯罪事实，需要追究刑事责任。根据《刑法》和《立案标准》的有关规定，这一条件在实体方面表现为：

1. 行为人是国家工作人员。

2. 客观方面表现为行为人的财产或者支出明显超过其合法收入，差额在 30 万元以上，且本人又不能说明其来源。

3. 行为人主观方面是故意，并且具有拥有巨额非法财产的目的。

4. 行为人的行为侵犯了国家工作人员职务行为的廉洁性和公私财物的所有权。

三、巨额财产来源不明案件的调查措施及方法

（一）努力调查巨额非法财产的真实来源

要对被调查人、涉案人员巨额财产的来源进行分析，如果分析认为来源于贪污的，那就要回顾检查原来的查账工作是否深入具体，有无疏漏，然后有针对性地深化查账工作；如果分析认为来源于受贿的，则要根据被调查人、涉案人员的职权范围，选择权力的行使不那么正常、群众有反映的若干事项进行调查，以便发现线索查清其巨额财产的真实来源。只有当经过努力确已无法查明巨额非法财产的真实来源的情况下，才能以巨额财产来源不明罪立案追究刑事责任。

（二）查明被调查人、涉案人员的财产差额

查明被调查人、涉案人员的财产差额是调查巨额财产来源不明案件的主要内容。调查的主要步骤是：

1. 初步核查被调查人的财产差额。实践中，计算巨额财产来源不明罪的犯罪数额，可按照以下公式进行：$X = K + Z - F - H - W$。其中，"X"表示巨额财产来

源不明罪的犯罪金额；"K"表示全部的财产，包括扣押财产和没有扣押的财产；"Z"表示行为人以往的所有支出；"F"表示巨额财产来源不明罪以外的犯罪金额，即查证属实的犯罪所得；"H"表示行为人合法收入；"W"表示行为人违纪等非法所得金额。[1] 在具体计算方法上，应注意以下几点：

（1）应把国家工作人员的个人财产和与其共同生活的家庭其他成员的财产、支出等一并计算，再一并减去他们所有的合法收入。

（2）行为人的"现有财产"包括房产、家具、生活用品、学习用品及股票、债券、存款等动产和不动产。对所购置的有价证券、物品的价值的认定，应以购买所支付的价格为依据。

（3）行为人的"支出财产"包括合法支出和不合法的支出，包括日常生活、工作、学习的消耗费用、罚款及向他人行贿的财物等。

（4）行为人的"合法收入"包括工资、奖金、稿酬、合法继承等通过法律认可的方式获得的财产，以及其他依照法律规定的合法收入。

（5）如果遇到难以计算的情况，计算行为人合法收入时要采取就高不就低的原则，计算支出时要采取就低不就高的原则，即采取有利于被调查人的原则。

（6）为了便于计算犯罪数额，对于行为人的财产和合法收入，一般可以从行为人有比较确定的收入和财产时开始计算。

2. 责令被调查人说明巨额财产的来源。根据立法精神，只有当发现的财产或支出明显超过合法收入且差额巨大时，方可责令被调查人、涉案人员说明其来源。由于责令被调查人、涉案人员说明巨额财产来源的过程，实际上就是讯问的过程，因此，在"责令"和讯问时，要注意以下两点：

（1）要先讯问经济犯罪问题，而不先发"责令"。调查人员应当以虚就实、引而不发，运用政策攻心、制造错觉等谋略，要被调查人、涉案人员交代经济犯罪问题。只有当这方面讯问无法深入而调查人员又没有发现线索的情况下，才责令被调查人、涉案人员说明巨额财产的来源。

（2）要责令被调查人、涉案人员对巨额财产作出书面说明。在"责令"时，调查人员应当要求被调查人、涉案人员把巨额财产的来源情况回忆清楚，不要有大的遗漏，然后再作书面说明。"书面说明"有利于加大被调查人、涉案人员的思想压力，截断其退路，防止其"朝说夕改"。

---

[1] 鲜铁可、赵志华：《巨额财产来源不明罪的修改与适用》，载《中国检察官》2009年第4期。

3. 核查被调查人、涉案人员的说明。被调查人、涉案人员对巨额财产的来源作出说明后，调查人员应认真核查，以便辨明真伪。核查后，对于虚假的"说明"，调查人员应予当面揭穿，并借此发起新的讯问攻势，以迫使被调查人、涉案人员说出真正的来源。

4. 算出差额，对案件作出实事求是的处理。

（1）被调查人、涉案人员说明了合法来源，并经查证属实的，应撤销案件；巨额财产仍然超过原说明的合法来源，差额在 30 万元以上的，则应以巨额财产来源不明罪追究。

（2）被调查人、涉案人员供认巨额财产来源于违法犯罪活动，经查证属实的，按所构成的违法犯罪处理。

（3）被调查人、涉案人员说明后，经查证无法确定是否属实，即既不能肯定、又不能否定的，应根据疑案从无的原则进行认定。

（4）被调查人、涉案人员不能说明巨额财产来源，且监察机关也查不明其合法或非法来源的，则应在准确计算财产差额的基础上，以巨额财产来源不明罪追究刑事责任。

被调查人的"不能说明"在具体案件中可以表现为三种情况：①被调查人、涉案人员拒绝回答问题，完全不作任何说明；②被调查人、涉案人员表示不能说明；③被调查人、涉案人员作了一次或数次说明之后均被查证所否定，不能继续说明。

（三）综合运用各种调查措施

在巨额财产来源不明案件中，要综合运用搜查、查询并冻结存款汇款、调取扣押物证书证、进行技术鉴定、讯问被调查人、询问证人等调查措施，必要时，可以采取留置措施，并密切注视被调查人、涉案人员及其亲友的动向，暗中加强监控，重视对再生证据的收集，以确实的证据推定其差额财产来源的非法性。

第五节　私分国有资产案件的调查

私分国有资产案件，指国家机关、国有公司、企业、事业单位、人民团体，违反国家规定，以单位名义将国有资产集体私分给个人，数额较大的行为所构成的犯罪案件。

一、私分国有资产案件的特点

（一）犯罪因收入分配混乱和不合理等因素而诱发

诱发私分国有资产犯罪的因素很多，但收入分配混乱和不合理是重要因素。在金钱的刺激和不平衡心理的驱使下，一些单位为了增加干部、职工收入，显示领导人的"政绩"，就不择手段，变弄花样，进行私分国有资产的犯罪活动，特别在国有企业改制过程中，私分国有资产犯罪就更为突出，造成大量国家资产流失。因此，要遏制私分国有资产犯罪，除了加强对国有资产的监管、加大对私分国有资产犯罪的打击力度之外，理顺收入分配关系，解决收入分配混乱、不合理和不公的问题，也是一项重要的措施。

（二）行为隐蔽，手法多样

由于目前各单位除国家规定的工资外，大多有一部分自有资金用于奖金、福利的分配，因而行为人就大多以给干部、职工发奖金、福利等合法的形式作掩护进行私分国有资产的犯罪活动；有些则先将国有资产非法"转"为单位自有资金，从而使犯罪更具有隐蔽性，也使一般干部、职工难以知晓。在犯罪手法上，有的私分国家或上级的拨款；有的私分应上缴的利税或其他资金；有的将生产经营收入不入账；有的多报支出、虚增成本；有的虚报国有资产损耗；有的变卖国有资产入单位"小金库"；等等。

（三）数额巨大，危害严重

私分国有资产罪是运用单位的权力所进行的犯罪，而且数额往往特别巨大，因此就经济方面对国家的危害来说，有时比以国家工作人员个人的权力所进行的贪污罪要大。同时，私分国有资产犯罪除侵犯国家对国有资产的所有权之外，还严重破坏国家机关、国有公司、企业、事业单位和人民团体的形象和声誉，更加加剧了单位员工之间的不平衡心理，败坏社会风气。

（四）调查阻力大，但一般有账可查，有突破口可寻

私分国有资产使所在单位的人员得到了好处，使得案件难以暴露，调查工作往往会遇到该单位多数人的抵抗。但是，私分国有资产案件一般有账目可查，同时，由于它是单位实施的犯罪，会有多人了解调查内幕，特别是在内部"分配不公"的情况下，可利用的因素会更多。因此，只要从查账入手，从知情者中寻找薄弱环节，往往能够突破。

（五）系单位犯罪，实行单罚制

私分国有资产案件属于单位犯罪案件。实行的是"单罚制"，即不对单位处

以罚金，只处罚单位犯罪中直接负责的主管人员和其他直接责任人员。因而立案时，只对单位的直接负责的主管人员和其他直接责任人员立案调查，而不将单位列为被调查人。

二、私分国有资产案件的立案条件

私分国有资产案件的立案条件是：认为有私分国有资产的犯罪事实，需要追究刑事责任。根据《刑法》和《立案标准》的有关规定，上述条件在实体方面表现为：

1. 行为主体是国家机关、国有公司、企业、事业单位、人民团体。

2. 客观方面表现为违反国家有关规定，以单位名义集体私分国有资产，累计数额在10万元以上。

3. 行为主体主观方面是故意，即明知是国有资产而予以集体私分。

4. 行为主体的行为侵犯了国有资产的所有权。

三、私分国有资产案件的调查重点及难点

（一）查明私分的事实

要通过查账、询问财务人员、讯问被调查人及涉案人员、走访主管单位、查阅有关法律及文件等措施，查明私分的以下三方面内容：

1. 查明所私分资产的性质。私分国有资产罪的构成，必须以所私分的是国有资产为前提。所谓国有资产，根据《立案标准》的规定，是指国家依法取得和认定的，或者国家以各种形式对企业投资和投资收益，国家向行政事业单位拨款等形成的资产。要查明所私分的资产是否属于国有资产，首先要查明所私分的资产的来源以及取得该资产的手段，在此基础上，确定所私分的资产是否属于国有资产。

2. 查明私分的具体情况。私分国有资产罪在客观上以集体私分为特征，所谓集体私分，是指将国有资产按一定的分配方案分配给单位的所有成员。如果只在单位少数人中私分，则构成贪污罪，应以贪污罪立案调查，而不能以私分国有资产罪立案调查。因此，必须调查私分国有资产的具体情况，包括私分的时间、地点、次数、人数、方法（是平均分还是等级分）、数额（人均数额和总数额）、名义等。通过调查，查明是集体私分还是少数人贪污，查明集体私分的数额、情节。

3. 查明私分行为是否违反国家规定。要查明私分行为是否违反了有关法律、法规、规章中关于国有资产的管理、使用、利润分配等方面的规定。

（二）查明私分的决策情况

要通过查阅会议记录、讯问被调查人及涉案人员、询问知情人等途径；查明集体私分国有资产是单位负责人个人决定还是领导班子集体决定；如是集体决定，则要查明有哪些人参加研究，谁先提议私分，各参加人员的态度，谁拍板决定等，以便正确确定直接负责的主管人员和直接责任人员。

四、私分国有资产案件的调查措施及方法

（一）查账

查账是调查私分国有资产案件的基本方法。查账主要查两方面的账：

1. 表明有无私分和私分款物的来源和性质的账。为此，在查封、扣押会计资料的基础上，首先要检查、甄别会计资料特别是原始凭证、记账凭证的真伪；其次要检查账与账是否相符，包括明细账与记账凭证是否相符，总账与明细账是否相符，单位的银行日记账与银行对账单是否相符，单位账目与有经济往来的外单位账目是否相符等；再次，检查账面资产（包括货币形态和实物形态）与实际国有资产是否相符。

2. 反映集体私分国有资产情况的账，主要指私分的名册、时间、人员、人数、金额的账目，同时，还要有重点地向私分对象调查核实，以便查明是否真正分到了私分名册上的每一个人，防止以集体私分之名行少数人贪污之实。

查账可以由监察机关单独进行，也可以会同审计部门进行。对于查账中遇到的专门性问题，可以分别采取相应的措施由专门人员进行鉴定。

（二）询问证人和讯问被调查人、涉案人员

1. 要选准突破口。私分国有资产案件大多要经单位领导人、负责人商量或班子集体讨论，加上财务人员知情、单位所有人员有份，因而即使发案单位统一了口供，订立了攻守同盟，也不可能是铁板一块。可以选择表现较好、正直正派的证人和胆子较小、在集体私分中责任较轻的涉嫌人员作为突破口，予以重点突破。对于私分不合理的案件，要利用部分人不平衡的心理和相互间的矛盾，要求他们提供情况。

2. 要善于打心理战。私分国有资产案件由于有多人参与和知情，因而有关人员都心存猜疑，怕别人早于自己讲出真相，取得主动，而自己则被出卖，陷入被动。因此，要善于运用攻心、迷惑等谋略，教育有关责任人和知情者争取主动，避免被动，尽早讲清问题和真相。

3. 要注意辨别有关责任人口供的真伪。在对有关责任人讯问时，他们往往会对责任互相推诿，自己则避重就轻。对此，可使用多次复述的办法发现矛盾，辨别真伪，然后抓住矛盾予以揭露和驳斥。

(三) 综合运用其他调查措施

要采取果断措施，查封、扣押单位的账目；要调取并审查有关书证；要责令会议记录人和有关责任人交出记录本和笔记本，以检查有关记录，必要时也可对被调查人、涉案人员的办公室进行搜查，以发现有关书证；对符合留置条件的被调查人、涉案人员果断采取留置，促使他们真诚悔罪悔过，如实说明问题；要责令单位收回已私分的国有资产，挽回国家经济损失。同时，要对在位的广大干部、职工进行法制教育，消除对立情绪，增强保护国有资产的意识和责任感。

第五章 滥用职权犯罪案件的调查

《国家监察委员会管辖规定（试行）》中详细列举了国家监察委员会管辖的六大类88个职务犯罪案件罪名，其中滥用职权类犯罪共涉及刑法条文15条，包括15个罪名，具体有：滥用职权罪；滥用管理公司、证券职权罪；食品监管渎职罪；故意泄露国家秘密罪；阻碍解救被拐卖、绑架妇女、儿童罪；帮助犯罪分子逃避处罚罪；违法发放林木采伐许可证罪；办理偷越国（边）境人员出入境证件罪；放行偷越国（边）境人员罪；国有公司、企业、事业单位人员滥用职权罪；挪用特定款物罪；非法剥夺公民宗教信仰自由罪；侵犯少数民族风俗习惯罪；打击报复会计、统计人员罪；报复陷害罪。

在上述15个罪名中，前9个是原检察院反渎局查办的案件划转而来，中间5个是公安机关管辖的案件划转而来，最后1个报复陷害罪是由监察机关管辖的国家机关工作人员利用职权实施的侵犯公民人身权利、民主权利犯罪案件划转而来。

结合实践，本章重点选取了其中比较典型的滥用职权案件、故意泄露国家秘密案件、报复陷害案件，分别从案件特点、调查难点、调查措施和方法等方面进行阐述。

第一节 滥用职权案件的调查

滥用职权案件，是指国家机关工作人员超越职权，违法决定、处理其无权决定、处理的事项，或者违反规定处理公务，致使公共财产、国家和人民利益遭受重大损失的行为所构成的犯罪案件。

一、滥用职权案件的特点

(一) 社会危害性大

滥用职权案件的社会危害性主要表现在：妨害国家机关的正常职能活动，损害国家机关的形象和威信；使公共财产、国家和人民利益造成重大损失，有的一案就造成数十人伤亡，有的经济损失触目惊心，有的影响当地的社会政治稳定；歪曲了人民授予权力的意志，甚至把赋予的权力作为个人徇私情、谋私利的工具，从而破坏社会主义民主政治；践踏社会主义法制，破坏法律的正确实施。

(二) 案件涉及面广、环节多，人员复杂

从涉及面来讲，滥用职权案件涉及司法机关、行政执法机关和兼有公共管理职能的各个部门；从牵涉的环节看，滥用职权几乎涉及权力所涉及的各个环节，最为突出的是掌握财政、经济大权的一些管理部门以及一些社会管理领域的部门。由于牵涉的部门、涉及的环节多，自然涉及的人员也多。由于造成损失结果的原因多而复杂，各原因所起的作用也不尽相同，有的表现为直接原因，有的表现为间接原因，因此，涉案人员中，哪些不负责任，哪些应负间接责任，哪些该负直接责任，在认定上有一定难度。

(三) 犯罪行为既有一定的隐蔽性，也有一定的欺骗性

被调查人、涉案人员滥用职权，在许多情况下都是不公开而为之，虽造成一定损失，但外人很难发现个中缘由，即使了解一二，也无真凭实据，最多只能认为某个国家工作人员办事不公，私心太重，但要认定其滥用职权则比较困难，因此具有一定的隐蔽性。同时，滥用职权也有一定的欺骗性，如果群众发现某国家工作人员滥用职权，某国家工作人员可以找出相当多的理由来，如："法律如此规定，我是依法办事""接上级通知，就应如此办理""这是内部规定""我不了解情况"等，极易蒙蔽、欺骗群众。但事实是不可能欺骗调查机关的，因此，在调查过程中，既要倾听群众意见，但也不一定全信，要重证据、重事实、重调查研究。

(四) 多与其他犯罪交织

滥用职权案件常常与贪污、贿赂、诈骗、走私、徇私舞弊等犯罪案件交织在一起，调查时往往查出被调查人、涉案人员的其他罪行或其他被调查人、涉案人员的上述罪行。因此，必须要增强调查意识，深挖犯罪。

二、滥用职权案件的立案

滥用职权案件的立案条件除了符合前述的滥用职权罪的特征和各具体罪名的

犯罪构成要件外，还要符合 2005 年 12 月 29 日由最高人民检察院第十届检察委员会第四十九次会议通过的《最高人民检察院关于渎职侵权犯罪案件立案标准的规定》。

如一般的滥用职权案件的立案标准是涉嫌下列情形之一的：①造成死亡 1 人以上，或者重伤 2 人以上，或者重伤 1 人、轻伤 3 人以上，或者轻伤 5 人以上的；②导致 10 人以上严重中毒的；③造成个人财产直接经济损失 10 万元以上，或者直接经济损失不满 10 万元，但间接经济损失 50 万元以上的；④造成公共财产或者法人、其他组织财产直接经济损失 20 万元以上，或者直接经济损失不满 20 万元，但间接经济损失 100 万元以上的；⑤虽未达到第 3、4 两项数额标准，但第 3、4 两项合计直接经济损失 20 万元以上，或者合计直接经济损失不满 20 万元，但合计间接经济损失 100 万元以上的；⑥造成公司、企业等单位停业、停产 6 个月以上，或者破产的；⑦弄虚作假，不报、缓报、谎报或者授意、指使、强令他人不报、缓报、谎报情况，导致重特大事故危害结果继续、扩大，或者致使抢救、调查、处理工作延误的；⑧严重损害国家声誉，或者造成恶劣社会影响的；⑨其他致使公共财产、国家和人民利益遭受重大损失的情形。国家机关工作人员滥用职权，符合《刑法》第九章所规定的特殊渎职罪构成要件的，按照该特殊规定追究刑事责任；主体不符合《刑法》第九章所规定的特殊渎职罪的主体要件，但滥用职权涉嫌上述第 1~9 项规定情形之一的，按照《刑法》第 397 条的规定以滥用职权罪追究。

三、滥用职权案件的调查重点及难点

（一）调查或确定损失或危害后果

调查和确定损失或危害后果要注意以下三点：

1. 要全面调查和确定损失或危害后果。

2. 滥用职权的损失（主要指经济损失）是指已造成且确已无法挽回的损失，但是，当滥用职权案件案发时，有些案件的损失还在变动之中，如果损失还有挽回的可能，则一般不宜急于立案；如果损失确已无法挽回，但最终损失数额需要经过较长时间的计算才能确定，则只要查明损失数已达到立案标准，即应予以立案，待立案后再去确定损失的准确数额。

3. 在滥用职权案中，区别个人财产与公共财产或者法人、其他组织财产的直接经济损失与间接经济损失，并分别规定具体数额标准及合计标准。

调查和确定损失和危害后果的途径，主要是调查询问证人及进行司法会计鉴

定、法医鉴定、物品价值鉴定等专门鉴定等。

（二）查明行为人滥用职权的事实

行为人滥用职权的事实是滥用职权罪客观要件的重要组成部分。要查明滥用职权的事实，就要查明以下三方面内容：

1. 行为人的职责权限及所违反的法律、政策及有关规定。滥用职权有两种表现形式：①超越职权；②不正当行使职权。行为人职权的边界有两个：一个是职责权限本身的边界，越过了这个边界，就是滥用职权；另一个是国家法律、政策及有关规定设定的边界，无论行为人担任什么职务，也无论其职责权限有多大，只要违反了法律、政策及有关规定，就是滥用职权。要查明行为人有无滥用职权，就要查明其职责权限和有无违反法律政策及有关规定。调查时，要注意以下几点：①行为人的职务既包括书面文件任命的职务，也包括口头委托或指定的职务；既包括正式职务，也包括临时职务。②在调查行为人的职责权限时，凡有明确规定的根据规定，没有明确规定的可根据该系统、单位约定俗成的惯例。

查明行为人职责范围及其行为所违反的法律、政策及规定，其调查途径主要是调查询问，调取、查阅有关书证，如职务任命和职责分工文件、有关法律政策规定等。

2. 行为人的主观故意。行为人对职权的滥用是与主观故意紧密相联的，如缺乏主观故意，就难以认定其滥用职权。行为人的主观故意总的表现为明知自己的职权行为超过了合法限度，但仍然实施该行为。要查明行为人的主观故意，不能仅凭行为人的口供，而应根据有关证据分析判断其是否已经知道或应当知道。

3. 行为人的滥用职权行为。行为人的滥用职权行为有的用书面文字表示，有的用口头语言表示。因此，通过查阅有关文件、会议记录，调查领导班子成员或有关知情人，即可查明。

（三）查明行为人滥用职权行为与危害后果之间的因果关系

滥用职权案件造成危害后果的原因往往比较复杂，包含着多种因素，只有当行为人滥用职权的行为与危害后果存在因果关系时，才负刑事责任。而要查滥用职权行为与危害后果间的因果关系，首先，要把造成这一危害后果的各种因素如人为因素、市场因素、自然因素等逐一排出。其次，在排出的各种因素中，区分哪些是原因，哪些是条件，并把条件加以排除。再次，在找出的原因中，看有无行为人滥用职权行为，如有，则还要进一步查明其行为是主要原因还是次要原因。

(四) 查明行为人的犯罪动机

查明行为人的犯罪动机，对于定罪量刑、深挖余罪具有重要意义。但是，要查明犯罪动机往往难度很大，特别是因收受贿赂而滥用职权的被调查人、涉案人员往往讳莫如深。对此，调查人员要根据犯罪行为与促使实施该行为的动力相对称的原则，分析被调查人、涉案人员滥用职权的原因。被调查人、涉案人员对职权滥用的程度越严重，危害的后果越大，则驱使其实施滥用职权行为的动力也就越大。通过分析，就能基本判明隐藏在滥用职权行为背后的深层次原因即犯罪动机。在此基础上，采取相应的调查措施。

四、滥用职权案件的调查措施及方法

(一) 全面收集书证

滥用职权案件的书证，主要有以下几个方面：①证明被调查人职务、职责范围的书证。②被调查人所违反的法律、政策及有关规定的具体内容或条文。③证明被调查人滥用职权行为的书证。④证明被调查人对有关情况"明知"的书证。⑤证明被调查人犯罪动机的书证。

总之，凡是能证明案件事实和情节的所有书证都应予以收集。收集书证，要尽量收集原件，收集原件有困难的，也可收集复印件，但应注明出处。

(二) 及时勘查现场

对于责任事故案件中存在国家机关工作人员滥用职权、玩忽职守可能的，监察机关宜一并参与现场勘查，以便掌握事故基本情况，获取有关证据，取得案件第一手材料，为揭露和证实可能存在的滥用职权或玩忽职守犯罪做好证据和情况的准备。勘查现场一要拍照录像，准确记录现场状况。二要仔细发现和收集能证明事故原因的证据，以便深查可能存在的滥用职权犯罪。三要查明事故所造成的损失，包括伤亡情况、经济损失情况及其他危害情况。四要做好现场调查访问，重点问明事故的起因、经过等。

(三) 进行科学鉴定

在滥用职权案件调查中，常用的鉴定有法医鉴定、物品价值鉴定、会计鉴定、物证痕迹鉴定、文件笔迹鉴定、技术质量鉴定等。鉴定的目的主要是查明事故的原因、案件所造成的损失以及其他专门性问题。

(四) 询问证人，获取证言

要查明被调查人的职责权限、犯罪行为、犯罪结果、犯罪动机等，一般都需要询问证人。通常，控告人、举报人及受害人能积极主动地作证；公开程度高、中间环节多的案件，愿意作证的证人也相对较多。但是，有不少证人会因种种原因而拒证。对此，要在分析判明拒证原因的基础上，采取不同的询问方法：

1. 对于与被调查人关系密切并同情被调查人的证人，要注意选择询问时机，尽量与讯问被调查人、涉案人员同时或在被调查人被采取强制措施后询问，且要对数名有关联的证人同步询问，以加大思想压力，促使其形成唯恐迟作证而陷入被动的心理。与此同时，要进行政策、法律教育，使证人认识到犯罪行为所造成的严重后果，用理智代替感情，如实作证。

2. 对于怕得罪被调查人、怕遭到打击报复的证人，要注意选择证人容易接受的时间、地点、方式进行询问，并为其严格保密，提供必要的安全保护措施。在可能的情况下，要对被调查人采取强制措施或先建议主管部门采取停职检查等行政措施，以消除证人的思想顾虑。

3. 对于参与过集体决策或与案件有某些瓜葛而怕"引火烧身"的证人，要交代政策，晓以利害，指明出路，必要时也可通知其到监察机关作证，以促使其如实作证。

4. 对于因被调查人的行为得到了利益的证人，要进行突击审讯，并运用引而不发、以虚对实、制造错觉等谋略，迫使其交代被调查人滥用职权犯罪的事实及其与被调查人之间的交易。

（五）讯问被调查人

滥用职权案件的被调查人一般是国家机关中担任一定职务的领导干部，阅历广、经验丰富，反审讯能力强，会根据案件的不同情况采取不同的反审讯对策。

一般来说，凡滥用职权行为公开程度高的案件，被调查人明知自己的滥用职权行为知情人多，无法隐瞒，因而会承认自己的行为，但往往以各种所谓的理由为自己开脱。凡隐蔽性强的案件，被调查人以为自己的滥用职权行为知情者少，往往矢口否认犯罪事实或加以搪塞。对此，调查人员要高度重视，认真准备，采取相应的对策。

对前一种被调查人，首先，要教育其端正态度，通过摆事实、谈危害，使被调查人认识到自己的行为所造成的严重后果和给党和人民造成的重大损失，消融其抵触心理。其次，要通过出示鉴定意见和其他证据、据理反驳被调查人的辩解等措施，打消其侥幸心理，使其面对现实，实事求是地交代问题。

对于后一种被调查人，开始讯问时要引而不发，对其提出的各种辩解不要急于打断，让其充分"表演"，然后抓住其所露的"马脚"和矛盾进行进攻，给他来个"当头棒喝",以挫其锐气,破其幻想,促使其端正态度。再次,要适时出示证据,并适时采取留置措施,向其表明监察机关已证据在握和坚决查办到底的决心,动摇其心理防线。最后,要善于运用谋略,使其意识到自己已陷入四面楚歌的被动境地,从而摧毁其思想防线,如实交代犯罪事实。

第二节　故意泄露国家秘密案件的调查

故意泄露国家秘密案件,是指违反国家保守秘密法,故意使国家秘密被不应知悉者知悉,或者使国家秘密超出了限定的接触范围,情节严重的行为所构成的犯罪案件。依据犯罪主体的不同,泄露国家秘密案件由两个部门管辖,即国家机关工作人员故意泄露国家秘密案件由监察机关管辖,非国家机关工作人员故意泄露国家秘密案件由公安机关管辖。监察机关管辖的故意泄露国家秘密案件,指国家机关工作人员违反国家保守秘密法,故意使国家秘密被不应知悉者知悉,或者使国家秘密超出了限定的接触范围,情节严重的行为所构成的犯罪案件。

一、故意泄露国家秘密案件的特点

(一)多发生于国家机关的要害部门

我国国家秘密掌管、知悉的规律,一是与国家机关的等级成正相关关系;二是与国家机关的权力大小成正相关关系。因此,泄露国家秘密案件多发于较高等级国家机关中要害部门的工作人员。

(二)危害严重

国家秘密在任何时候、任何情况下都与国家的安全和利益紧密相关,特别是一些事关全局的高级秘密,如国家事务重大决策的高级秘密、国民经济和社会发展的高级秘密,更与国家的安全和利益息息相关。当前,国与国竞争日趋激烈,窃密与反窃密斗争日益尖锐复杂,有关我国政治、经济、军事、科技、外交等各个方面的重要国家秘密,始终是境外一些机构、组织和个人觊觎的目标。在这样的形势和大背景下,故意泄露国家秘密案件,给党、国家和人民利益造成了严重的危害。

(三)调查程式大多以事查人

泄露国家秘密案件除极少数在泄露时就被发现外,大多是国家秘密被泄露后才被发现并进而开始调查活动的。因此,呈现在监察机关面前的,首先是国家秘密被泄露的结果，调查人员往往以犯罪结果为起点，由果溯因，即从犯罪结果查接受秘密人，再从接受秘密人查泄露秘密人，或从犯罪结果查该秘密的掌管、知悉人，再从秘密的掌管、知悉人查泄露秘密人。因此，其调查程式一般是以事查人。与此相适应，立案方式也大多是以事立案。

二、故意泄露国家秘密案件的立案条件

根据刑事诉讼法的有关规定，泄露国家秘密案件的立案条件是：认为有故意泄露国家秘密的犯罪事实，需要追究刑事责任。这一条件在实体方面，表现为涉嫌具备以下条件：

1. 行为人的行为侵犯了国家的保密制度。

2. 客观方面表现为故意违反保守国家秘密法，使国家秘密被不应知悉者知悉，或者使国家秘密超出了限定的接触范围，情节严重的行为。所谓"情节严重"，根据《最高人民检察院关于渎职侵权犯罪案件立案标准的规定》，在故意泄露国家秘密罪中，是指下列之一的情形：①泄露绝密级国家秘密1项（件）以上的；②泄露机密级国家秘密2项（件）以上的；③泄露秘密级国家秘密3项（件）以上的；④向非境外机构、组织、人员泄露国家秘密，造成或者可能造成危害社会稳定、经济发展、国防安全或者其他严重危害后果的；⑤通过口头、书面或者网络等方式向公众散布、传播国家秘密的；⑥利用职权指使或者强迫他人违反国家保守秘密法的规定泄露国家秘密的；⑦以牟取私利为目的泄露国家秘密的；⑧其他情节严重的情形。

3. 行为人是国家机关工作人员。

4. 行为人在主观方面是故意。

三、故意泄露国家秘密案件的调查重点及难点

故意泄露国家秘密案，主要来源于保密部门移送。有些案件线索还来源于公安、安全、纪检、监察等执法执纪部门的移送、有关单位及公民举报以及监察机关在办案中的发现。

监察机关受理案件线索后，要着重围绕以下重点、难点问题展开初查和调查：

（一）查明泄露的内容是否属于国家秘密，并确定密级

故意泄露国家秘密罪的成立，必须以所泄露的是国家秘密为前提，同时，国家秘密的密级，也与立案及定罪量刑密切相关，因此，当怀疑国家秘密被泄露后，首先要查明该事项是否属于国家秘密，并确定密级。

国家秘密必须具备三个基本要素：①同国家的安全和利益密切相关；②依照国家的法律、法规所规定的程序确定；③在一定的时间内限定一定范围的人知悉。只有三个要素同时具备，才能确定为国家秘密。当遇有是否属于国家秘密和属于何级秘密不明确时，应当由保密工作部门依据《保守国家秘密法》的规定作出鉴定，其中绝密级由国家保密工作部门确定；机密级由省、自治区、直辖市或者其上级的保密工作部门确定；秘密级由省、自治区政府所在地的市和国务院批准的较大市或者其上级的保密工作部门确定。

（二）查明泄露国家秘密的行为和情节

要调查泄露国家秘密的行为，必须查明行为人泄露国家秘密的方式。从调查实践看，泄露国家秘密的方式主要有以下几种：①口头泄露；②提供或遗失载有秘密内容的载体；③使国家秘密超出限定接触范围，被不应知悉者知悉。在调查中，必须查明行为人泄密的具体的行为方式。

"情节严重"与"情节特别严重"，分别是区分泄露国家秘密行为罪与非罪、轻罪与重罪的标志，故必须重视对情节的调查。"情节"主要包括行为人泄露秘密的罪过形式，泄露秘密的时间、场合、方式，被泄露秘密的密级、数量，接受秘密者的人数，已经造成或可能造成的危害后果等。调查人员要通过讯问被调查人，询问知情人、接受秘密人，提请鉴定等措施，查明这些内容，然后加以综合分析，作出正确的判断。

（三）查明行为人的罪过形式及故意泄密的目的、动机和对象

通过调查行为人泄密的行为方式、讯问被调查人、询问接受秘密人等途径和措施，查明行为人的罪过形式。故意泄露国家秘密的目的、动机和对象不仅关系到量刑，有时还关系到定罪，所以在讯问被调查人、询问知情人等调查活动中，要重视查明行为人泄露国家秘密的动机、目的和对象。

四、故意泄露国家秘密案件的调查措施及方法

（一）查找并询问接受秘密人

泄露国家秘密行为总是向一定对象实施的，如能尽快查明泄密对象即接受秘密人，就能较快地查明被调查人和犯罪事实。询问接受秘密人的重点是：①秘密的来源，是何人在何地以何种方式泄露的，泄露时是否还有其他人在场；②秘密的内容、载体，是原件还是复制件；③泄密人的主观心理状态、目的、动机；④接受秘密人接受秘密后有无复制、扩散（继续泄密），密件现在何处。

（二）排查和确定被调查人

1. 划定被调查人范围。可根据案件的具体情况，从不同的角度来划定：①根据被泄露国家秘密的级别划定；②根据被泄露国家秘密的内容划定；③根据国家秘密被泄露的环节来划定；④根据国家秘密载体的形式来划定；⑤从秘密文件传阅的次序来划定。需要注意：上述几种排查方法要交叉进行，以便把被调查人划定在较小的范围之内。

2. 排查被调查人。这是从上面排查出来的一批被调查人中再排查出具体被调查人的过程。一般可根据泄密的时间、地点、被调查对象的思想品行、一贯表现、有无作案时间等方面来排查。

3. 确定被调查人。确定被调查人的过程，就是以证据证明排查结果的过程中，它与查明犯罪事实的过程往往是紧密结合、同步推进的。

随着调查工作的深入，原来排查的结果很有可能被修正和否定。因此，调查人员要根据实际及时调整调查计划，直至查明被调查人。

（三）全面调查，获取证据

1. 进行密级鉴定和技术鉴定。鉴定的目的，一是确定是否属于国家秘密，二是确定秘密的级别；即使是标有密级的文件，也要进行密级鉴定，以防原标的密级不准，同时还应对其保密期限作出说明。

2. 深入泄密单位、部门调查。有些泄密案件，一开始就明确是哪个单位、部门泄密，也有些泄密案件，需要排查才能确定。要深入泄密单位，通过向领导人员、保密人员、国家秘密保管人员、有关知密人员调查了解，分析排查泄密的环节、时间、嫌疑人范围及具体的嫌疑人，分析泄密的行为方式和罪过形式。调查工作要个别进行，以便知情人解除顾虑，如实提供情况。

3. 及时进行搜查。对故意泄露国家秘密的案件，一般应及时进行搜查。搜查中，对一时无法判明能否作为证据使用的文字材料、录音录像等资料，应先予扣押，待审查后酌情处理。

4. 对被调查人果断采取留置措施。对故意泄露国家秘密的被调查人一般应果断采取留置措施，以防止国家秘密继续被泄露，防止涉案人员相互串供，毁灭证据，同时，给被调查人以震慑，使其打消侥幸心理，如实交代犯罪事实。

（四）讯问被调查人

讯问被调查人，重点要查明泄密的时间、地点、方法、手段、对象、动机、目的，秘密的内容、载体、密级，有无共同犯罪人等内容。讯问时，要注意以下几点：

1. 要认真准备。泄露国家秘密的行为一般极其隐蔽，知情人较少；同时，掌握、知悉秘密的人又往往较多，不具有排他性。因此，被调查人一般不会轻易承认泄露国家秘密的犯罪事实。因此，讯问一般要在掌握一定的确实证据后进行。同时，讯问前，要充分了解被调查人的基本情况，在此基础上制订好调查计划，以便讯问时采取有针对性的方法和策略。

2. 要善于打心理战。泄密行为总是向一定的对象实施的，且泄密对象大多是能够查明的。而泄密对象是能证明被调查人泄密的最直接的证人，被调查人最怕的是泄密对象已被查明且交代了被调查人泄密的事实。故调查人员要善于根据被调查人这一心理，打心理战，使其觉得泄密对象已被查明且已交代了有关泄密的事实，从而打消其侥幸心理。

3. 要适时出示证据。要适时出示证据，使被调查人确信自己的"尾巴"已被抓住，证据已被掌握，从而瓦解其抗拒心理，促使其交代犯罪事实。

（五）加强与有关部门的联系配合

在调查中，要加强与保密部门的联系。如在立案前，要充分听取他们对有关情况的介绍及意见，避免因密级或保密期限等问题造成立案后又撤案的被动局面；调查中，可商请他们派员参与、配合，以便调查中及时咨询保密业务方面的知识，并取得指导。对管辖交叉的案件，要加强协商，依法处理好管辖问题，并在调查中相互配合。

第三节 报复陷害案件的调查

报复陷害案件，指国家机关工作人员滥用职权，假公济私，对控告人、申诉人、批评人、举报人实行报复陷害的行为所构成的犯罪案件。

一、报复陷害案件的特点

（一）有明确的被调查人

报复陷害案件线索大多来自被害人及其亲属的控告，他们在控告时，就针对特定的对象，并列举该对象报复陷害的事实。因此，报复陷害案件案发时，就有明确的嫌疑对象，与此相适应，调查程式一般是由人查事。

（二）报复陷害行为事出有因

行为人实施报复陷害行为，是由于控告人、申诉人、批评人、举报人的控告、申诉、批评、举报行为触犯了其利益和尊严。这种原因与结果的联系反映了行为人的动机和目的，又构成了案件事实的重要组成部分，给调查工作提供了一条途径。

（三）报复陷害的方式多种多样且大多具有公开性

报复陷害的行为方式主要有政治迫害、经济制裁、精神摧残等，在实施方式上，有的是行为人利用职权直接实施，有的是行为人利用职权通过第三人实施。这些行为大多是公开实施的，因而在调查中查明这些行为并不困难，但要查明这些行为与被害人控告、批评、申诉、举报的关系，即这些行为是否属于报复陷害的性质，或者说，行为人是否具有报复陷害的故意，却较为困难。

（四）被调查人多有其他违法犯罪行为

报复陷害行为起因于受害人控告、申诉、批评、举报，而受害人的控告、申诉、批评、举报又往往针对被调查人的违法犯罪。因此，在调查报复陷害案件中，要注意发现和查清被调查人的其他违法犯罪行为，一并予以处理。

二、报复陷害案件的立案条件

根据《刑事诉讼法》《最高人民检察院关于渎职侵权犯罪案件立案标准的规定》，具备以下条件的案件才能以报复陷害立案：

1. 行为人是国家机关工作人员。

2. 在客观方面表现为滥用职权，假公济私，对控告、申诉、批评、举报人进行报复陷害。报复陷害行为具体指涉嫌下列情形之一：①报复陷害，情节严重，导致控告人、申诉人、批评人、举报人或者其近亲属自杀、自残造成重伤、死亡，或者精神失常的；②致使控告人、申诉人、批评人、举报人或者其近亲属的其他合法权利受到严重损害的；③其他报复陷害应予追究刑事责任的情形。

3. 主观方面是故意，且具有报复陷害他人的目的。

三、报复陷害案件的调查重点及难点

（一）查清被调查人对被害人所实施的行为的违法性

查明被调查人对被害人所实施的行为的违法性，是认定这些行为构成报复陷害罪的前提。因此，必须查明被调查人对控告、申诉、批评、举报人所实施的行为是否正常和合法，如果正常和合法，自无报复陷害可言；如果不正常和违法，才有可能构成报复陷害罪。为此，必须查明被调查人对控告、申诉、批评、举报人实施该行为的事实依据和政策、法律、规章制度等依据。对持之有据、处理适当或者基本适当的，不能作为报复陷害案调查；对捕风捉影、无中生有，或小题大做、无限上纲的，则应作为报复陷害嫌疑对待。

（二）查明被调查人所实施的违法行为与被害人的控告、申诉、批评、举报行为的因果关系

查明了被调查人所实施行为的违法性，还不能认定行为的报复陷害性质。要认定其行为属于报复陷害，还要查明其行为与被害人的控告、申诉、批评、举报行为的因果关系。而要查明二者间的因果关系，必须查明以下内容：

1. 查明被害人提出过控告、申诉、批评、举报。为此，就要通过询问被害人，询问控告、申诉、批评、举报的受理人及其他知情人，调取原始证据等方法来查明。

2. 查明被调查人知道被害人曾提出过控告、申诉、批评、举报。因为如果被调查人不知道，就不能认定其具有报复陷害的故意。可通过以下四个方面来调查被调查人对被害人的控告、申诉、批评、举报行为是否知情：

（1）向被害人调查其控告、申诉、批评、举报行为有哪些人知情，并向有关人员调查核实，以分析判断被调查人是否通过这些渠道知道了被害人控告、申诉、批评、举报的事实。

（2）向控告、申诉、批评、举报的受理、查处方调查在受理、流转、查处过程中有无泄露或扩散消息，以分析判断被调查人是否通过受理方的有关渠道知道了被害人控告、申诉、批评、举报的事实。

（3）向被调查人的亲友、同事调查被调查人在被害人控告、申诉、批评、举报后的反应，包括态度如何，有无在一定场合或范围谈及这方面内容，在被害人控告、申诉、批评、举报前后被调查人对被害人的态度有无变化，有无为了整治、处分被害人而弄虚作假、拼凑材料、欺骗、要挟他人为之作假证的事实，等等。

（4）向被调查人所在的领导班子成员调查对被害人所实施的行为是经班子集体讨论，还是被调查人个人擅自决定，如经集体讨论，是按少数服从多数原则决定，还是被调查人一意孤行、把个人意见强加于组织，硬性"拍板"。

通过上述四个方面的调查特别是第三、第四两个方面的调查，一般能查明被调查人对被害人的控告、申诉、批评、举报是否知情，并进而认定被调查人行为的报复陷害性质。

（三）查明被调查人对被害人所实施的报复陷害行为与危害结果之间的因果关系

查明了被调查人对被害人所实施行为的报复陷害性质后，有些案件还要进一步查明该报复陷害行为与危害结果之间的因果关系。因为有些案件的犯罪行为与危害结果间的因果关系较直接和显露，而有些案件则表现得不很直接和显露，这主要有两类案件：一类是被害人精神失常、自杀的案件。有的可能由被调查人的行为所引起；有的则可能是由其他的因素所引起，如有的案件已经时过境迁，被害人对受报复陷害一事也已淡忘，后来由于受其他因素的刺激而造成精神失常或自杀。对此，就不能以"致人精神失常或者自杀"为依据进行立案调查。对于这种案件，要通过对被害人亲友、同事的调查，查明被调查人报复陷害行为与被害人精神失常或自杀的时间间隔、被害人受报复陷害后的精神情绪反应及持续状况、精神失常或自杀前有无其他因素刺激等情况，加以综合分析判断。另一类案件是被调查人利用职权指使第三人对被害人进行报复陷害的案件。这类案件由于报复陷害与危害结果之间的因果关系链条较长，调查难度往往较大。

四、报复陷害案件的调查措施及方法

（一）询问被害人

被害人是报复陷害行为的直接感受者，且多数报复陷害案件是因被害人控告而案发的，因此调查时一般先从询问被害人入手。询问时，要着重问明以下问题：①对被调查人提出控告、申诉、批评、举报的情况，包括时间、内容、受理单位和受理人，有无留存的书面材料，有无其他知情人等。②被调查人报复陷害的事实，包括内容、手段，是以单位名义作出决定还是个人擅自决定，有哪些证据证明。③被调查人对其控告、申诉、批评、举报知情的情况及其依据。④报复陷害行为所造成的结果。⑤被害人自身有无过错。

询问时应要求被害人实事求是陈述，告知不实事求是应负的法律责任，并要求其尽量提供将被调查人对其所实施的行为与其控告、申诉、批评、举报之间联系起来的根据。

（二）询问证人

报复陷害案件的证人主要是：①证明被害人控告、申诉、批评、举报事实的人；②证明被调查人知道被害人曾对其控告、批评、举报的人；③证明被调查人所实施的报复陷害行为的人；④证明被害人受报复陷害后造成严重结果的人。对这些证人，除了做耐心细致的思想工作，讲明利害关系外，还要讲究询问的时机和方法，并对其证言保密。

（三）收集书证

报复陷害案件会留下一些书证，调查中要注意收集。主要有：①被害人对被调查人控告、申诉、批评、举报的原始材料，或接待人员所作的记录。②被调查人对被害人打击报复的书面证据。③精神失常、死亡的被害人在受到打击报复后在精神正常时或生前所写的与案件有关的材料、日记、信件。④被调查人所写的与案件有关的日记、信件、材料及有关讲话录音。⑤法医对被害人伤残、精神失常或死亡结果的鉴定意见。

（四）讯问被调查人

由于报复陷害行为大多具有公开性，因而被调查人在被讯问时对施加给被害人的行为一般会承认，但往往否认报复陷害的故意，以掩盖罪行。对此，调查人员要据理反驳，使其不能自圆其说，陷入被动境地，从而打消侥幸心理，如实交代犯罪事实。可主要从以下两个方面进行反驳：

1. 运用常识反驳。被调查人对被害人所实施的行为采取捕风捉影、无中生有或小题大做、无限上纲的手法。

2. 运用证据反驳。如利用被调查人在与别人谈话或者公开场合流露对被害人不满、蓄意报复的证据，揭露其报复陷害的故意；利用被调查人为了整治、处分被害人而弄虚作假、拼凑材料、欺骗、要挟他人为之作假证的证据，驳斥其"工作方法不当""工作失误"的辩解；利用被调查人滥用职权，不听取领导班子其他成员意见，一意孤行，把个人意见强加于组织，用合法形式对被害人进行报复的证据，戳穿其所谓"集体讨论决定"的谎言。

（五）注意发现和查清被调查人的其他犯罪行为

报复陷害案件的被调查人多有其他违法犯罪行为，因此，在调查中，不能仅局限于报复陷害案件的查证，而要增强调查意识，重视对被害人控告、申诉、批评、举报内容的调查，从中发现被调查人的其他罪行和其他犯罪人。

第六章 玩忽职守犯罪案件的调查

《国家监察委员会管辖规定（试行）》中详细列举了国家监察委员会管辖的六大类88个职务犯罪案件罪名，其中玩忽职守类犯罪共涉及刑法条文11条，包括11个罪名，具体有：国有公司、企业、事业单位人员失职罪；签订、履行合同失职被骗罪；国家机关工作人员签订、履行合同失职被骗罪；玩忽职守罪；环境监管失职罪；传染病防治失职罪；商检失职罪；动植物检疫失职罪；不解救被拐卖、绑架妇女儿童罪；失职造成珍贵文物损毁、流失罪；过失泄露国家秘密罪。

在上述11个罪名中，前2个是由公安机关管辖的案件划转而来，后9个是由原检察院反渎局查办的案件划转而来。

结合实践，本章重点选取了其中比较典型的玩忽职守案件，从案件特点、调查难点、调查方法等方面进行阐述。

玩忽职守案件，指国家机关工作人员严重不负责任，致使公共财产、国家和人民利益遭受重大损失的行为所构成的犯罪案件。

一、玩忽职守案件的特点

（一）危害十分严重

玩忽职守犯罪，一方面破坏了国家机关的正常管理活动，损害了国家机关的形象和声誉，造成了重大的财产损失和人员伤亡。有的玩忽职守犯罪，一案就造成数十人乃至上百人的伤亡，造成的经济损失数百万元、数千万元甚至上亿元，尤其是因玩忽职守造成火灾、爆炸或重大工程事故的案件最为突出。另一方面往往与重大责任事故相伴而生，助长其他违法犯罪行为，成为犯罪的"助动器"或"庇护伞"。因此，通过调查玩忽职守案件发现其他犯罪案件，或通过调查其他犯罪案件发现玩忽职守案件，已成为调查玩忽职守案件的一个特点。

（二）涉及的领域广泛

由于玩忽职守案件是发生在国家机关的职能活动中，故与滥用职权案件相类似，凡国家机关职能涉及的范围，都有可能发生玩忽职守的犯罪，如工商、海关、税务、审计管理、安全生产管理、产品质量管理、购销业务、卫生、水电、交通、邮政、司法、治安、消防等。

（三）案件多因危害后果的发生而案发

玩忽职守犯罪都是结果犯，都有明显的危害后果，案件往往因危害后果发生后被所在单位或有关群众发现而案发。因此，玩忽职守案件首先呈现在调查人员面前的是危害后果。至于被调查人是谁，有的案件明确，有的案件则一时不明确。因此，玩忽职守案件一般可以以事立案，即只要认为该危害后果是国家机关工作人员的玩忽职守行为所造成，即可立案调查。与此相适应，调查的程式一般是由事查人。

（四）案件往往一果多因，责任比较分散

玩忽职守所造成的后果往往不是一个人的行为造成的，而是多个国家机关工作人员在不同的时间、不同的环节上各自的玩忽职守行为共同作用下造成的。每个人的行为都与危害后果有直接或间接的关系，对危害后果的发生分别起了主要或次要作用，各自承担主要责任或次要责任，而有些比较复杂的案件，责任还有交叉。因而，查明行为人玩忽职守行为与危害后果之间的因果关系，分清行为人各自的责任，是调查玩忽职守案件的重点之一。

（五）调查工作干扰多、阻力大

一方面，玩忽职守案件由于给公共财产、国家和人民利益造成重大损失，因而人民群众特别是有人员伤亡的受害人及其亲属强烈要求依法惩处；但另一方面，一些人往往以种种理由为犯罪分子开脱，有些发案单位对调查工作不仅不予配合，反而加以刁难阻挠。这些，都给调查工作造成诸多困难。

二、玩忽职守案件的立案

根据刑事诉讼法的有关规定，玩忽职守案件的立案条件是认为有玩忽职守犯罪事实，需要追究刑事责任。这个立案条件在实体方面具体化为涉嫌玩忽职守罪的构成要件和最高人民检察院规定的立案标准。由于玩忽职守罪的一般要件前已叙述，这里不再重复；至于立案标准，以一般的玩忽职守罪为例，根据《最高人民检察院关于渎职侵权犯罪案件立案标准的规定》，涉嫌下列情形之一的，应予立案：①造成死亡1人以上，或者重伤3人以上，或者重伤2人、轻伤4人以上，或者重伤1人、轻伤7人以上，或者轻伤10人以上的；②导致20人以上严重中毒的；③造成个人财产直接经济损失15万元以上，或者直接经济损失不满

15 万元，但间接经济损失 75 万元以上的；④造成公共财产或者法人、其他组织财产直接经济损失 30 万元以上，或者直接经济损失不满 30 万元，但间接经济损失 150 万元以上的；⑤虽未达到第 3、4 两项数额标准，但第 3、4 两项合计直接经济损失 30 万元以上，或者合计直接经济损失不满 30 万元，但合计间接经济损失 150 万元以上的；⑥造成公司、企业等单位停业、停产 1 年以上，或者破产的；⑦海关、外汇管理部门的工作人员严重不负责任，造成 100 万美元以上外汇被骗购或者逃汇 1000 万美元以上的；⑧严重损害国家声誉，或者造成恶劣社会影响的；⑨其他致使公共财产、国家和人民利益遭受重大损失的情形。

监察机关受理案件线索后，当认为危害后果系国家机关工作人员不正常的因素即玩忽职守行为所造成时，即可予以立案。需要注意正确把握立案条件：既要避免查明具体的被调查人并分清责任后才立案的陈旧的立案方式，又要避免因提倡以事立案就在发现危害后果后草率立案的做法。

三、玩忽职守案件的调查重点及难点

（一）查明行为人的主体资格

玩忽职守案件的主体必须是国家机关工作人员，其中有的还必须是司法工作人员或特定机关的工作人员，因此，在接受案件线索时，一般从行为人所在单位性质、行为人身份、所从事的工作入手，即查明行为人是否具备玩忽职守罪的主体资格。

（二）查明危害后果

玩忽职守犯罪都是结果犯，一定的危害后果是构成玩忽职守罪的必要条件；危害后果的大小又是定罪量刑的重要依据。因此，调查任何一种玩忽职守案件，都必须查明危害后果。在调查中，既要查明物质性的损失，如人身伤亡、财产损失、在押人员脱逃、重大疫情发生与流行等，又要查明非物质性损害，如给国家机关的声誉、形象等方面造成的影响；既要查明直接经济损失，又要查明间接经济损失。因为间接经济损失在玩忽职守犯罪中不仅影响量刑，在一定的条件下还作为定罪的依据。

对于调查危害后果的途径，有的可通过实地调查、询问证人等措施直接查明，有的可以通过鉴定来查明。

（三）查明玩忽职守的行为

要查明玩忽职守的行为，一要查明职责；二要查明对职责"玩忽"的行为。

1. 查明行为人的职责。调查行为人的职责，首先调查行为人在实施玩忽职

守行为时的职务或岗位，然后通过查阅有关法律规定、工作制度、任命文件等资料，结合对所在单位领导或上级主管领导以及群众的调查询问，查明行为人的职务或岗位的职责。

2. 查明行为人对职责"玩忽"的行为。行为人对职责的"玩忽"行为，有两种基本的表现形式：①不履行职责，即对于自己应当履行也有条件履行的职责，不尽自己应尽的职责义务，如擅离职守或者虽然未离职守，但不尽职责，该管不管，该做不做，听之任之等。这是一种不作为的形式。②不认真履行职责，即敷衍地履行自己的职责，如措施不当、不全面或不得力等。它既可以是作为的形式，也可以是不作为的形式。

需要注意，玩忽职守的措施不当或不得力与滥用职权罪的超越职权或违法行使职权，尽管从广义上说都属于不正确行使职权或履行职责，但两者有着严格的区别。前者是职责范围内的行为，是该履行而未履行；后者是超越职权的行为，是不该行使而行使。

通过调取或扣押会议记录、"批示"、被调查人和有关人员笔记本等书证，询问知情人，讯问被调查人等，一般就能查明被调查人的玩忽职守行为。

（四）查明玩忽职守行为与危害结果间的因果关系

调查玩忽职守行为与危害结果之间的因果关系，一般采取由果溯因的办法，步骤如下：①查明导致危害后果发生的所有因素，从中找出人的因素，排除不可抗力和不可预测的因素；②查明人的因素中哪些是危害结果发生的原因，哪些仅是危害结果发生的条件，并进而找出与危害后果有因果关系的人的行为；③查明人的行为中有无国家机关工作人员的行为；④查明国家机关工作人员的行为的性质，即是玩忽职守还是滥用职权或者其他性质。

为了保证所查明的因果关系的准确性，有时可用由因及果的方法进行检验。

（五）确定和划分行为人的责任

这里所说的责任，分为两个层次：一是刑事责任与非刑事责任；二是在同样负刑事责任的情况下，各行为人所负责任的轻重和大小。具体说来，应注意从以下三个方面进行区分：

1. 区分直接责任人员和间接责任人员。直接责任人员是指行为人的行为对危害后果的发生起决定性作用的人员。直接责任人员包括直接决定者和直接执行者，它可以是一人，也可以是多人。对直接责任人员应当立案追究刑事责任。在直接责任人员不止一人的情况下，还要区分主要直接责任人员和次要直接责任人员。主要直接责任人员的行为对危害后果的发生起主要作用；次要直接责任人员对危害后果的发生起次要作用。间接责任人员是指行为人的行为与危害后果之间虽有联系但不起决定性作用的人员。对间接责任人员不宜立案追究刑事责任，可视情况由有关部门作党政纪处分。

2. 区分领导人员和具体实施人员的责任。如果具体实施人员的行为是受命于领导人员的意志，或者在实施中曾提出过不同意见但未被领导人员采纳而造成危害后果的，应由领导人员负直接责任；如果由具体实施人员出主意，而领导人员轻信并予以允许或采纳，或者具体实施人员明知领导人员的意见违反了有关规定或会造成严重后果，仍继续实施而造成危害后果的，具体实施人员和领导人员都应负直接责任；如果具体实施人员不请示汇报，自作主张，或者隐瞒事实真相骗取领导人员同意，或者不执行领导人员的正确意见，不按规章制度办事而造成危害后果的，具体实施人员负直接责任，领导人员不负刑事责任。

3. 区分集体研究和个人决定的界限。个人作出错误决定，因而造成危害后果的，决定的个人负直接责任。对于集体研究作出决定造成危害后果的，应分别情况处理：虽然名义上经过集体研究，但主要领导人不让其他人发表意见，将个人的错误意见强加于集体的，其实质是个人决定，造成危害后果的，应由决定的个人负直接责任；集体研究作出错误决定造成危害后果的，参加集体研究的人员都有一定的责任，但主持集体研究拍板决定的人员应负主要责任，一般情况下，应追究拍板决定人员的刑事责任；对于汇报情况的人弄虚作假，谎报情况，致使集体决策错误，造成危害后果的，汇报人员负主要责任，一般情况下，应追究汇报人员的刑事责任；对于集体研究作出正确决定，但执行人员不如实执行集体研究作出的正确决定，造成重大损失的，应追究执行人员的刑事责任。

（六）查明行为人的犯罪动机

玩忽职守罪往往数罪交织，因而查明犯罪动机往往是发现其他犯罪的重要途径。为此，一要增强调查意识，注意分析行为人玩忽职守究竟是出于一般的不负责任还是另有所图。对职守"玩忽"得离谱的案件，都会有更深层次的原因，必须深挖细查。二是在初核，询问证人、相对人，讯问被调查人等各个环节，都要注意查究犯罪动机，深挖余罪，对于有受贿嫌疑的案件，则应运用受贿罪的调查方法调查。

四、玩忽职守案件的调查措施及方法

（一）及时勘查现场

玩忽职守案件的犯罪现场一般是犯罪结果发生的现场。通过勘查现场，收集证据，了解概况，增加实感，掌握第一手材料。

对于事故现场，如果存在国家机关工作人员玩忽职守可能的，监察机关宜会同公安机关勘查现场，勘查的要点与滥用职权案件基本相同。对其他现场的勘查，一要因案而异，确定勘查的目的和重点。二要对现场反映的危害后果进行拍照录像，对造成人员伤亡的由法医进行伤亡原因鉴定，对造成经济损失的由有关专业人员估价，对发现的物证痕迹应予提取。三要做好现场访问，调查事件发生的经过，包括开始怎样，后来怎样，有哪些人在场，分别有哪些语言和行为等，以便为查明造成危害后果的原因和责任人奠定基础。

（二）全面收集书证

玩忽职守案件的书证主要有：①证明被调查人职务、职责及具体要求的书证。②证明被调查人玩忽职守行为的书证。③证明案件经过的书证。④证明犯罪动机的书证。收集书证的方法有：①向发案单位或主管部门、有关知情人、被调查人调取；②通过搜查扣押；③通过邮检扣押。

（三）进行科学鉴定

玩忽职守案件调查中常用的鉴定主要有痕迹、法医、笔迹、司法会计、技术和质量等检验鉴定，通过鉴定，为确认危害后果、查明原因、确定责任人提供科学的依据。

（四）询问证人，获取证言

玩忽职守犯罪在多数情况下是过失犯罪，其知情人往往比故意罪过形式的滥用职权罪要多一些。同时，国家机关工作人员的玩忽职守行为，大多发生于决策指挥、监督管理环节，而不是操作环节，因而在玩忽职守行为与危害后果之间，中间环节比较多，与此相适应，知情人也就比较多。这就为调查工作提供了有利条件。一般来说，控告人、举报人、受害人能积极主动地作证；与被调查人没有利害关系的证人也能提供证言。但是也有一些证人会不愿作证甚至拒证，对此要针对其心理状态，采取不同的方法进行询问。

（五）讯问被调查人

讯问玩忽职守案件的被调查人的重点是：①职责及其要求；②玩忽职守的行为，包括事件的开始、经过、结果，集体讨论情况，所采取的措施及其理由；

③玩忽职守的动机；④对玩忽职守行为所造成的危害后果的态度等。其中问明玩忽职守的行为和动机是整个讯问工作的重点。

玩忽职守被调查人在接受讯问时的共同特点是：①凡玩忽职守行为公开程度高、知情人多的案件，被调查人一般会承认自己的行为，但往往以种种理由为自己开脱和辩解。凡玩忽职守行为知情人少、隐蔽性强的案件，被调查人往往不承认自己玩忽职守的事实。②决策意见经过集体讨论的，往往互相推诿，推卸责任。③对深层次的问题如为贪图金钱、美色等，往往讳莫如深。

为此，要针对不同情况，采取不同的讯问方法：①对承认自己的行为，但以种种不适当的理由为自己开脱、辩护的，要重点进行思想教育。②对矢口否认自己玩忽职守事实的被调查人，可先采取引而不发、迂回包抄的策略，让其充分"表演"，然后抓住其暴露的矛盾加大攻势，接着，通过出示证据，适时采取强制措施等方法，震慑其思想防线，打消其侥幸心理，促使其如实交代犯罪事实。③对于决策意见经过集体讨论的案件，首先要在初步调查和调阅讨论记录的基础上，选择在集体讨论中持相反意见或虽无相反意见但责任较小的人进行询问，摸清内情。在此基础上，要对负有直接责任的被调查人同时分别讯问，以便发现矛盾，攻破事先可能订立的攻守同盟。④对有受贿嫌疑的，要对行贿嫌疑人进行同步审查，并利用相互猜疑的心理，争取首先突破行贿嫌疑人的口供，并进而重点审讯受贿被调查人，同时，把讯问工作与外围调查结合起来，最终查明受贿事实。

第七章 徇私舞弊犯罪案件的调查

　　徇私舞弊案件，是徇私舞弊类犯罪案件的总称。对徇私舞弊类犯罪，我国《刑法》仍像滥用职权罪、玩忽职守罪那样，采取一般规定与特别规定相结合的方法，即在第397条第2款中规定了一般的徇私舞弊犯罪，在其他条文中规定了特殊的徇私舞弊犯罪。但是，《刑法》第397条第2款对徇私舞弊犯罪虽然单独规定了刑罚，但对其罪名都采取了"国家机关工作人员犯前款罪（指滥用职权罪、玩忽职守罪）的，处……"的表述方法，所以该款所规定的不是独立罪名，应根据情况分别适用同条第1款的滥用职权罪或玩忽职守罪。据此，徇私舞弊类犯罪案件，指不包括《刑法》第397条第2款规定的一般的徇私舞弊犯罪案件，而仅指特殊的徇私舞弊类犯罪案件。根据以上的界定，徇私舞弊案件是指司法工作人员或行政执法管理人员为徇私情私利，违反事实和法律、规章，滥用职权或者故意不履行、不正确履行职责，给国家和人民利益造成或可能造成重大损失的行为所构成的一类犯罪案件，它共有15个罪名。根据犯罪主体不同，这15个罪名可分为两类：一类是司法工作人员徇私舞弊犯罪，包括3个罪名，即徇私枉法罪；民事、行政枉法裁判罪；徇私舞弊减刑、假释、暂予监外执行罪。另一类是行政执法、管理人员徇私舞弊犯罪，包括12个罪名，即徇私舞弊不移交刑事案件罪；滥用管理公司、证券职权罪；徇私舞弊不征、少征税款罪；徇私舞弊发售发票、抵扣税款、出口退税罪；违法提供出口退税凭证罪；非法批准征用、占用土地罪；非法低价出让国有土地使用权罪；放纵走私罪；商检徇私舞弊罪；动植物检疫徇私舞弊罪；放纵制售伪劣商品犯罪行为罪；招收公务员、学生徇私舞弊罪。以上15个罪名均属原检察院反渎局管辖的案件。

　　但是，随着监察体制改革、《监察法》的出台，在《国家监察委员会管辖规定（试行）》中详细列举了国家监察委员会管辖的六大类88个职务犯罪案件罪名，其中徇私舞弊类犯罪共涉及刑法条文15条，包括15个罪名，具体有：徇私舞弊低价折股、出售国有资产罪；非法经营同类营业罪；为亲友非法牟利罪；非法批准征收、征用、占用土地罪；非法低价出让国有土地使用权罪；枉法仲裁罪；徇私舞弊发售发票、抵扣税款、出口退税罪；商检徇私舞弊罪；动植物检疫徇私舞弊罪；放纵走私罪；放纵制售伪劣商品犯罪行为罪；招收公务员、学生徇私舞弊罪；徇私舞弊不移交刑事案件罪；违法提供出口退税凭证罪；徇私舞弊不征、少征税款罪。

综上，可以看到，在上述15个罪名中，前3个是由公安机关管辖的案件划转而来，后12个是由原反渎局管辖的案件划转而来，均属于行政执法、管理人员徇私舞弊犯罪。

据此，本节所说的徇私舞弊类犯罪案件，不包括《刑法》第397条第2款规定的一般的徇私舞弊犯罪案件，而仅指国家监察委员会管辖的特殊的徇私舞弊案件。根据以上的界定，徇私舞弊案件是指行政执法管理人员为徇私情私利，违反事实和法律、规章，滥用职权或者故意不履行、不正确履行职责，给国家和人民利益造成或可能造成重大损失的行为所构成的一类犯罪案件。

徇私舞弊案件的一般特征是：

1. 犯罪客体是行政执法、管理机关的正常活动。

2. 犯罪的客观方面表现为行政执法、管理人员为徇私情私利，违反事实和法律、规章，滥用职权或者故意不履行、不正确履行职责，给国家和人民利益造成或可能造成重大损失的行为。在行为表现形式上可以表现为作为，也可以表现为不作为；在构成犯罪的条件上，多数是结果犯。

3. 犯罪主体是行政执法、管理的人员。在多数罪中，必须是特定部门的行政执法、管理人员。

4. 犯罪主观方面是故意，且具有徇私的动机。

一、徇私舞弊案件的特点

（一）犯罪领域广泛

徇私舞弊犯罪虽发生于特定的国家机关，但犯罪领域仍然较广。行政执法、管理人员的徇私舞弊犯罪，则可发生于公安机关（限于治安管理）、监察机关、工商行政管理机关、税务机关、海关、商品检验机关、动植物检疫机关、外汇管理机关、公司和证券主管机关、人事部门、组织部门、教育管理部门等机关、部门在行使行政执法、行政管理职能中所涉及的众多领域。

(二) 犯罪手段多种多样，且具有行业的特点

由于徇私舞弊犯罪都发生于特定的行业和部门，因而犯罪手段都具有行业的特点，且呈多样化。如税务人员徇私舞弊犯罪往往是税务人员与有关纳税人或行政相对人往来密切，互有所求。掌握不同领域徇私舞弊犯罪的特点和规律，有助于在调查工作中有的放矢。

(三) 犯罪行为隐蔽，不易暴露

徇私舞弊犯罪的发生，往往是经人介绍，从说情开始。一方以金钱、色情为诱饵或以感情为迷药，另一方则为私情私利而予舞弊。由于双方都要达到见不得人的目的，因而犯罪活动都在十分诡秘的情况下进行，知情者较少；犯罪行为有职务行为作掩护，犯罪结果本身也大多不能直接显示违法犯罪的性质，因而较难被外界人员识破；犯罪行为往往使行为人与相对人双方得益，"互利互惠"，因而很容易结成攻守同盟。总之，徇私舞弊案件大多不具有自动暴露机制，较难被发现和揭露。

(四) 被调查人具有某一领域专业知识，有些还熟悉法律，容易以此对抗调查

徇私舞弊案件的行为人熟悉所从事工作的业务，有的甚至是该方面的专家或业务权威，深知案件罪与非罪的关键所在，深谙逃避调查的方法。因此，他们一般在案前精心谋划，案后统一口径、毁灭证据、制定反调查措施，一有风吹草动，就频繁进行反调查活动，阻挠调查工作的进行。

二、徇私舞弊案件的立案条件

根据刑事诉讼法的有关规定，徇私舞弊案件的立案条件是认为有徇私舞弊犯罪事实，需要追究刑事责任。这个立案条件在实体方面具体化为涉嫌具备徇私舞弊犯罪的构成要件和符合《最高人民检察院关于渎职侵权犯罪案件立案标准的规定》。

以徇私舞弊不征、少征税款罪为例，涉嫌下列情形之一的，应予立案：①徇私舞弊不征、少征应征税款，致使国家税收损失累计达10万元以上的；②上级主管部门工作人员指使税务机关工作人员徇私舞弊不征、少征应征税款，致使国家税收损失累计达10万元以上的；③徇私舞弊不征、少征应征税款不满10万元，但具有索取或者收受贿赂或者其他恶劣情节的；④其他致使国家税收遭受重大损失的情形。

至于其他具体的徇私舞弊案件，则都应分别涉嫌符合各自的犯罪构成要件和

最高人民检察院规定的有关立案标准。

三、徇私舞弊案件调查重点及难点

（一）发现案件线索

调查徇私舞弊案件难，首先就难在案件线索的发现上。这主要是因为徇私舞弊案件大多不具有自动暴露机制，必须认真疏通案件发现渠道，构筑案件发现机制。主要从以下方面入手：①加强宣传，特别加强对监察机关职能和典型徇私舞弊案件的宣传。②深化举报工作，取信于民。③加强监察机关内部各部门之间的协调配合，建立案件线索移送制度。④加强与监察机关外部有关部门的协调配合。具体有两个范围：一是与徇私舞弊犯罪主体的单位即有关行政执法、管理机关的协调配合；二是与执法执纪部门的协调配合。⑤关注新闻报道，留心街谈巷议，从中发现案件线索。

（二）查明原案的处理或原行政行为（含行政决定，下同）是否符合事实和法律、规章的规定，行为人有无实施舞弊行为

徇私舞弊指的是有关行政执法、管理人员在原案的处理和原行政行为上的徇私舞弊，因此，调查徇私舞弊案件，首先必须查明原案的处理或原行政行为是否符合事实和法律、规章的规定，行为人有无实施舞弊行为。要通过调阅原案或原行政行为的卷宗材料、讨论记录，询问原案当事人（主要指被调查人、被告人、罪犯）、行政机关、行政相对人、证人等措施开展调查。

（三）查明行为人是否明知原案或原行政客体的性质

通过调阅原案或原行政行为的卷宗材料，询问原案当事人、证人或原行政相对人，讯问行为人，看原案或原行政客体的性质是否明确，行为人有无舞弊行为，并结合行为人的业务水平考虑，就不难得出正确的结论。

（四）查明行为人有无徇私的动机

如果行为人具有舞弊行为，而不具有徇私的动机，则只能构成滥用职权罪或玩忽职守罪。徇私包括徇私情和徇私利两个方面。所谓私情，是指亲友、老关系、老上下级等之间的私人感情；所谓私利，既包括物质性利益，也包括非物质性利益。要查明行为人有无徇私的动机，关键要查明行为人与原案的当事人、原行政相对人的关系。查明行为人徇私动机的途径主要是：讯问行为人，询问原案当事人、行政相对人及有关知情人，搜查、扣押等。

（五）分清经领导人员批准或集体讨论决定的案件和行政行为中各人的责任

行政机关对案件或行政客体所作的决定，一般要经领导人员批准，有的还要

经集体讨论。对此，要正确区分各人的责任。

1. 承办人员在汇报时弄虚作假，骗取领导人员或参与集体讨论人员同意其舞弊意见的，承办人员负刑事责任，其他人员一般不负责任。

2. 承办人员在汇报时没有弄虚作假，但领导人员或参与集体讨论的人员同意承办人意见的，那么首先检查承办人意见是否明显违反事实和法律、规章的规定，案件的处理是否处于"两可"之间。如果案件的处理不处于"两可"之间，承办人意见明显违反事实和法律、规章，徇私舞弊的，对领导人员和集体讨论人员应分别情况处理：因严重不负责任而未能识破承办人的舞弊意见，或虽已识破，但放任舞弊结果发生的，应分别情况以玩忽职守或滥用职权处理，其中拍板决定的领导人员应负刑事责任；为了私情私利，明知承办人意见明显错误而不予指出，并且予以同意的，对有关人员应以徇私舞弊处理，其中拍板决定的领导人员应负刑事责任。

3. 领导人员为徇私情私利，在听取汇报或主持讨论时，将自己的舞弊意见强加于承办人或集体，并不让他人发表不同意见的，应追究领导人员的刑事责任。

四、徇私舞弊案件的调查措施及方法

（一）秘密进行外围调查，扩大线索

调查徇私舞弊案件，较快的方法是在隐蔽意图的前提下，直接调阅原案或原行政行为的卷宗材料。但是，就多数案件来说，要隐蔽调卷意图是较困难的。因此，一般还是先从外围秘密调查入手，以便"丰满"原本单薄的线索。外围调查的途径和措施主要有：①接触举报人、检举揭发人，问明线索的来源、依据及具体情况。②从侧面了解原案或原行政行为是否由涉嫌人员办理。③走访原案或原行政行为的被害人或利益受损人，获取有价值的证据。④有选择地走访行为人、原案被调查人（被告人）、原行政相对人的邻居及知情者，向他们了解行为人与原案被调查人（被告人）、行政相对人之间的关系是否密切、往来是否频繁、有无请客送礼等情况。⑤物色合适人选，贴靠行为人、原案被调查人（被告人）、原行政相对人，获取原案或原行政行为的真实情况。

（二）从查原案或原行政行为入手，查明徇私舞弊行为

1. 正确认定和处理原案或原行政行为。要通过调阅卷宗材料和讨论记录，对原案和原行政行为进行认真的审查。通过审查和调查，还原原案和原行政客体的本来面目。在此基础上，正确认定原案和原行政客体的事实和性质，纠正对原

案的错误处理和对原行政客体的错误的行政行为。通过纠正对原案的处理和原行政客体的行政行为，使原案被调查人（被告人）、行政相对人与行为人之间的矛盾激化，在"偷鸡不成反蚀一把米"的不平衡心理的驱使下，如实交代行为人徇私舞弊的事实。

2. 询问原案或原行政行为的当事人、相对人、说情人、家属及其知情人。明确了原案或原行政客体的事实和性质，就应迅速对原案或原行政行为的当事人、相对人、说情人、家属及其知情人进行询问。

询问时，要重点查明以下问题：①与被调查人关系发展的过程，包括原来是否认识，是通过谁认识的，关系发展、加深的原因。②以情换权、以钱买权的事实、具体经过及知情人。③被调查人帮助出谋划策的情况。④参与实施了哪些弄虚作假协助被调查人舞弊的行为等。

原案或原行政行为的当事人、说情人及其家属是徇私舞弊案件的引起人，他们对徇私舞弊的事实和过程最清楚，但又是徇私舞弊的受益者，与被调查人具有共同的利害关系，因而一般不愿交代犯罪事实，但又怕被调查人先于自己交代犯罪事实，从而使自己陷入被动。针对这一心理，询问时要注意以下几点：①要对原案或原行政行为的当事人、相对人、说情人及其家属与被调查人同时分别询（讯）问，以加大心理压力，增强互相猜疑心理。难以与被调查人同时询（讯）问的，也要切断他们间的联系。②对有行贿、介绍贿赂嫌疑且符合拘留条件的原案当事人、原行政行为相对人、说情人，要果断采取拘留措施。

3. 善于运用政策攻心、巧使证据、利用矛盾、制造错觉等谋略和方法。原案或原行政行为的当事人、相对人、说情人在徇私舞弊案件中不仅实施了以情换权、以钱买权等行为，而且国家机关工作人员的徇私舞弊行为大多是在他们的配合下实施的，这些证据有不少已在此前的外围调查和复查原案工作中被调查人员掌握，故只要谋略、方法得当，一般能取得较好的询问效果。

（三）讯问被调查人、涉案人员

徇私舞弊案件都在隐蔽条件下进行，被调查人、涉案人员精通有关行业的业务，有不少还熟悉法律，因而有较强的反调查能力和抗审能力。同时，徇私舞弊案件的被调查人明知自己的行为是以公权谋取私情私利，因而畏罪、拒供的心理比较强烈。但另一方面，被调查人办了错案或错误的行政行为，这一事实是无法否认和抵赖的；并且被调查人实施徇私舞弊行为，总要留下证据，故在接受审讯时，被调查人又必然心虚，怕调查人员已掌握证据，从而被有关的人证、物证、书证所证明，怕有关知情人先于自己交代案件事实。因此，在讯问时，调查人员既要高度重视，又要充满信心。

具体要注意以下几点：

1. 要充分准备。讯问一般要在掌握一部分确实的人证、物证并基本具备采取拘留措施的条件下进行，以便运用这些确凿的证据冲垮其心理防线，打消其侥幸心理，并在12小时届满后果断采取拘留措施。同时，要在掌握了解被调查人性格特点、心理状态、社会经历、家庭状况等情况的基础上，制订讯问计划，根据个案的犯罪事实和被调查人的心理特点，采取针对性措施。

2. 要同时分别讯（询）问，各个击破。对被调查人及其家属和重要的知情人，要同时分别讯（询）问；对有数名被调查人的，更应同时分别讯问，以便切断相互之间的联系，加大心理压力，形成交叉火力，并为运用谋略各个击破创造条件。

3. 要讲究策略方法。徇私舞弊的犯罪事实主要分徇私和舞弊这两部分。讯问时，要把这两部分事实查问清楚，另外要增强调查意识，查清余案余罪，不使犯罪人漏网。讯问时要针对被调查人的心理，进行政策攻心，并利用矛盾，打好心理战。

（四）综合运用其他调查措施

调查徇私舞弊案件除了采取上述措施和方法外，一般还要采取以下措施：

1. 调取、扣押书证、物证。需调取、扣押的书证、物证主要是：原案、原行政行为中的某些证据材料，如符合客观事实的证据材料，伪造、篡改、添加、偷换的假证据材料，对原案作错误处理的材料和错误的行政行为材料，讨论记录等；行为人与原案当事人、原行政相对人的来往信件、来往电话的主叫、被叫记录；行贿、受贿的记账单、日记；行贿、受贿的物品、现款、存折；等等。

2. 搜查。搜查的对象不限于徇私舞弊的被调查人，如果认为原案当事人、行政相对人、说情人有犯罪事实需要追究刑事责任而已经立案且有搜查的必要，则也应一并进行搜查。

3. 鉴定。徇私舞弊案件中的鉴定主要有：对篡改证据材料的笔迹作笔迹鉴定；对收受的价值不明的财物作价值鉴定；等等。对于那些建立在原伪造的鉴定意见基础之上的假精神病鉴定、假物价鉴定等，必须重新进行鉴定。

第八章 重大责任事故犯罪案件的调查

《国家监察委员会管辖规定（试行）》中详细列举了国家监察委员会管辖的六大类 88 个职务犯罪案件罪名，其中公职人员在行使公权力过程中发生的重大责任事故犯罪案件包括 11 个罪名，具体有：重大责任事故罪；教育设施重大安全事故罪；消防责任事故罪；重大劳动安全事故罪；强令违章冒险作业罪；不报、谎报安全事故罪；铁路运营安全事故罪；重大飞行事故罪；大型群众性活动重大安全事故罪；危险物品肇事罪；工程重大安全事故罪。

重大责任事故犯罪有狭义和广义之概念。其狭义概念为《刑法》第 134 条之规定：在生产、作业中违反有关安全管理的规定，因而发生重大伤亡事故或者造成其他严重后果的，处 3 年以下有期徒刑或者拘役；情节特别恶劣的，处 3 年以上 7 年以下有期徒刑。实际上在广义上讲，《刑法》第 134 条的重大责任事故罪、第 135 条的重大劳动安全事故罪、第 137 条的工程重大安全事故罪、第 138 条的教育设施重大安全事故罪和第 139 条规定的消防责任事故罪等都属于重大责任事故犯罪的范畴。后面的几条更多的是对一些犯罪主体特殊的特别责任事故从一般的重大责任事故中的分离。而这些案件在调查上又有共通的原则和方法，因此本章讨论的是广义上的重大责任事故犯罪的调查。

一、重大责任事案件的特点

（一）造成的危害巨大、关注度高

重大责任事故案件的发生，往往意味着重大的人身伤亡与财产损失。以 2011 年为例，虽然全国安全生产事故态势有所好转，但每天仍有约 1000 多起事故，约有 200 人因事故死亡，全年死亡人数超过 7 万人。[1] 在资讯高度发达的今天，此类案件一旦发生，新闻媒体通常会在第一时间介入并进行长时间的跟踪报道，引起社会广泛关注，而惨烈的事故现场、巨大的损失数字、对逝者的悲痛、对相

---

[1] 国家安监总局："2011 年全国安全生产情况"，载 http://www.chinasafety.gov.cn。

关行政主管部门监管责任的拷问，会在短时间内引发激烈的民众讨论，形成社会热点，特别是一些重特大案件，社会影响更是巨大。

（二）事故往往涉及专业技术领域，具有专业性特点

重大责任事故案件往往涉及很多专业领域，如道路、桥梁、煤矿、电力、运输等。每一个领域都有特别专业的工作流程、行业标准、操作规范、岗位职责等。以建筑工程行业为例，发生重大责任事故的常见原因有脚手架倒塌、塔吊违规操作、施工机械翻覆等，而不论是脚手架的搭建，还是塔吊操作人员的资质与操作要求以及施工机械的操作规范，国家都有细致而严格的要求。这些专业的知识往往只有本行业从业人员才能掌握。

（三）明知故犯，与失职渎职罪紧紧相连

重大责任事故案件的背后往往隐藏着职务犯罪和经济犯罪等多种犯罪。如2006年全国检察机关介入重大责任事故调查1383起，投入调查工作4036人次，立案调查渎职被调查人员629名；2009年10月至2010年3月，全国检察机关在同步介入863起重大责任事故调查时立案调查涉嫌渎职等职务犯罪的国家机关工作人员426人。[1]同时，一些工程领域监管不力，个别企业为了获取非法利润，在各个环节进行潜规则操作，涉嫌多种经济犯罪。

二、重大责任事故案件的调查重点及难点

（一）确认事故性质

在重大责任事故中，查明事故的性质是重大责任事故案件调查的关键，而性质的确定有赖于相关技术部门的鉴定。只有明确事故性质，才能确定事故中各方责任人对于事故的责任从而解决案件，这一般需要相关技术部门协作。调查时要首先考核技术鉴定部门是否具有鉴定资质，是否可以胜任该事故的鉴定工作；另外要审查鉴定人员与发生的案件之间是否存在关联，只有与案件无关的人员才可以进行技术鉴定，确保结论的公正性。在聘请鉴定人员时，应该依照有关法律规定，严格履行审批手续。

（二）犯罪主体存在局限

根据刑法的规定来看，重大责任事故罪的主体是工厂、企业或事业单位的职工。在司法实践中，一般是指直接从事生产作业的职工和直接领导、指挥生产的

---

[1] 徐盈雁："最高检透露：重大责任事故背后几乎都有渎职犯罪"，载《党建文汇》2008年第2期。

人员，如生产工人、安全员、技术员、化验员和工程师等。而与生产作业不直接相关的人员无法成为本罪的主体，因此本罪的主体往往是一线操作人员，而企事业单位的管理者和相关的监管部门却不能作为本罪的主体。这些重大责任事故的直接责任人并不是发生这些事故的主导者，他们基本是社会中地位较低的弱势群体，对于管理者和领导者提出的违反操作规程的要求不敢拒绝才酿成事故。但他们却承担着重大责任事故中最严重的刑事责任，这样的结果不可谓完全的公平公正。那些重大责任事故中的管理者和相关的监管部门就经常因非为直接造成重大责任事故的犯罪主体而逃脱了法律的制裁。

三、重大责任事故的调查方法和措施

（一）勘查现场，确定事故性质

调查重大责任事故案件的首要工作就是对事故现场的勘查，勘查现场直接关系到案件调查的效率和质量。因为重大责任事故涉及专业领域，因此调查时应联合企业上级主管部门、安全监督和相关技术鉴定部门共同参加：①应该确定事故的性质，是属于自然事故还是重大责任事故。对于事故的发生地点、时间、原因、经过以及造成的后果要充分调查。②广泛调查相关人员、听取技术鉴定员等相关人员的意见，注意各方面意见的分歧和分歧的焦点问题。③要尽量对与事故原因、经过有关的物证和痕迹进行提取，确定这些证据的位置和状态，进行分析判断。④要做好现场勘查的笔录，保存好现场照片等作为案件调查的证据。

（二）询问证人，收集相关证据

1. 根据案件的具体情况，对案件的知情人、受害人和被调查人员进行调查，如知情群众、现场围观者、现场伤员、安全员、技术员等。他们不仅可以从各种角度反映现场的情况，而且有助于办案人员对事故单位的生产、作业情况进行了解，从各个侧面反映事故发生的原因和经过。

2. 围绕重大责任事故的发生，注意收集相关法律法规和该行业、单位的生产、作业方面的规则、制度、规定等。这对衡量重大责任事故具有不可估量的作用。

3. 重点应围绕重大责任事故的发生，收集证明行为人忽视生产安全，不执行劳动保护法规的证据；收集行为人强令工人违章冒险作业的证据；收集行为人对工作不负责，不尽职守责，指挥工人违章作业的证据；收集行为人不服从管理和指挥，违反操作规程冒险作业的证据；收集证明因行为人而造成人员伤亡的严重后果的证据。

（三）运用策略，讯问被调查人员

在讯问中应注意：①讯问前充分掌握证据，避免讯问进入瓶颈难以突破，尤其是位于管理层面的责任人，他们大都掌握一定法律知识，很容易将责任推脱给他人。②有针对性地选择突破口，根据每个事故责任人的具体情况和性格特点有针对性地进行讯问，避免事故责任人存有侥幸逃脱的心态。③调查人员要充分宣传法律法规和相关政策，讲明在重大责任事故中嫌疑人的态度对今后定罪的作用，消除他们的抵抗心理。

（四）做好鉴定，明确事故性质

在重大责任事故中，查明事故的性质是重大责任事故案件调查的关键。而性质的确定有赖于相关技术部门的鉴定，需要相关技术部门协作。对于技术鉴定部门要首先考核其是否具有鉴定资质，是否可以胜任该事故的鉴定工作，严格履行审批手续等。

（五）各部门紧密配合，形成合力

在重大安全责任事故的调查中，涉及上级主管部门、地方政府、鉴定机构及相关专家和检察机关，绝非监察机关一家之事。因此各部门的紧密协调和配合就显得尤为重要。在案件调查时应确保各部门都以刑事责任承担为调查目标，为案件的调查奠定理论基础。

第九章 公职人员其他犯罪案件的调查

公职人员在行使公权力过程中发生的其他犯罪共有19个，具体包括：破坏选举罪；背信损害上市公司利益罪；金融工作人员购买假币、以假币换取货币罪；利用未公开信息交易罪；诈骗投资者买卖证券、期货合约罪；背信运用受托财产罪；违法运用资金罪；违法发放贷款罪；吸收客户资金不入账罪；违规出具金融票证罪；对违法票据承兑、付款、保证罪；非法转让、倒卖土地使用权罪；私自开拆、隐匿、毁弃邮件、电报罪；职务侵占罪；挪用资金罪；故意延误投递邮件罪；泄露不应公开的案件信息罪；披露、报道不应公开的案件信息罪；接送不合格兵员罪。

其中的破坏选举罪之前是检察机关管辖的国家机关工作人员利用职权实施的侵犯公民人身权利、民主权利类犯罪案件之一。本章选取破坏选举案件，从案件特点、调查难点、调查方法等方面进行阐述。

破坏选举案件，是指《刑法》第256条规定的在选举各级人民代表大会代表和国家机关领导人员时，以暴力、威胁、欺骗、贿赂、伪造选举文件、虚报选举票数等手段破坏选举或者妨害选民和代表自由行使选举权和被选举权，情节严重的行为所构成的犯罪案件。

一、破坏选举案件的特点

（一）案件发生时间比较集中

破坏选举案件围绕选举各级人民代表大会代表和国家机关领导人员而发生，它只能发生在选举前的一段时间和选举进行过程中，具有周期性。这一特点给有关部门加强对破坏选举案件的防范提供了可循的规律。

（二）犯罪手段和动机多样

破坏选举的行为主要表现在两个方面：一是破坏选举工作的正常进行；二是妨害选民与代表自由行使选举权与被选举权。破坏选举的犯罪手段除了《刑法》

第 256 条列举的暴力、威胁、欺骗、贿赂、伪造选举文件、虚报选举票数六种之外，在实践中还有编造选举结果、聚众冲击选举场所、强行宣布合法选举无效、非法选举有效等。被调查人员实施上述行为的动机多种多样：有的是为了使自己当选；有的是为了使自己的亲友或"圈子里的人"当选；有的是为了阻挠自己的对立面当选；有的是候选人在公布预选结果后发现自己落选而寻衅滋事，扰乱选举会场；有的是对选举办法或选举工作不满；等等。上述动机归结到一点，都是出于私心私利，即为了在选举中争夺政治利益。

（三）调查程式以由人查事为主

破坏选举案件多数在公开场合进行，有较明确的被调查人员，因而调查程式一般是由人查事。但也有些案件是先暴露破坏选举的行为或危害后果（如以伪造选票并私自填写的手法破坏选举的案件），其调查程式是由事查人。在调查中，要根据不同的调查程式来决定调查的途径。

二、破坏选举案件的立案条件

根据《刑事诉讼法》《刑法》和《立案标准》的有关规定，涉嫌符合下列条件的案件，应以破坏选举罪立案：

1. 行为人是国家机关工作人员。

2. 客观方面表现为在选举各级人民代表大会代表或国家机关领导人员时，利用职权，以暴力、威胁、欺骗、贿赂、伪造选举文件、虚报选举票数等手段破坏选举或者妨碍选民和代表自由行使选举权和被选举权。

3. 破坏选举的行为达到了情节严重的程度。所谓"情节严重"，是指涉嫌下列情形之一的行为：①以暴力、威胁、欺骗、贿赂等手段，妨碍选民、各级人民代表自由行使选举权和被选举权，致使选举无法正常进行或者选举结果不真实的；②以暴力破坏选举场所或者选举设备，致使选举无法正常进行的；③伪造选举文件，虚报选举票数，从而产生不真实的选举结果，或者强行宣布合法选举无效，非法选举有效的；④聚众冲击选举场所或者故意扰乱选举会场秩序，使选举工作无法进行的。

4. 行为人主观方面是故意，即明知自己的行为会给选举工作造成危害结果，并且希望这种结果的发生。

三、破坏选举案件调查（初查）的重点、难点和途径

破坏选举案件的线索主要来源于纪检、监察机关移送、公民举报、受害人控告、人大交办等。监察机关受理案件线索后，要围绕上述立案条件进行初核和调查，其中重点和难点是：

（一）查明行为人是否属于国家机关工作人员和是否利用职权实施犯罪

监察机关调查的"侵权"案件必须以国家机关工作人员利用职权实施为条件。由于破坏选举案件分属两个机关管辖，因此，要注意查明行为人是否属于国家机关工作人员和是否利用职权实施犯罪。

破坏选举案件的"利用职权"，主要有两种情况：一种是利用担任国家机关领导职务的权力，如在行为人所在单位、系统选举人民代表时，行为人利用在该单位、系统所任职务的权力，以威胁、欺骗等手段迫使或诱使选民只能选谁、不能选谁，或利用担任国家机关所任职务的权力，组织人员冲击选举会场，等等。另一种是利用在选举工作中所任职务的权力，如在大会主席团、选举委员会任职以及担任检票人、计票人以及选举工作人员所具有的权力。这两种"利用职权"，以后一种居多。

一般来说，要查明行为人是否属于国家机关工作人员比较容易；要查明其行为是否利用职权实施也不很困难，即在查明犯罪手段的基础上，通过"职务置换法"，即假设行为人不担任该职务，看其还能否运用该手段破坏选举，即能判明。对初查后发现虽有破坏选举犯罪事实，但行为人不是国家机关工作人员，或虽是国家机关工作人员，但不是利用职权实施犯罪行为的，应依法移送公安机关调查。

（二）查明犯罪手段

查明犯罪手段是调查破坏选举案件的又一个重点。《刑法》虽没有把破坏选举罪的手段列举殆尽，在所列举的暴力等六种手段后用了一个"等"字，但犯罪手段的成立，必须以足以破坏选举工作正常进行或妨害选民和代表自由行使选举权和被选举权为前提，如果行为人的手段不足以造成破坏选举的结果，就不属于破坏选举的犯罪手段，如选举过程中的串联、游说等。破坏选举的手段，应主要通过询问证人、调取选票等选举文件、进行笔迹鉴定、讯问被调查人员等措施去查明。

（三）查找伪造选票案件的被调查人员

查找伪造选票案件的被调查人员，是调查破坏选举案件中的一个难点，因为伪造选票行为总在隐蔽条件下实施，作案人往往隐而不明。调查中，要从因果关系入手，从结果找原因，再从原因查找被调查人员。具体方法是：

1. 从查找伪造选票所填写内容入手，初步确定被调查人员。伪造选票上所填写的内容是被调查人员的动机和目的的体现。从伪造选票所填写的内容反推过去，就可以大致确定被调查人员的范围。伪造的选票所填的内容一般是相同的，如都填赞成某一候选人，或都反对某一候选人，或都另写候选人之外的某一人名字。都赞成某一候选人或都写候选人之外某一人名字的，该人或该人的拥护者可能就是被调查人员；都反对某一候选人，该候选人的反对者可能就是被调查人员。

2. 广泛走访知情人，进一步确定被调查人员。因为被调查人员既然会采取伪造选票的手法来增加或减少某人的得票数，就同时会采取串联、游说、拉票的手法来增加或减少某人的得票数，为此，他就必然要接触一些人。通过对这些人的调查走访，就会使被调查人员的范围进一步明了。

3. 通过对伪造选票的笔迹鉴定，最终确定被调查人员。这里需要注意的是，具体伪造选票等选举文件的人，很有可能是受人指使，因此，要通过对伪造选票人的审查，查明可能存在的幕后指使者。

（四）查找隐藏幕后的国家机关工作人员

这是调查破坏选举案件的又一个难点。有的破坏选举案件，出面实施犯罪行为的是非国家机关工作人员，而幕后指挥的是国家机关工作人员；或出面实施犯罪行为的是一般国家机关工作人员，而幕后指挥的是担任领导职务的国家机关工作人员。实践中，有的破坏选举案件参与人较多，但各种破坏活动开展得有条不紊，如有的向代表各住处散发诽谤某一候选人的传单，有的出面请客送礼等。凡这种案件，必然有组织指挥者。因此，在调查中，要增强调查意识，深挖细查。调查的途径，是从查行为人的动机目的入手。

1. 要通过讯问犯罪行为实施者，追查其实施破坏选举的动机，即基于什么原因而实施该行为，是为了选上谁，不让选上谁，或为谁而发泄不满。

2. 追查为什么要选上某人、不让选上某人或为某人而发泄不满，迫使其供出幕后指挥者，并进一步查明其内部的组织分工，搞清各参与人在破坏选举中的地位、作用。

3. 查明他们相互勾结作案的深层原因是基于"哥们义气"还是金钱交易或政治交易。

四、破坏选举案件的调查方法

（一）询问证人，获取证言

对不同的证人，采取不同的询问方法：

1. 对于用暴力、威胁、欺骗、虚报选举票数、编造选举结果、聚众冲击选举场所、强行宣布合法选举结果无效或非法选举结果有效等手段破坏选举的案件，犯罪行为往往向众多的人实施，因而被大量的人知情，同时，知情者大多对犯罪行为充满义愤，愿意如实作证，协助查明犯罪事实。询问时，要问明被调查人员的人数、姓名，实施犯罪行为的时间、地点、语言、动作、神态、动机、目的等。如以威胁手段破坏选举的案件，就要问明被调查人员威胁的语言、动作、神态以及动机、目的等具体情节，其中语言要尽可能是原话，动作和神态要详细地描述。

2. 对于用贿赂手段破坏选举的案件，知情者也往往较多（因为如贿赂的人数少，就难以影响选举的结果），但由于一些人收受了贿赂而心存顾虑，怕讲了被调查人员贿赂的问题而影响自己的声誉，因而大多推说"不知道"，不大愿意作证。对此，可首先向拒贿的人调查，通过调查，分析判断被调查人员行贿的范围、方式、贿赂的品种、数额。然后，向收受了贿赂的人取证，既晓以利害，又指明出路，使他们明确被调查人员曾向多人行贿，你不说别人会说，与其迟说不如早说，以免被动，促使他们消除顾虑，如实作证。这里需要注意的是，贿选的案件，影响很坏，但向每人的贿赂金额一般不会很大，因此，对收受贿赂的人，只要他们如实作证，并讲清自己收受贿赂的事实，一般予以批评教育即可。当然，对数额较大，必须予以党纪、政纪或刑事处分的，则要另当别论。

3. 有些被调查人员的亲友也会对犯罪事实知情。由于他们与被调查人员有共同的利害关系，因而往往不愿作证。对他们，一般可在讯问被调查人员时，同步进行询问，以加大思想压力，并借机运用谋略，促使其如实提供证言。

（二）收集书证和物证痕迹，进行技术鉴定

用伪造选举文件、虚报选举票数、编造选举结果以及暴力等手段破坏选举的案件，一般都有书证或痕迹物证，如伪造的选民证或选票，实际选票数、选举结果和虚假、编造的选票数、选举结果的记载；以暴力殴打选民或暴力毁坏选举设施所留下的物证痕迹等。对这些书证和物证痕迹，都要及时提取。对伪造选票的，要进行笔迹鉴定；对暴力致人伤残的，要进行法医鉴定。

（三）讲究策略，讯问被调查人员

对不同的被调查人员采取不同的讯问策略和方法：

1. 在公开场合或向众多的人实施破坏选举行为的被调查人员，由于其犯罪行为被多人知情，知道隐瞒、抗拒都无济于事，因而一般会交代犯罪事实。讯问时，除问明犯罪行为的实施过程外，还要问明犯罪的动机、目的。

2. 多人共同实施破坏选举行为的共同被调查人员，一般都订立了攻守同盟，按事先统一的口径应付调查人员。讯问时，应当运用"追问细节"和"利用矛盾"的方法和策略，促使矛盾暴露、分化瓦解，在此基础上，查明共同犯罪内的分工、各人所实施的行为，以及在共同犯罪中的地位、作用和应承担的责任。

3. 对于自己隐藏幕后，指使他人具体实施犯罪行为的被调查人员，要先从讯问犯罪行为的实施者入手进行深挖，再讯问幕后指挥者，必要时可对双方都采取强制措施，以加大思想压力，隔绝相互联系，促使其坦白交代。同时，还要追究维系他们之间关系的深层原因，是基于上下级、亲友的感情，还是基于金钱交易，抑或基于政治交易（如为了在领导层有自己的靠山或代理人，许诺选上后满足犯罪行为实施者某一要求），等等，以便固定证据，防止翻供。

参考文献

一、著作类

1. 郑旭：《刑事诉讼法学》，中国人民大学出版社 2018 年版。
2. 王传道主编：《刑事侦查学》，中国政法大学出版社 2017 年版。
3. 朱孝清：《职务犯罪侦查学》，中国检察出版社 2004 年版。
4. 詹复亮：《职务犯罪侦查热点问题探究》，中国检察出版社 2005 年版。
5. 王德合：《缜——职务犯罪与侦查对策》，中国传媒大学出版社 2007 年版。
6. 张亮：《职务犯罪侦查实务教程》，上海交通大学出版社 2010 年版。
7. 尹立栋、张峰、李树真：《职务犯罪侦查实务》，中国人民大学出版社 2015 年版。
8. 刘品、张鹏莉：《职务犯罪侦查理论与实务研究》，群众出版社 2016 年版。
9. 丁伟：《违反廉洁纪律类案件审查流程与调查谈话技巧》，中国方正出版社 2016 年版。
10. 中共中央纪律检查委员会、中华人民共和国国家监察委员会法规室编写：《〈中华人民共和国监察法〉释义》，中国方正出版社 2018 年版。
11. 中共中央纪律检查委员会、中华人民共和国国家监察委员会案件审理室编写：《监察机关调查职务犯罪案件证据收集与运用——以〈中华人民共和国监察法〉为视角》，中国方正出版社 2018 年版。
12. 本书编写组编写：《监察机关 15 项调查措施学习指南》，中国方正出版社 2018 年版。
13. 姜明安：《监察工作理论与实务》，中国法制出版社 2018 年版。
14. 马怀德主编：《〈中华人民共和国监察法〉理解与适用》，中国法制出版社 2018 年版。
15. 谢尚果、申君贵主编：《监察法教程》，法律出版社 2019 年版。
16. 韩玉胜、王达主编：《监察机关职务犯罪调查法律实务》，中国法制出版社 2019 年版。

17. 郎胜主编：《〈中华人民共和国刑事诉讼法〉修改与适用》，新华出版社 2012 年版。
18. 孙景峰：《新加坡人民行动党执政形态研究》，人民出版社 2005 年版。

二、文章类

1. 熊秋红："监察体制改革中职务犯罪侦查权比较研究"，载《环球法律评论》2017 年第 2 期。
2. 郭华："监察委员会与司法机关的衔接协调机制探索——兼论刑事诉讼法的修改"，载《贵州民族大学学报（哲学社会科学版）》2017 年第 2 期。
3. 陈冬："监察委员会的设置与检察权的重构"，载《首都师范大学学报（社会科学版）》2017 年第 2 期。
4. 施鹏鹏："国家监察委员会的侦查权及其限制"，载《中国法律评论》2017 年第 2 期。
5. 张建伟："法律正当程序视野下的新监察制度"，载《环球法律评论》2017 年第 2 期。
6. 马怀德："《国家监察法》的立法思路与立法重点"，载《环球法律评论》2017 年第 2 期。
7. 魏昌东："国家监察委员会改革方案之辨证：属性、职能与职责定位"，载《法学》2017 年第 3 期。
8. 刘夏："论我国反腐败机构的整合与完善——以监察体制改革为视角"，载《理论导刊》2017 年第 2 期。
9. 马怀德："国家监察体制改革的重要意义和主要任务"，载《国家行政学院学报》2016 年第 6 期。
10. 韩东成："论职务犯罪初查制度的完善——以国家监察体制改革为契机"，载《犯罪研究》2017 年第 5 期。
11. 左卫民、安琪："监察委员会调查权：性质、行使与规制的审思"，载《武汉大学学报（哲学社会科学版）》2018 年第 1 期。
12. 秦前红、石泽华："监察委员会留置措施研究"，载《苏州大学学报（法学版）》2017 年第 4 期。
13. 卞建林："监察机关办案程序初探"，载《法律科学》2017 年第 6 期。
14. 刘艳红："监察委员会调查权运作的双重困境及其法治路径"，载《法学论坛》2017 年第 6 期。

15. 秦前红、石泽华："目的、原则与规则：监察委员会调查活动法律规制体系初构"，载《求是学刊》2017年第5期。

16. 袁博："监察制度改革背景下检察机关的未来面向"，载《法学》2017年第8期。

17. 陈光中、邵俊："我国监察体制改革若干问题思考"，载《中国法学》2017年第4期。

18. 夏金莱："论监察体制改革背景下的监察权与检察权"，载《政治与法律》2017年第8期。

19. 张磊："做好深度融合大文章——山西开展国家监察体制改革试点工作纪实（下）"，载《中国纪检监察报》2017年6月8日，第1版。

20. 曹建明：《最高人民检察院工作报告》——第十二届全国人民代表大会第五次会议上，载中华人民共和国最高人民检察院网，2017年3月12日。

21. 杨文群："职务犯罪调查管辖研究"，载《法制博览》2019年第2期。

22. 王秀梅、黄玲林："监察法与刑事诉讼法衔接若干问题研究"，载《法学论坛》2019年第2期。

23. 刘红、方杰、马红军："《联合国反腐败公约》与中国的刑事立法"，载《经济研究导刊》2009年第12期。

24. 杨秋凤："《联合国反腐败公约》对我国反腐立法的启示与借鉴"，载《鄂州大学学报》2010年第1期。

25. 魏文桂："监察体制改革背景下监察委调查权与职务犯罪侦查模式变革研究"，载《齐齐哈尔大学学报》2019年第3期。

26. 陈卫东："《刑事诉讼法》最新修改的相关问题"，载《上海政法学院学报》2019年第4期。

27. 樊崇义："刑事诉讼法修改的重点难点问题解读"，载《法律适用》2019年第3期。

28. 樊崇义："腐败犯罪缺席审判程序的立法观察"，载《人民法治》2018年第13期。

29. 陈瑞华："论监察委员会的调查权"，载《中国人民大学学报》2018年第4期。

30. 卞建林："刑事诉讼法再修改面面观"，载《法治研究》2019年第1期。

声　明　1. 版权所有，侵权必究。

　　　　2. 如有缺页、倒装问题，由出版社负责退换。

图书在版编目（CIP）数据

职务犯罪案件调查/刘品编著．—北京：中国政法大学出版社，2019.8
ISBN 978-7-5620-9183-7

Ⅰ．①职… Ⅱ．①刘… Ⅲ．①职务犯罪－案件－调查－研究－中国 Ⅳ．①D924.304

中国版本图书馆CIP数据核字(2019)第174255号

出 版 者	中国政法大学出版社	
地　　址	北京市海淀区西土城路 25 号	
邮　　箱	fadapress@163.com	
网　　址	http://www.cuplpress.com （网络实名：中国政法大学出版社）	
电　　话	010-58908435(第一编辑部)　58908334(邮购部)	
承　　印	固安华明印业有限公司	
开　　本	720mm×960mm　1/16	
印　　张	14	
字　　数	243 千字	
版　　次	2019 年 8 月第 1 版	
印　　次	2019 年 8 月第 1 次印刷	
印　　数	1～5000 册	
定　　价	39.00 元